Frauenpolitik

Gaby Brüssow

Frauenpolitik

Zum Verhältnis von Frauen und Politik am Beispiel von
Frauenorganisationen der Parteien SPD und DIE GRÜNEN

Waxmann Münster / New York
München / Berlin

Die Deutsche Bibliothek – CIP-Einheitsaufnahme

Brüssow, Gaby:
Frauenpolitik : zum Verhältnis von Frauen und Politik am Beispiel von Frauenorganisationen der Parteien SPD und DIE GRÜNEN / Gaby Brüssow.
– Münster ; New York ; München ; Berlin: Waxmann, 1996
  (Internationale Hochschulschriften ; 220)
  Zugl.: Marburg, Univ., Diss., 1996
  ISBN 3-89325-468-4
NE: GT

Internationale Hochschulschriften, Bd. 220

Die Reihe für Habilitationen und sehr gute und ausgezeichnete Dissertationen

ISSN 0932-4763
ISBN 3-89325-468-4

© Waxmann Verlag GmbH, 1996
Postfach 8603, D-48046 Münster, F. R. G.
Waxmann Publishing Co.
P. O. Box 1318, New York, NY 10028, U. S. A.

WWW-Katalog: http://www.waxmann.com
Email: info@waxmann.com

Umschlaggestaltung: Pleßmann Kommunikationsdesign, Ascheberg
Satz: Druckreif DTP, Münster
Druck: Zeitdruck GmbH, Münster
Gedruckt auf alterungsbeständigem Papier, DIN 6738

Alle Rechte vorbehalten
Printed in Germany

Danksagung

Ich danke allen, die mich während der Zeit, die ich meiner Dissertation gewidmet habe, sowohl inhaltlich als auch im Alltag unterstützt haben.

Mein besonderer Dank gilt Gudrun Hentges, Sabine Reiner und Dr. Urte Sperling, die immer gern bereit waren, mein Manuskript zu diskutieren. Danken möchte ich vor allem meiner Doktormutter Prof. Dr. Renate Rausch für ihre Betreuung der Arbeit.

Danken möchte ich auch der Hessischen Graduiertenförderung, die mir ein zweijähriges Stipendium gewährte, und den Mitarbeitern der Bibliothek für Soziologie der Philipps-Universität Marburg für ihre Unterstützung bei der Materialbeschaffung.

Inhalt

Einleitung 1

1. Die Herausbildung der Politiksphäre in der
   bürgerlichen Gesellschaft 4

1.1 Der moderne bürgerliche Gleichheitsbegriff 5
1.2 Geschlechtertheorie als ideologische Grundlegung der
    Differenz und Ungleichheit von Mann und Frau –
    eine ideologiekritische Analyse 10
1.3 Die Trennung von öffentlich und privat und die
    Herausbildung der bürgerlichen Politiksphäre 18

2. Die Frauenbewegung um 1900 und
   ihr Verhältnis zur Politik 27

2.1 Entstehungsbedingungen der ersten Frauenbewegung und
    kurzer Abriß ihrer Geschichte bis 1890 27
2.2 Der bürgerlich-gemäßigte Flügel 30
2.3 Der bürgerlich-radikale Flügel 34
2.4 Strukturen der Frauenpolitik innerhalb der SPD 38

2.5 Veränderungen im Verhältnis von Frauen zur Politik
    durch das Reichsvereingesetz von 1908 44
2.5.1 Der bürgerlich-gemäßigte Flügel 45
2.5.2 Der bürgerlich-radikale Flügel 46
2.5.3 Die Integration der proletarischen Frauenbewegung in die SPD 48

2.6 Abschließende Bemerkungen zum Zusammenhang von
    Politikverständnis und Emanzipationsstrategien in
    der ersten Frauenbewegung 54

3. Die zweite Frauenbewegung und ihr Verhältnis zur Politik
   – Institutionalisierung Grüner Frauenpolitik 60

3.1 Anfänge und Verlauf der zweiten Frauenbewegung -
    Frauen zwischen Autonomie und Partizipation 60

3.2 Die Grünen Frauen im Spannungsverhältnis von
    Frauenbewegung und parteipolitischer Organisierung 67

3.2.1	Vorbemerkung zum Stand der Parteienforschung über die Grünen und allgemeine Charakteristika der Partei	67
3.2.2	Anfänge und Entwicklung Grüner Frauenpolitik bis 1987	70
3.2.3	Der innerparteiliche Streit um das "Müttermanifest" (1987) und seine Folgen für die Grüne Frauenpolitik	82
3.2.4	Beispiele Grüner Frauenpolitik	101
3.2.4.1	Grüne Frauenpolitik in Hessen - Das "Hessische Aktionsprogramm für Frauen"	101
3.2.4.2	Das Projekt "Autonome Frauen im Römer" in Frankfurt	107
3.2.4.3	Die Frauenliste der Grün-Alternativen-Liste (GAL) in Hamburg	114
3.2.5	Handlungsmöglichkeiten und Perspektiven Grüner Frauenpolitik	119
3.3	Das Projekt "Feminismus im Bundestag" - der Unabhängige Frauenverband (UFV)	127
4.	**Die Arbeitsgemeinschaft sozialdemokratischer Frauen (AsF) im Spannungsverhältnis von Parteipolitik und Frauenpolitik**	137
4.1	Vorbemerkung zum Forschungsstand	137
4.2	Die Entwicklung des Politik- und Emanzipationsbegriffs der AsF	138
4.3	Erweiterung der Handlungs- und Einflußmöglichkeiten durch die Einführung der Quote?	150
4.4	Perspektiven der AsF-Frauenpolitik	162
5.	**Fazit: Zum Zusammenhang von Politikverständnis und Emanzipationsstrategien**	166
5.1	Zusammenfassende Bemerkungen zur ersten und zweiten Frauenbewegung	166
5.2	„Gleichheit" und „Differenz" in der feministischen Diskussion	170
5.3	Ein egalitärer Differenzbegriff	173
Literatur		176

Einleitung

Wollen Frauen in die Politik? Was wollen Frauen in der Politik? Und was wollen Frauen von der Politik? Spätestens seit der Diskussion um Quoten in den Parteien – zuerst bei den GRÜNEN, dann in der SPD und neuerdings in der CDU – stellen sich diese und viele andere Fragen besonders für jene Frauen, die sich politisch engagieren (wollen).

Die Thematik „Frauen und Politik" findet seit Mitte der 80er Jahre zunehmend auch in den Sozialwissenschaften stärkere Beachtung.[1] Dies ist ein Ergebnis der Frauenbewegung und der Frauenforschung. Dabei sind inzwischen vor allem Fallstudien zu einzelnen Aspekten von Frauenpolitik vorgelegt worden.[2]
Allerdings mangelt es bisher an größer angelegten systematischen Analysen. Diese Lücke will die vorliegende Arbeit schließen, indem das Verhältnis von Frauen, die sich der Frauenbewegung im weitesten Sinne zugehörig fühlen, zur (etablierten) Politik am Beispiel von Frauenorganisationen der Parteien Die Grünen und SPD näher bestimmt wird.

Ausgegangen wird von der Definition, daß sich die Frauenbewegung aus der Gesamtheit von Bestrebungen zusammensetzt, die die besonderen Interessen von Frauen vertreten und die Verbesserung ihrer Stellung in allen gesellschaftlichen Bereichen anstreben.[3] Insofern werden die untersuchten Frauengruppen als Teil der allgemeinen Frauenbewegung begriffen.

Erkenntnisziel soll eine Verhältnisbestimmung von Frauen zur etablierten Politik sein. Daraus ergibt sich ein sowohl historisches als auch systematisch-vergleichendes Vorgehen, das den Schwerpunkt auf die Analyse der „neuen" Frauenbewegung legt. Im ersten Teil wird daher auf historische Forschungen zurückgegriffen. Im aktuellen Teil werden bereits vorliegende Studien sekundäranalytisch sowie Parteiprogramme und Stellungnahmen zur Frauenpolitik inhaltsanalytisch behandelt.

Als Analysepaar werden die Ansätze „Gleichheit" und „Differenz" zugrunde gelegt. Denn bei allen Unterschieden zwischen der „alten" und der „neuen" Frauenbewegung gibt es doch ein Kontinuum: den theoretischen und politischen Streit um „Gleichheit" oder „Differenz".[4]

---

[1] Vgl. Literaturübersicht in Meyer, 1992a, S. 14-18
[2] Vgl. Pappi/ Ostner, 1994, S. 137
[3] Vgl. Gerhard, 1994b, S. 145
[4] Vgl. z.B. Giese, 1990

Der „Differenz"-Ansatz[5] geht davon aus, daß Frauen eine besondere „Natur" oder ein „weibliches Wesen" besitzen, das sie von Männern grundsätzlich unterscheidet. Der Ansatz der „Gleichheit"[6] negiert dagegen die Vorstellung einer besonderen „Natur" der Frau und führt die geschlechtsspezifischen Unterschiede allein auf die Sozialisation und die geschlechtsspezifische Arbeitsteilung zurück.
Diese beiden – in der Theorie idealtypischen, in der Praxis in zahlreichen Zwischenformen vorfindbaren – Ansätze kennzeichnen die Frauenbewegung. Darüber hinaus legen sie je unterschiedliche Politikstrategien[7] und Emanzipationskonzepte nahe, die an ausgewählten Beispielen näher untersucht werden sollen.

Die These, daß die bürgerliche Politikkonzeption, wie sie sich mit Entstehung der bürgerlichen Gesellschaft herausbildete, die Frauen systematisch ausgeschlossen hat, soll im ersten Kapitel historisch überprüft werden. Denn es wird davon ausgegangen, daß dieser Ausschluß von Frauen, seine ideologische Begründung und die gesellschaftliche Manifestation in Form von Vereinsverboten für Frauen das Verhältnis der ersten Frauenbewegung zur Politik prägte. Im zweiten Kapitel werden daher das Politikverständnis und die Emanzipationsstrategien der verschiedenen Flügel der ersten Frauenbewegung untersucht.

Der zeitliche Sprung zwischen dem zweiten und dritten Kapitel läßt sich damit erklären, daß der Aufschwung der zweiten Frauenbewegung Ende der 60er Jahre begann. Hier setzt das dritte Kapitel ein, in dem es um das Politikverständnis der verschiedenen Gruppen der zweiten Frauenbewegung geht.
Der Versuch, feministische Interessen in eine Partei einzubringen und zu organisieren, ist in der zweiten Frauenbewegung von Frauen unternommen worden, die sich bei den Grünen organisierten, aber ausdrücklich als Feministinnen verstanden. Ihre verschiedenen Politikansätze und -formen wie Frauenlisten, Frauenvorstand etc. bilden den Schwerpunkt des dritten Kapitels, da sich an ihnen das Spannungsverhältnis von feministischer und etablierter Politik besonders deutlich aufzeigen läßt.

Während sich die Grünen Feministinnen expliziter der autonomen Frauenbewegung zugehörig fühlen, vertritt die Arbeitsgemeinschaft sozialdemokratischer Frauen (AsF) eine Gleichstellungspolitik. Ihre Organisationsform als Arbeitsgruppe innerhalb der SPD wird im vierten Kapitel unter der Fragestellung untersucht, welches Politikverständnis ihr zugrunde liegt und welche Emanzipationsstrategien die AsF daraus ableitet.

---

5 Zu seinen verschiedenen theoretischen Richtungen vgl. z.B. Pinl, 1992; Klinger, 1990b; 1994

6 Zu seinen verschiedenen Formen vgl. z.B. Cornelißen, 1988; Klinger 1990b; 1994

7 Vgl. Kontos, 1990

Im abschließenden Kapitel werden die Ergebnisse meiner Arbeit, daß sich nämlich aus der politischen Positionsbestimmung zum „Gleichheits"- oder „Differenz"-Ansatz ein unterschiedliches Emanzipationsverständnis ergibt und daraus verschiedene Politikkonzepte folgen, zur feministischen Diskussion in Beziehung gesetzt. Daraus wird sich der Ansatz eines „egalitären Differenzgedankens" für zukünftige feministische Politik und Wissenschaft als vorwärtsweisend herauskristallisieren. Der Kategorie „Geschlecht" („soziales Geschlecht" im Sinne von „gender") kommt demzufolge auch weiterhin eine hohe Relevanz in den Sozialwissenschaften zu, da nur durch sie das Geschlechterverhältnis als ein strukturell-hierarchisches erkannt und verändert werden kann.

1. Die Herausbildung der Politiksphäre in der bürgerlichen Gesellschaft

In diesem ersten Kapitel sollen der ideengeschichtliche und der historische Prozeß der Festschreibung des weiblichen Geschlechts auf den privaten Bereich – und damit des Ausschlusses aus der öffentlichen Sphäre der Politik – nachgezeichnet werden. Dieses Kapitel besitzt zwar grundlegenden, im Gesamtzusammenhang der vorliegenden Arbeit aber lediglich einführenden Charakter und stützt sich vor allem auf Sekundärliteratur.

Das Anliegen, die Herausbildung der bürgerlichen politischen Öffentlichkeit mit ihrer eindeutigen geschlechtsspezifischen Grundlegung zu untersuchen, läßt ein historisches und ideengeschichtliches Vorgehen sinnvoll erscheinen. Die daraus resultierende Komplexität legt es nahe, einige allgemeine Tendenzen aufzuzeigen, ohne damit den Eindruck einer gradlinigen gesellschaftlichen und ideengeschichtlichen Entwicklung erwecken zu wollen.

Das Deutschland des ausgehenden 18. Jahrhunderts, besonders aber des 19. Jahrhunderts ist von vielfältigen gesellschaftlichen, politischen und wirtschaftlichen Wandlungsprozessen gekennzeichnet, die den Übergang von der feudalständischen zur bürgerlichen Gesellschaft markieren. Die seit Mitte des 19. Jahrhunderts verstärkt (und im Vergleich mit England oder Frankreich verspätet) einsetzende Industrialisierung zieht weitreichende Veränderungen nach sich.

Zentral für die nachfolgende Argumentation ist die Wandlung und beginnende Vereinheitlichung der Familienformen. Die vormals vorherrschende Sozialform der Einheit von Produktion und Reproduktion fiel im Zuge der Herausbildung der bürgerlichen Gesellschaft auseinander.[1] Der Mann arbeitete fortan zunehmend außerhalb des Hauses, während die Frau allein für die Reproduktion im Haus zuständig wurde. Ihr Aufgabengebiet wandelte sich, denn die Herstellung von Nahrung und Kleidung wurde zunehmend von der Warenwirtschaft übernommen, weshalb von einem Funktionsverlust bzw. Funktionswandel der Familie gesprochen werden kann. Als neue Aufgabe rückte die Erziehung der Kinder in den Mittelpunkt, die mit der Herausbildung von Berufen in Verwaltung und Wirtschaft an Bedeutung für das Bürgertum gewann. Erst mit dem Auseinanderfallen von Produktions- und Reproduktionsbereich kommt es zur Entfaltung einer privaten und einer öffentlichen Sphäre. Von einer sich herausbildenden bürgerlichen Öffentlichkeit kann daher im Verlauf des 18. Jahrhunderts – wie Habermas[2] gezeigt hat – gesprochen werden.

---

[1] Vgl. Rosenbaum, 1982; Weber-Kellermann, 1974
[2] Vgl. Habermas, 1990

Die bürgerlichen Frauen hatten seit Beginn der bürgerlichen Öffentlichkeit – von wenigen Ausnahmen abgesehen – keinen Zutritt zu ihr, wurden in den privaten Bereich des Hauses und des Gefühls verwiesen. Diese geschlechtsspezifische Zuweisung hat neben Veränderungen von Produktions- und Reproduktionsanforderungen vor allem ihre Legitimation in der Geschlechtertheorie des Naturrechts und des Liberalismus erfahren, die zwar von der „Gleichheit" der Menschen ausging, aber die Frauen (und die nichtbesitzenden Klassen) davon ausnahm. Bevor hier näher auf die ideologische Begründung der Ungleichheit von Mann und Frau eingegangen wird, soll ein kurzer Abriß über den modernen Gleichheitsbegriff, der von jeher als Inbegriff von Gerechtigkeit galt und in emanzipatorischer Absicht formuliert und zumeist auch gebraucht wurde, vorangestellt werden.

1.1 Der moderne bürgerliche Gleichheitsbegriff

Ich stütze mich hier im besonderen auf die grundlegende Habilitationsschrift von Otto Dann, in der erstmalig die Entwicklung des Gleichheitsbegriffs seit der Antike aufgearbeitet wurde. Die Begriffsbestimmung von „Gleichheit", die Otto Dann vornimmt, ermöglicht es, neben der philosophischen auch die soziologische Analyseebene gesellschaftlicher Wandlungsprozesse zu erschließen:

> „Die besondere Beziehung, die der Gleichheitsbegriff zum Ausdruck bringt, besteht [...] nicht an den verglichenen Objekten selbst. Sie wird allein durch den Menschen und seinen Verstand hergestellt."[3]

Auf der gesellschaftlichen und politischen Ebene bezieht sich „Gleichheit" auf Rechte und Rechtspositionen. Otto Danns Definition zufolge ist „Gleichheit" also nicht ein quasi natürlicher Zustand, der von den Dingen (hier Personen) ausgeht, sondern durch den Menschen verstandesmäßig hergestellt wird. Inwieweit Gleichheitskriterien zu einem Wertmaßstab werden, der einem Rechtssystem zugrunde liegt, ist von den jeweiligen Machtverhältnissen einer Gesellschaft abhängig.

Auf diese Machtverhältnisse und die dahinter stehenden Interessen und Interessengruppen soll im folgenden eingegangen werden, um die Frage zu beantworten, warum die (bürgerlichen) Frauen im Zuge des bürgerlichen Emanzipationsprozesses nicht zu den gleichen Rechten gelangten wie die (bürgerlichen) Männer. Die zentrale Fragestellung des 1. Kapitels lautet demnach: Wie konnte die Unterordnung und Diskriminierung der Frauen mit dem Gleichheitssatz aus der Aufklärung vereinbart werden, und welche Interessen verbargen sich dahinter?

Zentral für die Rezeption des Gleichheitsgedankens in der bürgerlichen Intelligenz in Deutschland ist das Zeitalter der Aufklärung. Vor allem auch die Jahre um die Französische Revolution hatten einen tiefgreifenden Wandlungsprozeß im

---

[3] Dann, 1980, S. 17

politischen Denken und die Entwicklung eines modernen Gleichheitsbegriffs zur Folge (1770 bis 1850). In dieser Zeit kam es in Deutschland zu einer ständigen Konfrontation des aufstrebenden Bürgertums mit dem Adel, deren Ergebnis ein spezifisch bürgerlich geprägter Gleichheitsbegriff war:

> „'Gleichheit' wurde [...] zur emanzipatorischen Forderung der bürgerlichen Gesellschaft gegenüber dem Adel nach rechtlicher und politischer Anerkennung und Machtbeteiligung."[4]

Auf die Vorherrschaft der Aristokratie und des Klerus reagierte das Bürgertum zuerst mit der Einrichtung einer literarisch-gebildeten Öffentlichkeit („Gelehrte Republik"). Hier spielte das Gleichheitsprinzip eine große Rolle, da die gegründeten Vereinigungen ihre Mitglieder als Gleiche ansahen, unabhängig von Besitz (allerdings nur innerhalb der bürgerlichen Schicht und des Adels).
Die Rezeption der griechischen Klassiker wie Aristoteles und Plato sowie die Herausbildung der modernen Naturwissenschaften führten zu einem neuen Bild vom Menschen als gleiches, vernunftbegabtes Glied einer natürlichen Gattung.
Auf die unterschiedlichen Vorstellungen vom Naturzustand und den daraus abgeleiteten gesellschaftlichen Vorstellungen bei Rousseau, Kant, Fichte und Hegel soll in einem späteren Zusammenhang unter dem Aspekt der Begründung des Geschlechterverhältnisses eingegangen werden. Zentrales Moment aller frühbürgerlichen Theoretiker aber stellt die Lehre vom Gesellschaftsvertrag dar, der das Zusammenleben der von dem Naturzustand in die Gesellschaft und der öffentlichen Ordnung übergetretenen Menschen regelt.
Dieses Modell des Vertrags richtete sich gegen die von der Aristokratie vertretene Vorstellung von angeborenen, standesmäßigen Vorrechten in der Gesellschaft und hatte die Forderung der Bürgerlichen nach gesellschaftlicher Gleichberechtigung, nach Rechtsgleichheit zur Folge.
Würde die naturrechtlich begründete Auffassung von der Gleichheit aller Menschen konsequent zu Ende gedacht, läge eine demokratisch-republikanische Staatsverfassung nahe, die jedoch den Bürgerlichen zu weit ging, denen vor allem an ihrer eigenen Emanzipation und der Gleichstellung mit dem Adel lag. Daher wurde in einen status naturalis und einen status civilis unterschieden.
Otto Dann kommt zu dem Schluß:

> „Damit wird deutlich, daß die klassischen Naturrechtstheoretiker des 17. und frühen 18. Jahrhunderts als Vertreter der bürgerlichen Besitzschichten an einer Durchsetzung neuer gesellschaftlicher Gleichheit im Zusammenhang einer Veränderung der Herrschaftsverhältnisse nicht wesentlich interessiert waren. Der als eine zeitlos gültige Wahrheit konzipierte naturrechtliche Gleichheitssatz wurde historisiert, wurde auf eine Frühphase der gesellschaftlichen Entwicklung fixiert. Damit wurde seine sozialpolitische Sprengkraft relativiert. Die alte Vorstellung von einer notwendigen sozialen

---

[4] Ders., S. 88

Ungleichheit innerhalb der bürgerlichen Gesellschaft konnte damit im Rahmen der Naturrechtstheorie selbst als Lehrbegriff verankert werden."[5]
Die in der sich herausbildenden privaten Sphäre und der politischen Gemeinschaft herrschende Ungleichheit war somit legitimiert. Gleichheit galt also nur als im Naturzustand möglich. Wurde seit 1760 noch seitens des Bürgertums Kritik an der ständischen Gesellschaftsordnung geübt und das naturrechtliche Gleichheitsprinzip in sozialkritischer Absicht gegen den Adel gewandt, so kam es vor allem mit dem Gedankengut der Französischen Revolution zu einer Wende im Bürgertum dahingehend, daß es um seinen Status fürchtete, sich gegen eine Emanzipation der „Masse" aussprach und sich infolgedessen verstärkt am Adel ausrichtete. Das Bürgertum rang um die rechtliche Gleichstellung mit dem Adel, stellte jedoch nicht grundsätzlich die ständische Ordnung in Frage und grenzte sich stattdessen „nach unten" ab.
Die Französische Revolution trug maßgeblich dazu bei, daß das Bürgertum in Deutschland sich vom Gleichheitsgedanken distanzierte. In Frankreich kam es durch Rousseau zu einer Zuspitzung des Gleichheitsprinzips, der die Gleichheit des status naturalis im status civilis wiederherstellen wollte. Der sich daraus ableitende revolutionäre Charakter zeigte sich in der Revolution daran, daß nun über die Interessen des großbürgerlichen Besitz- und Bildungsstandes hinaus auch die der Intelligenz und der agrarischen Opposition im Mittelpunkt standen.

Ohne hier näher auf die Französische Revolution und ihren Verlauf eingehen zu wollen, sollen hier kurz ihre Auswirkungen auf die Entwicklungsgeschichte des Gleichheitsgedankens in Deutschland nachgezeichnet werden, denn viele deutsche Intellektuelle nahmen als Beobachter und Berichterstatter an der Revolution teil, so daß ihr Gedankengut und die Geschehnisse auf diese Weise nach Deutschland kamen. Da in Frankreich „Gleichheit" zu einer umfassenden Parole zusammen mit „Freiheit" und „Brüderlichkeit" für einen sozialen Umsturz geworden war, erfaßte sie breite Volksmassen, hier besonders auch die Frauen[6].
Doch da sich das gebildete und besitzende Bürgertum in Deutschland zu der Zeit bereits ansatzweise mit dem Adel arrangiert und in die fürstenstaatliche Gesellschaftsordnung integriert hatte, mußte es die Popularisierung des Gleichheitsgedankens und die daraus resultierende soziale Bewegung zwangsläufig als Bedrohung des eigenen sozialen Status begreifen. Es grenzte sich deshalb in weiten Teilen von der Französischen Revolution ab. Auch hier zeigte sich wieder der interessengeleitete Gleichheitsgedanke des deutschen Bürgertums und seine Angst vor einer Volksbewegung oder gar einer Revolution, die zum Verlust seiner mühsam errungenen Positionen und Privilegien führen könnte.
Zusätzlich zu den Erfahrungen mit der Französischen Revolution war die Transzendentalphilosophie Kants prägend für das Bewußtsein des Bürgertums im aus-

---

[5] Ders., S. 99
[6] Vgl. Stübig, 1990

gehenden 18. Jahrhundert und führte zu einer intensiven Diskussion über Rechts- und Sozialphilosophie. Kant entwickelt zwar eine „Gleichheit", die die Ungleichheit im Untertanenstaat überwinden soll, spricht sich jedoch gleichzeitig gegen ihre Anwendung auf den sozialen und politischen Bereich aus. Durch die in seiner Tradition liegende Unterscheidung in „formale" und „materiale Gleichheit" wurde es möglich, zwar die Rechtsgleichheit aller Staatsbürger im Sinne der „formalen Gleichheit" zu fordern, ohne damit zugleich die Herrschafts- und Besitzverhältnisse, wie dies die „materiale Gleichheit" nahelegen würde, umzustoßen.

Durch die militärischen Siege Napoleons und sein Eingreifen in die Verfassungsstruktur des Deutschen Reiches wurde der „Vorgang einer egalisierenden Gesellschaftsreform von oben"[7] eingeleitet, die sich besonders auch in der preußischen Gesetzgebung zwischen 1807 und 1814 niederschlug. Allerdings ermöglichten Ausnahmeklauseln die Beibehaltung bestehender Ungleichheiten im öffentlichen Leben, so daß von einer Rechtsgleichheit aller Staatsbürger nur sehr eingeschränkt gesprochen werden kann. Es kam somit aber trotz weiter fortbestehender Privilegien und Ausnahmen zu einer Festlegung von minimalen Gleichheitsprinzipien, an die dann später auch die Bewegung des deutschen Vormärz anknüpfte.

Festgehalten werden kann an dieser Stelle, daß es zwar zur Durchsetzung der formalen bürgerlichen Rechtsgleichheit und zur Aufhebung einiger Vorteile des Adels kam, doch reichten die Gleichheitsrechte nicht in den sozialen und politischen Bereich hinein. Besonders die Führungsschichten des spätabsolutistischen Staates in Politik, Heer, Verwaltung, Kirche und Agrarwirtschaft reagierten ablehnend auf die Französische Revolution und die naturrechtliche Begründung des Gleichheitsprinzips.

Auch der Bewegung des deutschen Vormärz ist es während der Revolution weder gelungen, die staatsbürgerliche Rechtsgleichheit mit dem Adel noch die politische Gleichberechtigung durchzusetzen. Vielmehr setzte sich letztendlich das antiegalitäre Denken durch, das die Besitzstruktur und das Bildungssystem verteidigte und sich gegen die Gleichberechtigung der Frauen und gegen das gleiche, aktive Wahlrecht aussprach. Zudem grenzte sich das Bürgertum gegen sozialistische Positionen und die sich formierende Arbeiterbewegung ab. Und ab 1860 galt:

> „Der Gleichheitsbegriff wurde innerhalb des nationalliberal denkenden Bürgertums das, was er bis 1848 bei den Konservativen war: ein negativer Abgrenzungsbegriff."[8]

Denn dem Bürgertum ging es nicht um die rechtliche, soziale und politische Gleichheit aller Menschen, sondern um seine Gleichstellung mit dem Adel und die Legitimierung einer bürgerlichen Rechts- und Gesellschaftsordnung zur Sicherung

---

[7] Dann, S. 165
[8] Ders., S. 218

und Wahrung seines privaten Besitzes, den freien Warenverkehr und den Zugang zu den staatlichen Führungspositionen.

Das naturrechtlich begründete Gleichheitspostulat der Neuzeit hängt also unmittelbar mit dem Aufkommen des modernen Bürgertums zusammen, das sich gegen die ständisch-aristokratische Gesellschaftsordnung stellte. War dieses Ziel annähernd erreicht, ging es um die Wahrung und Konservierung dieses Status, schlug Emanzipation in Konservatismus um.

In die erstarkende Arbeiterbewegung dagegen fanden die sozialpolitischen Forderungen nach Gleichheit Eingang. 1863 gründete Lassalle den Allgemeinen Deutschen Arbeiterverein mit dem Ziel des allgemeinen, gleichen und direkten Wahlrechts für Männer. 1867 bzw. 1871 wurden das allgemeine Männer-Wahlrecht auf Reichsebene und das Dreiklassen-Männer-Wahlrecht in Preußen eingeführt.

Gerade auch die frühe Sozialdemokratie knüpfte mit ihrem Gothaer Programm von 1875 an den Gleichheitsgedanken insofern an, als sie über das gleiche Wahlrecht hinaus auch die politische und soziale Gleichheit forderte. Sie bemühte sich daher in einem ersten Schritt um eine Rechtsgleichheit in der inneren Organisierung der Partei und Vereine, was u.a. die Bezeichnung „Genosse" ausdrücken sollte.

In der Epoche Bismarcks kam es jedoch insgesamt zu einem Stillstand der Partizipationsforderungen. So hinderte beispielsweise das „Sozialistengesetz" (1878-1890) die SPD und die Arbeiterbewegung an politischer Äußerung und Aktivität und zwang sie in den politischen Untergrund. Erst nach 1890 kam es wieder in größerem Maße zu einer Bewegung, die für die Erweiterung der Partizipationsmöglichkeiten stritt. Da in diesen Zusammenhang auch die Hochphase der „alten" Frauenbewegung gehört, soll hier der kursorische Gang durch die Entwicklungsgeschichte des modernen Gleichheitsbegriffs beendet werden.

Zusammenfassend kann bisher festgehalten werden, daß der bürgerliche Gleichheitsbegriff vor allem der sozialen Gleichstellung des (männlichen) Bürgertums mit dem (männlichen) Adel dienen sollte. Wie aber konnte die Unterordnung und Diskriminierung der Frauen mit dem Gleichheitssatz aus der Aufklärung vereinbart werden, und welche Interessen verbargen sich dahinter?

Wie gezeigt, gelang die Beibehaltung und Legitimierung der Ungleichheit gegenüber den nichtbesitzenden Schichten letztendlich durch die Unterscheidung in „formale" und „materiale Gleichheit" und indem verhindert wurde, daß sich das Gleichheitsprinzip auch auf den sozialen und politischen Bereich ausdehnte. Denn das Bürgertum fürchtete um seine soziale Stellung und seinen Besitz. Zugespitzt formuliert kann gesagt werden, daß der bürgerliche Gleichheitsbegriff sich als ein von Standesinteressen geleiteter Begriff entpuppte. Wie nun aber konnten die bürgerlichen Frauen ebenfalls ausgegrenzt werden, gehörten sie doch offensichtlich zum selben Stand?

Meine These lautet: Neben den standesspezifischen Charakter des bürgerlichen Gleichheitsbegriffs tritt der patriarchale Charakter.

1.2 Geschlechtertheorie als ideologische Grundlegung der Differenz und Ungleichheit von Mann und Frau – eine ideologiekritische Analyse

ROUSSEAU gilt allgemein als einer der maßgeblichen politischen Philosophen für die ideologisch-theoretische Grundlegung der bürgerlichen Gesellschaft und die Formulierung des bürgerlichen Frauenideals und beeinflußte daher stark die Diskussion.
Er geht in seiner Konstruktion des Naturzustands davon aus, daß auf der ersten Stufe das „Geschlecht" kein Kriterium für eine natürlich bedingte Ungleichheit ist. Männer und Frauen sind demzufolge gleich. Die zweite Stufe des Naturzustands charakterisiert Rousseau als sog. „Kampf aller gegen alle". Die ursprünglich paradiesischen Verhältnisse sind damit beendet bzw. in Kampf und Konkurrenz umgeschlagen, in denen das Recht des Stärkeren gilt.

> „Um diesen 'Kampf aller gegen alle' zu befrieden, schlossen sich die Menschen zu Gesellschaften zusammen, die die ursprüngliche Gleichheit des Naturzustandes auf einer höheren Ebene wieder herstellen sollte."[9]

Damit sollten das Recht des Stärkeren außer Kraft gesetzt, Schwache vor Unterdrückung geschützt und Eigentum garantiert werden.
Trotz seiner naturrechtlichen Prämissen der ursprünglichen Geschlechtergleichheit konstruiert Rousseau das weibliche Geschlecht auf der Stufe der Gesellschaft als ein der Natur verhafteteres als das männliche. Über ihre Gebärfähigkeit kommt der Frau die Erziehung der Kinder und die Vermittlung von moralischem Verhalten zu. Frauen sind bei Rousseau weniger vernunftbegabt als Männer, und sie brauchen diese Vernunft auch nicht, um ihre ehelichen und mütterlichen Pflichten zu erfüllen. Vielmehr schadet Bildung ihrer qua Natur vorhandenen hohen Moralität.

> „Übrig bleibt die bei Rousseau zwar noch verführerische, ansonsten aber selbstaufopfernde, unterwürfig-dienende Frau in ihrer alleinigen Funktion als Gattin und Mutter. Von der Partizipation an Gesellschaft qua Bildung und abstrakter Vernunft ist sie ausgeschlossen."[10]

Vielmehr ist sein Ziel einer spezifisch weiblichen Erziehung die zivilisatorische Rückstufung der Frau, um dem männlichen Fortschritt und der Zweckrationalität des Marktes einen moralischen und gefühlsmäßigen Gegenpol gegenüberzustellen. Die Frau und ihre häusliche Sphäre werden so komplementär zum Mann und seiner öffentlichen Sphäre gesetzt.

---

[9] Alder, 1992, S. 138. Da die für diesen Abschnitt wichtigen bürgerlichen Philosophen von der Frauenforschung inzwischen hinreichend analysiert worden sind, soll auf deren Ergebnisse zurückgegriffen werden. Ich stütze mich im folgenden vor allem auch auf die zahlreichen philosophiegeschichtlichen und ideologiekritischen Arbeiten, die in den letzten Jahren vorgelegt worden sind.

[10] Dies., S. 156

Aus der biologischen Andersartigkeit der Frau, zugespitzt: aus ihrem Gebärvermögen, wird darüber hinaus auf eine psychische und auch moralische Andersartigkeit geschlossen. Die Frau besitzt qua Natur und durch die Erfüllung ihrer daraus abgeleiteten „natürlichen" Aufgaben Moralität, während der Mann Moralität durch die „selbstbewußte Einwilligung in das sittliche Gefüge des Staates"[11] erreicht.

Neben den ökonomischen und gattungsbezogenen Zweckcharakter der Ehe tritt daher die sittliche Aufgabe der Familie:

> „Die Familie rangiert bei Rousseau als zentrale Vermittlungsinstanz für die Sitten und Gebräuche der bürgerlichen Gesellschaft. Innerhalb des idealen Sozialkorpus kommt den erzieherischen Einflüssen der Frau eine relevante gesellschaftsstabilisierende Funktion zu; dafür eignet sie sich [...] gerade deshalb so gut, weil sie selbst blind den aktuellen Normen der öffentlichen Ordnung Folge leistet."[12]

Auch KANTs Modell der besonderen weiblichen schönen Sittlichkeit verweist das weibliche Geschlecht in die Nähe von Natur. Nach Kant ist

> „der Zweck der Natur bei Einrichtung der Weiblichkeit [...] 1. die Erhaltung der Art, 2. die Kultur der Gesellschaft und Verfeinerung derselben durch die Weiblichkeit."[13]

Der Kategorische Imperativ entspricht nach Kant nicht der weiblichen Form von Moral, woraus er ableitet, daß der Mann das Recht hat, über die Frau zu befehlen. Da Kant davon ausgeht, daß alle Menschen vernunftbegabte Wesen sind, kann er der Frau nicht vollends die Vernunft absprechen, ohne damit sein philosophisches Gebäude einzureißen. Doch ist ihre Vernunft eine „andere" als die des Mannes, woraus sich notwendigerweise unterschiedliche Aufgabenbereiche ableiten lassen. Die Vernunft der Frau verbleibt sozusagen auf einer niedrigeren Stufe und erlaubt es ihr daher nicht, Subjekt zu werden. Ihr Ort kann deshalb nicht die Öffentlichkeit sein.

> „So wie die bürgerliche Gesellschaft der Ort des vernunftgeleiteten Zusammenlebens für die patriarchale Aufklärung männlicher Subjekte ist, bildet die Ehe den Ort des vernunftgeleiteten Zusammenlebens von männlichem Subjekt und nichtsubjekthafter Frau."[14]

Da die Frau als die Schwächere gesehen wird, ist sie durch die Ehe auf den Schutz des Mannes angewiesen. Auch Kant schließt somit die Frau aus der Öffentlichkeit aus – und ins Haus ein. Die Frau ist existentiell vom Mann abhängig, als Entschädigung dafür dient sie ihm mit ihren Reizen zur Unterhaltung. Ihre

---

[11] Bennent, 1985, S. 88
[12] Dies., S. 93
[13] Kant, zit. n. Annerl, 1991, S. 27/28
[14] Annerl, S. 37/38

naturwüchsige „schöne Tugend" läßt sie mühelos das sittlich und moralisch Gute tun. Sie handelt dabei nicht auf der Basis von moralischen Grundsätzen, sondern aus einem Gefühl heraus, das sie anständig mit schön und böse mit häßlich identifizieren läßt. Denn zu moralischen Grundsätzen ist der Verstand der Frau nicht in der Lage, den Kant durch mangelnde Regelkompetenz kennzeichnet. Der Mann ist fähig, das vorgefundene empirische Material nach den in seinem Verstand apriorisch vorhandenen Grundsätzen zu sortieren, sich ein Urteil zu bilden und entsprechend zu handeln. Die Frau degegen verbleibt nach Kant auch mit ihrem Verstand im Bereich des Gefühls. Ist das wesentliche Charakteristikum des Mannes also sein Verstand und die dadurch mögliche Subjektwerdung, so zeichnet sich die Frau durch Gefühl und Launenhaftigkeit aus.

> „Mit bunt sprühenden, launischen Einfällen liefert sie allenfalls den Rohstoff der Erkenntnis, dem der männliche Verstand dann sein Signum aufdrückt."[15]

Diese Form der Verstandestätigkeit und Vernunftfähigkeit ist „natürlich" nicht dafür geeignet, staatsbürgerliche Rechte in Anspruch zu nehmen und staatsbürgerliche Pflichten zu erfüllen.
Die moralische „schöne Tugend" der Frau kann durch zielgerichtete Erziehung in Bahnen gelenkt und gesteigert werden, allerdings soll in der weiblichen Erziehung eine kritische Auseinandersetzung und Aneignung abstrakter Vernunftfähigkeit vermieden werden, da dies ihrer „Natur" zuwiderlaufen würde, die sie zwar labil und schwach, aber höchst moralisch sein läßt. Ihre hohe Moralität, die Übereinstimmung von Gefühl und Handeln, soll den Mann an den ursprünglichen Naturzustand erinnern und ebenfalls zu moralischem Handeln auffordern.
Die Frau wird somit aus dem geschichtlichen Prozeß verbannt und erscheint als übergeschichtlich naturwüchsig in der Sphäre des Hauses. Die politische Sphäre dagegen konstituiert sich nach Kant als eine Sphäre der Privatleute, der Bürger. Als Voraussetzung für den Zugang zu ihr gilt:

> „Die dazu erforderliche Qualität ist, außer der natürlichen (daß es kein Kind, kein Weib sei), die einzige: daß er sein eigener Herr sei, mithin irgendein Eigentum habe (wozu auch jede Kunst, Handwerk, oder schöne Kunst, oder Wissenschaft gezählt werden kann), welches ihn ernährt"[16].

Kant nimmt hier eine genaue Bestimmung der Voraussetzung für das Bürgersein vor: nämlich Eigentum. Darüber hinaus bestimmt er, welche bürgerlichen Schichten als politische Öffentlichkeit im Sinne politisch räsonierender Privatleute gelten. Und neben Kindern werden zwei „Gruppen" ausgeschlossen: Frauen und nichtbesitzende Männer. Zentral in diesem Zusammenhang ist die unterschiedliche Begründung, die die Frauen aufgrund ihrer „natürlichen Qualität" ausschließt, während die nichtbesitzenden Männer aufgrund ihrer Eigentumslosigkeit

---

[15] Bennent, S. 99
[16] Kant, zit. n. Habermas, S. 186

ausgeschlossen werden. Die Eigentumslosigkeit kann prinzipiell überwunden werden, die Geschlechtszugehörigkeit der Frauen aber nicht!

Gingen Rousseau und Kant in ihrer Geschlechtertheorie und der daraus abgeleiteten Funktion der Institution Ehe davon aus, daß die Frau notwendig dem Mann untergeordnet sein müsse, um dem „Wohl des Ganzen", dem Staat und der Familie, zu dienen, so begaben sie sich in Widerspruch zu ihren eigenen aufklärerischen Idealen von Freiheit und Gleichheit. Denn auf der einen Seite gestanden sie dem weiblichen Geschlecht die Gleichheit im Naturzustand zu, standen aber somit auf der anderen Seite vor dem Problem, die Ungleichheit der Ehepartner, bzw. die Unterordnung der Frau unter den Mann, zu legitimieren. Dies geschah entweder durch die Betonung der größeren Stärke des Mannes, weshalb nur er das alleinige Familienoberhaupt sein könne und damit über die Ehefrau herrsche. Bei diesem Konstrukt gilt das „Recht des Stärkeren", das mit dem Eintritt in die Gesellschaft gerade überwunden werden soll, in der Ehe weiter und offenbart damit den Zwangscharakter der Ehe und das eindeutige Herrschaftsverhältnis zuungunsten der Frau. Das andere Konstrukt betont die größere Naturnähe der Frau und ihre daraus resultierende minderwertige Vernunftfähigkeit, weshalb sie – zu ihrem eigenen Schutz und zur Ergänzung des Mannes – ihm unterstellt ist. Beide Vorstellungen gerieten in Widerspruch zu den allgemeinen Idealen.

FICHTE dagegen „gelang" es in seiner „Grundlage des Naturrechts" (1796/97), die Begründung seiner Geschlechtertheorie und der Ehe nicht auf äußeren Zwang oder äußerer Notwendigkeit aufzubauen, sondern in das Innere des Menschen zu verlagern, denn Liebe wird zum entscheidenden Auslöser der Ehe.
Stand vorher vor allem der rechtlich-institutionelle Charakter im Vordergrund, so tritt bei Fichte der natürlich-sittliche an seine Stelle.

> „Erst durch das Eingehen einer solchen Ehe, in der sich jeder einzelne einem anderen Wesen vollkommen ausliefert, erreicht der Mensch die wahre Höhe seiner sittlichen Möglichkeiten."[17]

Diese Selbstaufopferung gilt zwar grundsätzlich für beide Geschlechter, hat aber ganz unterschiedliche Konsequenzen. Da die Frau im Geschlechtsakt als passiv und empfangend, der Mann dagegen als aktiv und formend gesehen wird, steht die Frau aufgrund ihrer physiologischen Voraussetzungen eine Stufe tiefer als der Mann. Die Vernunftbegabung der Frau äußert sich durch absoluten Triebverzicht, so daß dadurch die höhere Form der zwischengeschlechtlichen Zuwendung, genannt Liebe, zur Geltung kommt.

> „Während sie sich physisch dem Mann als Objekt darbietet, erhält die Liebe sie rein und unbetroffen von dieser Erniedrigung. Liebe aber adelt nur, wenn sie absolut, das heißt ohne jeden Vorbehalt ist. Deshalb muß die Frau

---

[17] Bennet, S. 114

sich mit allen ihren Besitztümern und allen ihren Rechten dem Mann restlos ausliefern."[18]

Damit gibt die Frau in der Ehe ihre Ansprüche als Individuum auf, jedoch nicht unter Zwang oder aus der äußeren Notwendigkeit heraus, sondern aus ihrer Veranlagung, die im Innern wurzelt und ihr Wesen ausmacht: die selbstaufopfernde Liebe. Durch diese liebende Unterordnung gewinnt die Frau die Zuneigung des Mannes und sichert sich so seinen Schutz und ihre Existenz.
Fichtes hier kurz skizziertes Eheideal „materialisierte" sich in den Gesetzestexten zum Eherecht und wirkte bis hinein in das Bürgerliche Gesetzbuch (BGB), Schröder nennt ihn auch den „Chefideologen"[19] der bürgerlichen Familie.

Durch HEGEL findet eine politische Aufwertung der Familie statt, die im Zusammenhang mit seiner neuartigen Staatstheorie gesehen werden muß.

> „Entscheidend ist, daß Hegels Rechtsphilosophie die Allgemeinheit des Staates nicht mehr auf das schlechterdings Gemeinsame der diversen Einzelwillen [wie im Ideal des contrat social, G.B.] zurückführt, sondern dem Staat eine absolute Objektivität, losgelöst von aller gesellschaftlichen Empirie, zuspricht."[20]

Der Staat als höchste Stufe der Realisation der Vernunft erfordert die Unterordnung der Einzelnen, die eine dahingehende Erziehung nötig macht.

> „Hier fallen der Familie wesentliche Aufgaben zu, denn sie muß jene Versittlichung des Individuums vorbereiten, durch die eine staatsbürgerliche Existenz erst ermöglicht wird."[21]

Die Familie gilt als eine außerhalb des Einflußbereichs des Staates liegende Sphäre im Bereich der sog. natürlichen Sittlichkeit und regelt sich nach Naturimpulsen der Familienmitglieder untereinander. Diese naturwüchsige oder auch unmittelbare Sittlichkeit entspricht geschichtsphilosophisch betrachtet Hegels Naturzustand, der ersten Stufe der Menschheit und der Vernunftentwicklung. Denn im Gegensatz zu den vorherigen Philosophen begreift Hegel die menschliche Vernunft nicht mehr als ein geschichtsunabhängiges Prinzip, sondern als ein direkt mit der Entwicklungsgeschichte des Menschen verknüpftes. Die zweite Stufe der Vernunft bildet demnach die moderne Zweckrationalität der bürgerlichen Gesellschaft. Als höchste Stufe gilt die selbstbewußte Sittlichkeit, realisiert im Staat.[22]
Während die männliche Vernunftbegabung imstande ist, zur selbstbewußten Sittlichkeit als der höchsten Stufe vorzudringen, verbleibt die weibliche Vernunft-

---

[18] Dies., S. 118
[19] Vgl. Schröder 1979a
[20] Bennent, S. 139/140
[21] Dies., S. 141
[22] Wobei hier das Utopiemoment enthalten ist, das über die bürgerliche Gesellschaft in ihrem Ist-Zustand hinausweist. Vgl. auch Übersicht in Annerl, S. 68

begabung auf der ersten Stufe im Bereich der unmittelbaren Sittlichkeit. Diese folgt göttlichem Gesetz und realisiert sich in der Familie, während die männliche dem menschlichen Gesetz folgt und sich im Gemeinwesen realisiert.

Damit einer geht sowohl die Trennung der Sphären öffentlich und privat, die unterschiedlichen Gesetzen – hier menschlich, dort göttlich – folgen, als auch ihre eindeutig geschlechtsspezifische Zuweisung. Diese Einteilung setzt Hegel als Naturgesetz voraus und bestimmt damit die Frau qua Natur für die Familie, da sie der unmittelbaren Sittlichkeit gehorcht, die im Bereich der Familie gilt.

Ihrer intellektuellen Schwäche und launischen, dem Kind ähnlichen Natur, begründet in ihrer schwächlicheren Anatomie, steht der nach Objektivation durch Tat drängende Geist des Mannes gegenüber, der zu höheren Stufen der Vernunft vordringt und daher die Unterordnung der Frau notwendig zur Folge hat. Die Frau verkörpert zwar das göttliche Gesetz der unmittelbaren Sittlichkeit, doch soll sie den Mann lediglich an diese unbewußte Herkunft des Sittlichen aus dem Naturzustand erinnern.

Zwar kann auch Hegel der Frau den Subjektstatus nicht gänzlich verwehren, weshalb er den Übergang in die Ehe noch in der rechtlichen Form der bürgerlichen Gesellschaft ansiedelt, das heißt, daß zwei selbständige Subjekte einen Vertrag schließen. Nach Abschluß des Vertrags aber herrscht das Recht der Familie, in der Mann und Frau nicht mehr freie und gleiche Vertragspartner sind, weshalb damit das Vertragsverhältnis erlischt. „Der Ehevertrag ist also ein Verzichtsvertrag."[23] Der Verzicht auf die Rechte eines Subjekts gilt jedoch einseitig für die Frau, die zu der öffentlichen Welt der Subjekte keinen Zugang (mehr) hat und in der Familie dem Mann untergeordnet ist, während sich der Mann in beiden Sphären als Subjekt bewegt.

Ihre hohe Tugend der „unmittelbaren Sittlichkeit", die göttlichem Gesetz folgt, eignet sich nur für die familiäre Sphäre, nicht aber für die öffentliche:

> „Stehen Frauen an der Spitze der Regierung, so ist der Staat in Gefahr, denn sie handeln nicht nach den Anforderungen der Allgemeinheit, sondern nach zufälliger Neigung und Meinung."[24]

Der Geist der Frau verharrt auf der ersten Stufe der Vernunftentwicklung, weshalb das weibliche Geschlecht nicht an der geschichtlichen Entwicklung teilnehmen kann. Dem göttlichen Gesetz verpflichtet, ist es Anfangs- und Endpunkt der menschlichen Geschichte, doch nie Subjekt, das gestaltet oder auch nur partizipiert. Die Frau ist im Hegelschen Sinne auch keine Person, keine Bürgerin, denn Personsein bzw. Bürgersein setzt einen durch Arbeit und Tausch erworbenen Besitz voraus. Aufgrund ihrer Nicht-Subjekthaftigkeit und Eigentumslosigkeit kann sie nicht Mitglied einer bürgerlichen „Öffentlichkeit von Eigentümern"[25] sein. Sie verbleibt notwendig subjekt- und rechtlos im Bereich der Familie dem

---

[23] Annerl, S. 70
[24] Hegel, zit. n. Annerl, S. 75
[25] Prokop, 1976, S. 166

Mann unterstellt, dem göttlichen Gesetz folgend und von der menschlichen Geschichtsentwicklung ausgeschlossen.

Als vorläufiges Fazit zur Geschlechtertheorie mag gelten:

> „Man konzipierte eine Geschlechtertheorie, die faktische Differenzen mit dem Egalitätsideal auszusöhnen strebte. Genau an diesem Punkt trat die alte Vorstellung vom Naturunterschied der Geschlechter wieder in Kraft, wenn auch in gänzlich neuem Gewande. Das einheitliche Menschenbild der aufklärerischen Frühphase spaltete sich auf in den polaren Gegensatz des männlichen Kulturtypus und des weiblichen Naturtypus, die einander ergänzend erst den ganzen Menschen umfaßten."[26]

Diese Ausgestaltung einer polaren Geschlechtertheorie spitzte sich im Verlauf und besonders am Ende des 19. Jahrhunderts zu und nahm immer offensichtlicher frauenfeindliche Züge an, gipfelnd in Paul Julius Möbius' „Über den physiologischen Schwachsinn des Weibes"[27]. Der sich entwickelnden Anthropologie kam in diesem Zusammenhang eine zentrale Rolle zu, wie Honegger in ihrer Habilitationsschrift[28] nachgewiesen hat. Ihrer Argumentation folgend sollen hier nur die wichtigsten Etappen der Entwicklung einer Sonderanthropologie der Frau aufgezeigt werden, die maßgeblich daran beteiligt war, die Minderwertigkeit und die daraus abgeleitete Unterordnung der Frau unter den Mann zu „beweisen".

Das „geistige Rüstzeug" der neuen Wissenschaften vom Menschen bestand generell aus folgenden erkenntnistheoretischen Prämissen: „Analogismus, die eminente Bedeutung des Augenscheins und der Primat der vergleichenden Betrachtung"[29], die auch die Geschlechteranthropologie bestimmten. Die allgemeine Aufwertung des Körpers und der Versuch, ihn im Zusammenhang mit Naturgesetzen zu verstehen, führen zu der Einschätzung, daß der Arzt der einzige Experte der menschlichen Natur sei.

Bis etwa zur Mitte des 19. Jahrhunderts wurde versucht, die Physiologie der Geschlechter in ihrer Unterschiedlichkeit zu erforschen. Ziel war die Ableitung des sozialen Ordnungsrahmens aus den natürlichen Organisationsprinzipien. Die Frau galt demzufolge als physisch und psychisch sensibler, im Sinne von schwächer als der Mann, was ihre Unterordnung legitimierte. Gleichzeitig aber wurde ihr eine Eigenständigkeit zuerkannt:

> „Die Frau ist ein Wesen für sich, mit einer eigenen Körperlichkeit, eigenen Krankheiten, eigenen Sitten, eigener Moral und eigenen kognitiven Fähigkeiten."[30]

---

[26] Bennent, S. 72
[27] Möbius, 1922^{12}
[28] Honegger, 1991
[29] Dies., S. 108
[30] Dies., S. 166

Erst um 1850 gerät das weibliche Geschlecht zunehmend aus dem Blick bzw. wird unausgesprochen subsumiert oder explizit ausgenommen, denn hier beginnt sich der Mann als Mensch schlechthin zu setzen. Stattdessen wird die „Frauenzimmerforschung" in der sich durchsetzenden Gynäkologie nach eigenen Gesetzen fortgeführt.

> „Während um 1850 der Kosmos der großen Anthropologie als integrierter Wissenschaft vom Menschen zerfällt, der 'Mann als Mensch' von den unterschiedlichsten kognitiven Bemühungen erfaßt und in diversen akademischen Disziplinen verhandelt wird, verschwindet der 'Mensch als Weib' [...] aus dem Thematisierungskanon der Human- und Geisteswissenschaften, um ganz von der neuen psycho-physiologischen Frauenkunde umschlungen zu werden. Im Gegensatz zu den anderen medizinischen Teildisziplinen grenzt sich die Gynäkologie auch nicht weiter ein, sondern behält ihren totalisierenden Anspruch einer allgemeinen Wissenschaft vom Weibe bei."[31]

Dabei ging die Gynäkologie methodisch in einem ersten Schritt vergleichend phänomenologisch vor. Im zweiten Schritt jedoch wurden die Analogien herangezogen, um die angeblichen qualitativen und Wesens-Unterschiede zu begründen. Honegger bringt ein sehr anschauliches Beispiel, das hier nicht vorenthalten werden soll:

> „'Weltoffenheit' und 'Selbständigkeit' von Rute und Hodensack ermöglichen das männliche Prinzip der Selbsterhaltung und Individuation; innere Lage und defizitäre Ausstattung des weiblichen Geschlechtsapparates signalisieren die Unselbständigkeit der Frau in der Welt."[32]

Von den innen gelegenen Geschlechtsorganen der Frau auf ihren sozialen Ort im Inneren des Hauses zu schließen, wurde zu einer durchaus gängigen Schlußfolgerung.
Das heißt, zusätzlich zu mangelnder Vernunftbegabung, körperlicher Schwäche, launischer und kindhafter Natur gesellen sich die inneren Geschlechtsorgane als Legitimation und naturwissenschaftliche „Beweise" für den Ausschluß der Frau aus der Öffentlichkeit, ihren Einschluß ins Haus und das Verweigern staatsbürgerlicher Rechte.

Vom <u>Unterschied</u> der Geschlechter zu sprechen bedeutete daher gleichzeitig, die <u>Minderwertigkeit</u> der Frau zu konstatieren und ihre Unterordnung unter den Mann zu legitimieren. Trotz der Epoche des naturrechtlich-emanzipatorischen bürgerlichen Ideals der Gleichheit konnte somit die Differenz und Ungleichheit der Geschlechter tief in die Ideologie der bürgerlichen Gesellschaft eingeschrieben werden. Als zentral erwies sich dabei die Konstruktion und Vorstellung von Ehe

---

[31] Dies., S. 211
[32] Dies., S. 206

und Familie als privates Refugium des Bürgers. Die Geschlechtertheorie und die Begründung der Differenz des weiblichen Geschlechts folgte jedoch nicht streng logisch dem naturrechtlichen Gleichheitsprinzip, sondern bestand in einer normativen Setzung der „Natur" der Frau. Dieser theoretisch-ideologische „Trick" war nötig, um die Unterordnung und Diskriminierung der Frauen weiterhin legitimieren zu können.

1.3 Die Trennung von öffentlich und privat und die Herausbildung der bürgerlichen Politiksphäre

Die Herausbildung der bürgerlichen Politiksphäre und Politikkonzeption hängen unmittelbar mit der Entstehung der bürgerlichen Gesellschaft zusammen. Die treibende Kraft bildeten das Besitz- und Bildungsbürgertum und die spezifische Schicht der (Verwaltungs-)Beamten.
Die bürgerliche Intelligenz lieferte mit ihren Interpretationsangeboten und ideologischen Konstrukten sowohl die ideologische Legitimation für die bürgerliche Herrschaftsordnung als auch einen Orientierungsrahmen für die neuen sozialen Schichten, die sich allmählich aus der Ständegesellschaft des feudal-absolutistischen Staates herauslösten.
Besonders die philosophischen Denker trugen zu einer Neubegründung der Geschlechtertheorie bei, die in den zu Beginn des 19. Jahrhunderts vermehrt entstehenden populär-wissenschaftlichen Schriften allgemeinverständlich umgeprägt, an die Anforderungen des Alltags angepaßt und verbreitet wurde.
Die Unterordnung der Frauen konnte trotz allgemeiner emanzipatorischer Gleichheitspostulate beibehalten werden, da das weibliche Geschlecht zwar als minderwertig angesehen, gleichzeitig aber in seiner Funktion für die Familie und die Erziehung der Kinder als besonders geeignet glorifiziert wurde. Auf diese Weise konnte den Frauen ihre Unterdrückung „schmackhaft" gemacht und ihnen ein Identifikationsideal der guten Hausfrau, Gattin und Mutter angeboten werden.
Versuche, sich für gleiche staatsbürgerliche Rechte der Frauen einzusetzen, blieben rar und konnten als wider die „Natur" und „Bestimmung" der Frau abgelehnt werden. Daß es aber durchaus auch am Ende des 18. Jahrhunderts Bestrebungen gab, die Frauen gleichzustellen, möchte ich an drei Beispielen aufzeigen.

1789 veröffentlichte JEAN ANTOINE DE CONDORCET in Paris seine Schrift „Über die Zulassung der Frauen zum Bürgerrecht"[33]. Er argumentiert, daß die Philosophen und Gesetzgeber das Gleichheitsprinzip der Rechte verletzt haben, indem sie die „Hälfte des Menschengeschlechts" vom Bürgerrecht ausschlossen. Da er davon ausgeht, daß Frauen wie Männer gleichermaßen dazu befähigt sind, sich moralische Ideen anzueignen und entsprechend zu handeln, so sollten sie auch

---

33 de Condorcet, in: Schröder, 1979b

die gleichen Rechte besitzen. Er diskutiert und widerlegt ausführlich die verschieden vorgebrachten Argumente, Frauen das Bürgerrecht zu verwehren, so z.B.:

„Es dürfte schwer sein zu beweisen, daß Frauen unfähig sind, das Bürgerrecht auszuüben. Warum sollte eine Gruppe von Menschen, weil sie schwanger werden können und sich vorübergehend unwohl fühlen, nicht Rechte ausüben, die man denjenigen niemals vorenthalten würde, die jeden Winter unter Gicht leiden und sich leicht erkälten?"[34]

OLYMPE DE GOUGES ging mit ihrer 1791 in Paris veröffentlichten „Erklärung der Rechte der Frau und Bürgerin"[35] noch einen Schritt weiter, indem sie die Deklaration der Männer weitgehend paraphrasierte, aber explizit die Frauen miteinbezog. So heißt es u.a. in ihrer Präambel:

„Wir, Mütter, Töchter, Schwestern, Vertreterinnen der Nation, verlangen, in die Nationalversammlung aufgenommen zu werden."[36]

Sie beruft sich in ihrer Begründung auf die „natürlichen, unveräußerlichen und heiligen Rechte der Frau", die den Rechten des Mannes in nichts nachstehen. So lautet es in Artikel I ihrer Erklärung: „Die Frau ist frei geboren und bleibt dem Manne gleich in allen Rechten."[37]
Da die Frau an der Ausübung ihrer Rechte „nur durch die fortdauernde Tyrannei, die der Mann ihr entgegensetzt, gehindert" wird, müssen diese „Schranken [...] durch Gesetze der Natur und Vernunft revidiert werden"[38].

In Artikel VI spricht sie sich für gleiche Partizipation an Recht und Gesetz aus und fordert vor allem den gleichen Zugang zum öffentlichen Leben.

Artikel XVI macht die Rechtmäßigkeit einer Verfassung an zwei Punkten fest:

„Eine Gesellschaft, in der die Garantie der Rechte nicht gesichert und die Trennung der Gewalten nicht festgelegt ist, hat keine Verfassung. Es besteht keine Verfassung, wenn die Mehrheit der Individuen, die das Volk darstellen, an ihrem Zustandekommen nicht mitgewirkt haben."[39]

Dies ist ein deutlicher Angriff auf die Verfassung der französischen Nationalversammlung.
Schröder kommt in ihrem Kommentar der „Erklärung der Rechte der Frau und Bürgerin" zu der Einschätzung, die hier geteilt wird:

---

[34] Ders., S. 50
[35] de Gouges, in: Schröder, 1979b
[36] Dies., S. 36
[37] Ebda.
[38] Dies., S. 37
[39] Dies., S. 39

„Damit ist Gouges an demokratischer Radikalität und egalitärer Humanität den männlichen Philosophen und Politikern weit überlegen."[40]

Ein Jahr später, 1792, erschien in Deutschland THEODOR GOTTLIEB VON HIPPELs Schrift „Über die bürgerliche Verbesserung der Weiber"[41], in der auch er sich für staatsbürgerliche Rechte und gleiche Bildungschancen für Frauen aussprach. Seine Argumentation bezieht sich ebenfalls auf die Naturrechtstheorie.

Dieses Wiederanknüpfen an den Gleichheitsgedanken der Frühaufklärung konnte sich gegen Ende des 18. Jahrhunderts jedoch nicht mehr durchsetzen. Die Schriften wurden bestenfals ignoriert oder scharf zurückgewiesen – sie führten bei den führenden Ideologen, Gesetzgebern und Politikern nicht zum Umdenken. Olympe de Gouges wurde 1793 gar für alle Zeit zum Schweigen gebracht: hingerichtet mit dem Argument, sie sei eine Bedrohung für die öffentliche Ordnung!

Dieser Ausflug in ausgewählte, vom mainstream der bürgerlichen Ideologen abweichende Schriften verdeutlicht:
1. Die bürgerliche Ideologie mit ihrer Legitimationsfunktion für den Ausschluß von Frauen aus den Bürger- und Menschenrechten traf auf Widerstand, wenn auch nicht durchgängig.
2. Frauen als Menschen und Bürgerinnen waren Ende des 18. Jahrhunderts „denkbar". Ihnen die entsprechenden Rechte zu verweigern, war kein Zufall oder entsprach gar dem Erkenntnisstand des Gleichheitsgedankens, sondern kann als bewußter, politischer Akt bezeichnet werden.
3. Hinter dem Ausschluß von Frauen aus der bürgerlichen Öffentlichkeit verbargen sich daher Interessen, die ökonomischer und sozialer Natur waren. Vorweggenommen werden kann hier bereits, daß der bürgerlichen Ideologie vor allem die Funktion der Vermittlung und Durchsetzung dieser Interessen zukam.

Nachdem auf die Ideologie der Geschlechtertheorie eingegangen wurde, sollen nun die verschiedenen sozialen Gruppen und ihre Interessen näher beleuchtet werden.
Wie Rosenbaum[42] gezeigt hat, hängen die bürgerliche Familienideologie und die Herausbildung der bürgerlichen Familienform mit den spezifischen sozialen und ökonomischen Lebensbedingungen des Bürgertums zusammen. Die Voraussetzungen für ihr Aufkommen bestehen wesentlich in der Trennung von Familienbereich und Erwerbsarbeit und vor allem in materiellem Wohlstand, der auf hohem und geregeltem Einkommen des Mannes beruht. Die bürgerliche Familie hat zwar insgesamt quantitativ keine große Rolle gespielt (noch gegen Ende des 19. Jahrhunderts können lediglich 10% der deutschen Bevölkerung zu den bürgerlichen Schichten gezählt werden), ihr kam aber insofern hohe Relevanz zu, als durch die

---

[40] Schröder, 1979b, S. 53
[41] v.Hippel, in Auszügen in: Schröder, 1979b
[42] Rosenbaum, 1982

kulturelle Prägekraft des Bürgertums und seine Vorbildfunktion in der bürgerlichen Gesellschaft das bürgerliche Familienideal generell Vorbildcharakter erhielt. Eine zentrale Rolle spielte dabei die Betonung des privaten Bereichs und des häuslichen Glücks. Die private Sphäre, das Haus, die Familie wurden ideologisch festgelegt als das „prinzipiell nicht zur Öffentlichkeit Gehörende"[43], wobei die Frau als Gattin, Mutter und Hausfrau – entsprechend der Geschlechtertheorie ihre „natürliche" Bestimmung – in diesen Bereich verwiesen wurde. Das Heim sollte den Gegenpol zur „kalten" Berufswelt bilden, die im 19. Jarhundert immer stärker versachlicht und von Tauschbeziehungen bestimmt wurde.

Dabei muß aber betont werden, daß die bürgerliche Familie lediglich ideologisch als Gegenstruktur zur Gesellschaft gesehen werden kann. Faktisch war sie auf den Produktions- und Erwerbsbereich hin ausgerichtet, da sie die Reproduktion der Arbeitskraft und die Kindererziehung vor allem auch für diesen Bereich und in Abhängigkeit von ihm leistet. Das bedeutet, daß sich die Strukturen des Produktionsbereichs bis in die Familie hinein fortsetzen und damit notwendigerweise eine Kluft zwischen Ideologie und Realität entsteht.
Gerhard[44] gelangt in diesem Zusammenhang zu der Einschätzung, daß die Familienideologie nötig war, um den Frauen ihre neue Situation reizvoll erscheinen zu lassen. Denn durch das Auseinandertreten von Produktion und Reproduktion gerieten Frauen in eine wirtschaftliche und finanzielle Abhängigkeit vom Einkommen des Mannes, ohne selbst für ihre Existenz ausreichend sorgen zu dürfen und zu können. Kindheit, Erziehung[45] und „Mutterliebe"[46] gerieten neben der sozialen, emotionalen und psychischen Reproduktion des Mannes in den Mittelpunkt weiblicher Tätigkeiten, zur „Arbeit aus Liebe"[47], ohne Entlohnung, aber mit hoher ideologischer Anerkennung.
Gerhard sieht darin zwei Funktionen, nämlich erstens, die Frau als Konkurrentin auf dem Arbeitsmarkt auszuschalten und zweitens, den Mann von familiären und reproduktiven Verpflichtungen freizuhalten. Die Verlagerung von Tätigkeitsmerkmalen nach „innen", in das „Wesen" des Geschlechts, läßt ein universales Zuordnungsprinzip entstehen, das sowohl das männliche als auch das weibliche Geschlecht insgesamt umfaßt. Hausen nennt dieses Prinzip den „Geschlechtscharakter"[48], der an die Stelle von Standesdefinitionen tritt und der Aufrechterhaltung der Geschlechterordnung, sprich Unterordnung und Minderwertigkeit der Frau, dient. Sie konstatiert eine „Polarisierung der Geschlechtscharaktere", die sich zwar unvereinbar gegenüberstehen, aber in der Gesamtheit

---

[43] Hausen, 1990, S. 269
[44] Gerhard, 1978
[45] Vgl. v. Ussel, 1977
[46] Badinter, 1981
[47] Bock/ Duden, 1977
[48] Hausen, 1978

ergänzen. Ihre Definition überschreitet die ideologische Ebene und bezieht die soziale mit ein, denn „Geschlechtscharakter" bezeichnet

> „sowohl die in der bürgerlichen Familie konstitutive prinzipielle Verschiedenartigkeit der geschlechtsspezifisch geteilten Arbeit, als auch die Dissoziation und Kontrastierung von Erwerbs- und Familienleben, von Öffentlichkeit und Privatheit."[49]

Sie bestimmt daher die „Geschlechtscharaktere" als ein typisches Funktionselement der bürgerlichen Gesellschaft, in der die geschlechtsspezifische Arbeitsteilung als ein „natürliches" Verhältnis begründet ist, den Geschlechtern mit Argumenten der „Natur" zugeschrieben wird und durch die geschlechtsspezifisch-bürgerliche Sozialisation immer wieder hergestellt und sichergestellt wird.
Entsprechend gestalteten sich die Bildungsinhalte für Mädchen, die auf ihre spätere Funktion als Gattin, Mutter und Hausfrau abzielten und besonders auch die Emotionalität fördern sollten. Bildung und Ausbildung für bürgerliche Jungen dagegen richteten sich an ihren späteren Betätigungsfeldern z.B. im Staatsdient, in der Verwaltung oder in der Wirtschaft aus und stellten daher das bürokratische und rationale Prinzip als Lernziel in den Vordergrund.
Einschränkend muß hier nochmals betont werden, daß dies lange Zeit nur für das Bürgertum galt, als Ideal aber sehr bald universelle Geltung beanspruchte und sich gegen Ende des 19./ Anfang des 20. Jahrhunderts verstärkt auch in der Arbeiterschicht durchsetzte.
Ideologisch untermauert und durch die getrennten Tätigkeitsfelder von Mann und Frau sichergestellt, konstituierte sich so die politische Öffentlichkeit als eine Männerdomäne. Waren Frauen auch schon in der Anfangsphase der bürgerlich-literarischen Öffentlichkeit kaum vertreten und in den Geheimgesellschaften und Vereinen größtenteils explizit ausgeschlossen, so verstärkte sich diese Tendenz, als die bürgerliche Öffentlichkeit begann,

> „über bürgerliche Freiheitsrechte hinaus auch die Öffentlichkeit von Parlaments- und Gerichtsverhandlungen und schließlich auch das Wahlrecht und damit politische Partizipationsrechte"[50]

einzufordern. Der Ausschluß von Frauen aus der bürgerlichen Öffentlichkeit wurde von Beginn an konsequent betrieben.

> „In zahllosen Pamphleten wird der Kampf gegen die gemischte Form der Geselligkeit theoretisch-literarisch aufgenommen. Praktiziert aber wird er in den neu entstehenden Männerzirkeln und Männerklubs sowie in den Geheimbünden. Hier bildet sich jener 'Kitt der Brüderlichkeit' (Reinhart Kosselleck), der sich dann mit der Konstituierung der bürgerlichen Öffentlichkeit als 'Männerbund' voll entfalten wird. Es gibt also gegen Ende des 18. Jahrhunderts so etwas wie eine genuine politische 'Männerbewegung'

---

[49] Dies., S. 180
[50] Hausen, 1990, S. 273

mit dem Ziel, den Einfluß der Frauen und Damen auf Staat und Gesellschaft einzudämmen."[51]

Eine zentrale Rolle bei der Herausbildung der politischen Öffentlichkeit kommt der Verwaltung zu. Zur Herrschaftssicherung des absolutistischen Staates waren sowohl ein starkes Heer als auch eine zuverlässige Verwaltung notwendig. Die dadurch wachsende Zahl von Staatsämtern aber blieb ausschließlich den bürgerlichen und z.T. adligen Männern vorbehalten. Diese Staatsmänner hatten einen wesentlichen Einfluß auf die Herausbildung der bürgerlichen Öffentlichkeit, da sie noch stärker als Kaufleute und Unternehmer gefordert waren, zwischen öffentlich und privat zu trennen. Bei ihnen konstituierte sich damit durchgreifend die Trennung von öffentlich und privat, von Rationalität und Emotionalität, von Allgemeinem und Konkretem.

„Staatsverwaltung, Politik und politische Öffentlichkeit aber wurde damit zugleich als exklusive Männersache reklamiert. Politik sollte jenseits von Familien- und Verwandtschaftsrücksichten und unbelastet von leidenschaftlichen Trieben und der Konkurrenz zwischen den Geschlechtern als vernünftiges Allgemeines allein durch Männer definiert, vollzogen und kontrolliert werden."[52]

Und schon dadurch, daß Frauen keinen Zugang zu höherer Bildung und Universitäten hatten, blieb die Verwaltung – neben dem Militär – eine Männerdomäne. Damit kam es mit der Durchsetzung der gesamtgesellschaftlichen geschlechtsspezifischen Arbeitsteilung auch zu einer ungleichen Verteilung von Chancen und Machtpositionen. Da die Tätigkeitsbereiche von Frauen, Privatheit, Familie und Kindererziehung, als sozial weniger relevant angesehen wurden als der Tätigkeitsbereich von Männern, die Öffentlichkeit, kann insofern von einer geschlechts*hierarchischen* Arbeitsteilung gesprochen werden.

Der Ausschluß von Frauen aus der bürgerlichen Öffentlichkeit und Politik bedeutete für sie, an der Gestaltung der Gesellschaft nicht in gleichem Maße zu partizipieren wie Männer, von Menschen- und Bürgerrechten ausgeschlossen zu sein, im privaten Bereich ein Dasein in existentieller Abhängigkeit vom Mann, als „das schöne Eigentum"[53], zu fristen.

Für die Politik und das Verhältnis von Frauen zur Politik hatte der Ausschluß des weiblichen Geschlechts ebenfalls Konsequenzen, die jedoch selten als solche begriffen werden: Politik, ihre Inhalte und Formen haben sich im 19. Jahrhundert unter Männern entwickelt. Dabei ist es wichtig zu betonen,

„daß das in den Regierungen und Verwaltungen akkumulierte Herrschaftswissen und die dort institutionalisierte Herrschaftspraxis ebenso wie die in Parteien und Parlamenten eingeübten Formen der politischen Partizipation

---

[51] Honegger, 1991, S. 53
[52] Dies., S. 277
[53] Duden, 1977

durch die Handlungen, Erfahrungen und Möglichkeiten von Männern geprägt worden sind, auch wenn es im 20. Jahrhundert üblich wurde, sie geschlechtsneutral als Formen und Inhalte der Politik schlechthin auszugeben."[54]

Als Legitimation für die rechtliche und damit staatsbürgerliche Entmündigung von (Ehe-)Frauen galt ihre minderwertige oder auch nur andere „Natur", die die Vorherrschaft des Mannes im Haus begründete. Für die Konstruktion des weiblichen Geschlechts als Nicht-Person und Nicht-Rechtssubjekt kommt dem Ehe- und Familienrecht eine zentrale Bedeutung zu.

Das Allgemeine Preußische Landrecht (ALR) von 1794 enthielt noch liberale Ansätze und betrachtete z.B. die Ehe als Vertrag zweier Subjekte. Es sah keine gesetzlich abgesicherte Vorherrschaft des Mannes vor, auch wenn es trotzdem die Unterordnung der Frau als gegeben hinnahm. Durch diverse Gesetzeskommentare wurden die liberalen Ansätze mit der Weiterentwicklung des Familienrechts bis zum Vormärz zurückgenommen. Das ALR, das maßgeblich von Carl Gottlieb Svarez bearbeitet wurde, hatte die Gleichberechtigung von Mann und Frau in der Ehe keinesfalls zum Ziel.[55] Die Vertragsfähigkeit wurde der Frau lediglich bis zum Eingehen der Ehe zugetanden, danach war sie rechtlich entmündigt.

> „Der verheirateten Frau wird im ALR die Geschäfts- und Prozeßfähigkeit abgesprochen, ihr wird also rechtlich der Status eines unmündigen Kindes zugewiesen, mit der Folge, daß sie selbst die geringsten Verbindlichkeiten nicht rechtswirksam eingehen kann."[56]

Bis in das Bürgerliche Gesetzbuch (BGB) von 1900 hinein zieht sich der Ausschluß von Frauen aus der Sphäre der Rechtspersonen. Das Ehe- und Familienrecht kann somit als ein zentrales Moment bei der Festschreibung der untergeordneten Position der Frau innerhalb der Familie und bei ihrem Ausschluß aus der öffentlichen Rechts- und Geschäftssphäre angesehen werden. Denn das bürgerliche Familienrecht hinderte die Frauen sowohl an Eigentumserwerb als auch an Erwerbsarbeit, die an die Zustimmung des Mannes gebunden war. Gerhard geht so weit zu sagen, daß der „Ausschluß von Frauen aus der allgemeinen Rechtsentwicklung" erst 1900 im BGB „zur Methode vollendet"[57] war.

Es kann hier also festgehalten werden, daß sowohl die ideologische, ökonomische, soziale als auch die rechtliche Ebene zusammenwirkten, um den Ausschluß von Frauen aus der Öffentlichkeit und ihren Einschluß in den privaten Bereich der Familie zu legitimieren, durchzusetzen, zu praktizieren und sicherzustellen. Damit wurde erreicht, daß Männer auf dem Arbeitsmarkt die Vormachtstellung er- und

---

[54] Hausen, 1990, S. 278
[55] Vgl. Alder, 1992
[56] Dies., S. 59
[57] Gerhard, 1978, S. 186

behielten, die Gesellschaft durch das alleinige Innehaben von Macht- und Elitepositionen nach ihren Interessen gestalten konnten und gleichzeitig von den reproduktiven Aufgaben befreit waren.
Die geschlechtshierarchische Arbeitsteilung und Verteilung von Chancen und Machtpositionen strukturierten demnach die bürgerliche Gesellschaft – und als spezifischen Teil von ihr auch die Politik.
Wenn Frauen also ihre Menschen- und Bürger(innen)rechte auch heute noch einklagen, wie z.b. 1989 auf der Marburger Tagung „Freiheit – Gleichheit – Schwesterlichkeit", ebenfalls 1989 in Frankfurt auf dem Kongreß „Menschenrechte haben (k)ein Geschlecht" und 1992/93 mit der Aktion „Frauen für eine neue Verfassung", so klagen sie damit gleichzeitig die Strukturen des bürgerlichen Patriarchalismus an.

Die Beantwortung meiner im Mittelpunkt des ersten Kapitels stehenden Frage nach der Vereinbarung von Unterordnung und Diskriminierung der Frauen mit dem Gleichheitssatz aus der Naturrechtstheorie der Aufklärung und den dahinterstehenden Interessen sieht nun folgendermaßen aus: Diese Vereinbarung gelang mit der normativen Setzung einer spezifisch weiblichen „Natur". Philosophen und Anthropologen bemühten sich mit Erfolg um entsprechende „Beweise" und Legitimationen für die minderwertige „Natur" der Frau. Im Ehe- und Familienrecht materialisierte sich die bürgerliche Ideologie der Andersartigkeit der Frau und begründete ihren Ausschluß aus der Rechtssphäre.
Die dahinterstehenden Interessen entsprangen vor allem den ökonomischen und sozialen Veränderungen und bestanden in: Verdrängung der Frauen aus dem Erwerbsbereich bzw. Begrenzung auf wenige, vor allem auch hierarchisch untergeordnete und minderentlohnte Tätigkeitsbereiche; Sicherstellung der unbezahlten Reproduktion der Arbeitskraft des Mannes und Kindererziehung durch die (Haus-) Frau; Befriedung sozialer Konflikte durch die Kompensationsmöglichkeit des „häuslichen Glücks" als „Schonraum". Sicherlich lassen sich noch weit mehr Interessen finden, die in diesem Zusammenhang zu nennen wären, doch reichen die hier vorgestellten bereits aus, um die Tragweite des spezifisch bürgerlichen Patriarchalismus zu erkennen.
Als erster „Gewinner" ging der bürgerliche Mann aus diesen neuen Verteilungs- und Konkurrenzverhältnissen hervor, historisch gefolgt von den Männern der Arbeiterklasse.

„(D)er Mann bewahrt seine Vormachtstellung in zweifacher Hinsicht, nämlich im rechtlich-politischen Sinne, indem er das Privileg des Zugangs zu den außerhäuslichen Bereichen, namentlich zur politischen Sphäre, behält. Er bleibt, was er auch früher war: der alleinige Repräsentant der Familie nach außen. Der zweite Pfeiler männlicher Vorherrschaft ist und bleibt die ökonomische Abhängigkeit der Familie [und besonders der Frau, G.B.]."[58]

---

[58] Klinger, 1990, S. 108

Vor diesem Hintergrund läßt sich meine These belegen, daß die bürgerliche Politikkonzeption die Frau nicht einfach „vergessen", zufällig ausgeschlossen oder gar mitgemeint hat, sondern systematisch nicht miteinbezogen hat.
Meine zweite These, daß dieser systematische Ausschluß bis heute fortwirkt, soll vor allem im aktuellen Teil der Arbeit überprüft werden.

2. Die Frauenbewegung um 1900 und ihr Verhältnis zur Politik

Im Zuge der 90er Jahre des letzten Jahrhunderts erlebte die erste Frauenbewegung, deren Anfänge – mit zahllosen Unterbrechungen – bereits bis in die Revolutionsjahre 1848/49 zurückreichen,[1] einen großen Aufschwung in Deutschland. Im folgenden soll das Verhältnis der verschiedenen Flügel der Frauenbewegung zur Politik vor dem Hintergrund der im ersten Kapitel aufgezeigten Herausbildung der Politiksphäre, der Trennung von „öffentlich" und „privat" und der herrschenden Geschlechterideologie untersucht werden. Da die Geschlechterideologie den Frauen eine differente „Natur" zusprach und sie auf den häuslichen Bereich als ihre Wesensbestimmung verwies, interessiert besonders die Frage, ob die Frauenbewegung bei ihren politischen Forderungen vom Differenzgedanken oder von einem naturrechtlich begründeten, egalitären Menschenbild ausging. Die sich daran anschließende Fragestellung lautet, welche Politikformen, Emanzipationsstrategien und -ziele sie daraus ableitete und verfolgte.
Sämtliche Strömungen der ersten Frauenbewegung unter diesen Fragestellungen zu untersuchen, würde sicherlich den Rahmen dieser Arbeit überschreiten. Es wird daher eine prägnante Auswahl getroffen, die sich auf die Hauptströmungen konzentriert. Denn wie bereits im vorangegangenen Kapitel besteht auch hier das Interesse im Aufzeigen von Tendenzen und Strukturen, um so zu einer verallgemeinerbaren Aussage über den Zusammenhang von Frauenbild, Politikverständnis und Emanzipationsziel zu gelangen.

2.1 Entstehungsbedingungen der ersten Frauenbewegung und kurzer Abriß ihrer Geschichte bis 1890

Vorweg möchte ich betonen, daß sich das 1850 erlassene Preußische Vereinsgesetz und entsprechende andere Ländergesetze generell als prägend – und damit hemmend – für die Politikformen der ersten Frauenbewegung dargestellt haben, da sie Frauen sowohl die Mitgliedschaft in politischen Vereinigungen als auch die Teilnahme an politischen Veranstaltungen verboten.

§ 8 des Preußischen Vereinsgesetzes lautete:

> „Für Vereine, welche bezwecken, politische Gegenstände in Versammlungen zu erörtern, gelten außer vorstehenden Bestimmungen nachstehende Beschränkungen: a) sie dürfen keine Frauenspersonen [...] als Mitglieder aufnehmen; [...] Werden diese Beschränkungen überschritten, so ist die Ortspolizeibehörde berechtigt, [...] den Verein [...] zu schließen. Frauens-

---

[1] Vgl. z.B. Gerhard, 1983

personen [...] dürfen den Versammlungen und Sitzungen solcher politischen Vereine nicht beiwohnen. Werden dieselben auf die Aufforderung des anwesenden Abgeordneten der Obrigkeit nicht entfernt, so ist Grund zur Auflösung der Versammlung oder der Sitzung [...] vorhanden."[2]

Die gewollte Behinderung der Aktionen einzelner Frauen und Frauengruppen durch dieses Verbot muß ausdrücklich betont werden, um die erste Frauenbewegung nicht vorschnell als „unpolitisch", zaghaft usw. einzustufen.
Neben die ideologische Beschränkung des Wirkungsbereichs von Frauen auf Haushalt und Familie trat somit eine gesetzliche, die den Behörden Kontrollen zur Pflicht machte und Sanktionen bei Verstoß nicht nur gegen die Frauen, sondern auch gegen die Vereine und Versammlungen vorsah. Dies wirkte sich nachweislich stützend für den Ausschluß von Frauen aus dem öffentlichen Leben und den sich herausbildenden Männerzirkeln und politischen Vereinen aus. Denn auch letzteren diente dieser Paragraph als – mehrheitlich sehr willkommene – Legitimation für den Ausschluß von Frauen. Unter anderem aus diesem Grund wurde der allgemein als „unpolitisch" geltende Bildungsbereich ein Schwerpunkt der ersten Frauenbewegung neben karitativen und sozialen Betätigungen.
Da die 90er Jahre als die „Blütezeit" der ersten Frauenbewegung[3] gelten, wird einleitend ein kurzer Abriß über ihre Geschichte vor 1890 vorangestellt.
Die politischen Aktionen und Aktivitäten wie Frauenvereine und Frauenpresse während der Revolutionsjahre 1848/49 konnten aufgrund von Vereinsgesetzen und anderen Repressalien nach 1850 keine Kontinuität entwickeln. Das Jahr 1865 gilt als „Geburtsstunde der deutschen organisierten Frauenbewegung"[4], als im Oktober desselben Jahres in Leipzig auf der ersten Frauenkonferenz die Gründung des „Allgemeinen Deutschen Frauenvereins" (ADF) beschlossen wurde.
Die Jahre 1865 bis 1871 können daher als die Jahre der Organisierung der Frauenbewegung bezeichnet werden, wobei einschränkend bemerkt werden muß, daß dies vor allem für die Bürgerlichen gilt.[5] Schwerpunkt der Diskussion auf der zweitägigen Leipziger Frauenkonferenz und der darauffolgenden Jahre bildeten das Recht der Frauen auf Bildung und Erwerb.
In diese Zeit fallen auch die Gründung des „Vereins zur Förderung der Erwerbsfähigkeit des weiblichen Geschlechts", allgemein bekannt als der Lette-Verein, der sich jedoch, im Gegensatz zum ADF[6], ausschließlich an unverheiratete bürgerliche Frauen richtete. Außerdem wurde der „Vaterländische Frauenverein" mit dem Ziel, ein Frauenhilfskorps im Falle eines Krieges bereitstellen zu können, gegründet.

---

[2] § 8 des Preußischen Vereinsgesetzes, abgedruckt in: Niggemann, 1981b, S. 57
[3] Vgl. z.B. Gerhard, 1990a, Hervé, 1990[4], Clemens, 1988
[4] Gerhard, 1990a, S. 76
[5] Auf die Spezifika der proletarischen Frauenbewegung wird in einem späteren Kapitel eingegangen.
[6] Zu den Unterschieden vgl. Gerhard, 1990a, S. 85 ff.

Erste Versuche der Arbeiterinnen, sich zu organisieren, fielen weitgehend dem Preußischen Vereinsgesetz zum Opfer bzw. scheiterten häufig an den Vorurteilen männlicher Arbeiter gegenüber der Frauenarbeit und der Organisierung von Arbeiterinnen – eine Diskussion, die sich sehr treffend mit dem Begriff des „proletarischen Antifeminismus"[7] bezeichnen läßt.

Das „Sozialistengesetz" (1878-1890) trug jedoch dazu bei, daß sich sowohl die Arbeiterinnen verstärkt politisierten und sich mit der Arbeiterbewegung, die weitgehend im Untergrund tätig war, solidarisierten als auch umgekehrt.

Das wachsende Klassenbewußtsein der Arbeiterinnen führte beim ADF zu einer verstärkten Abgrenzung gegenüber der proletarischen Frauenbewegung und ihren Forderungen und zur Konzentration auf die Einforderung des Rechts von Frauen auf Bildung – angesichts der Lebens- und Arbeitsverhältnisse von proletarischen Frauen ein von diesen so eingeschätzter bürgerlicher Luxus, weshalb auch sie sich vom ADF abgrenzten.

Die gegenseitige Distanzierung, hier bürgerliche, dort proletarische Frauenbewegung, fand ebenfalls in den 90er Jahren ihren Höhepunkt. Gleichzeitig kam es innerhalb der bürgerlichen Frauenbewegung zur Spaltung in sogenannte „Gemäßigte" und sogenannte „Radikale". Anlaß dafür war der Streit um das Frauenwahlrecht und eine generelle Wahlrechtsreform. Bereits 1876 hatte Hedwig Dohm die Frauen aufgefordert, Frauenstimmrechtsvereine zu gründen und das Frauenwahlrecht zu fordern – eine zu der Zeit vereinzelte Stimme ohne Erfolg.[8]

Diese Spaltung hatte neben dem Streit um die Wahlrechtsreform ihre Ursachen auch in der weitgehenden Beschränkung der Gemäßigten auf den Bildungsbereich und vor allem in ihrer verstärkten Hinwendung zu einem Frauenbild, das die „Mütterlichkeit" betonte. Die Radikalen dagegen forderten vor allem mehr und gleiche Rechte für Frauen und gründeten die ersten Frauenstimmrechtsvereine.

Zu Beginn der 90er Jahre findet sich somit ein breites Spektrum von Frauenvereinen, das sowohl die Vielfalt der Aktivitäten der ersten Frauenbewegung widerspiegelt als auch die unterschiedlichen Schwerpunktsetzungen der einzelnen Flügel von karitativen über soziale bis hin zu explizit politischen und agitatorischen Tätigkeiten und Aktionen.[9]

Als Dachorganisation mit reiner Koordinationsfunktion wurde 1894 der „Bund Deutscher Frauenvereine" (BDF) gegründet, in dem bereits ein Jahr später 65 Vereine und 1901 137 Vereine organisiert waren.[10] Dabei ist einschränkend anzumerken, daß sich die Mehrzahl dieser Vereine nicht der Frauenbewegung zugehörig fühlten und vor allem berufliche[11] oder karitative Zwecke verfolgte.

---

[7] Vgl. z.B. Bussemer, 1979; Niggemann, 1981a
[8] Vgl. z.B. Clemens, 1988, S. 36 ff.
[9] Auf die evangelische und katholische Frauenbewegung wird im Zusammenhang meiner Arbeit nicht näher eingegangen.
[10] Vgl. Gerhard, 1990a, S. 170
[11] Zur Entstehung von Frauenberufsverbänden vgl. Kerchner, 1992

Im Gegensatz zu den immer wieder gegründeten und verbotenen Arbeiterinnen-Vereinen standen die bürgerlichen Frauenvereine weit weniger unter dem Verdacht, „politisch" im Sinne des Preußischen Vereinsgesetzes zu sein, sei es, weil sie sich hauptsächlich auf den Bildungsbereich konzentrierten, sei es, weil die Nähe der Arbeiterinnen zur Sozialdemokratie grundsätzlich als „politisch"[12] galt. Festzuhalten bleibt, daß es der proletarischen Frauenbewegung weitaus schwerer gemacht wurde, eine Kontinuität herzustellen.

Mit diesem kurzen Überblick in den 90er Jahren des 19. Jahrhunderts, der „Blütezeit" der ersten Frauenbewegung, angekommen, sollen im Folgenden die einzelnen Flügel hinsichtlich ihres Emanzipationsverständnisses dargestellt werden. Die Frage, ob sie jeweils den Differenz- oder den Gleichheitsgedanken vertraten, läßt sich auch folgendermaßen stellen: Lag ihrem Politikverständnis ein dualistisches, d.h. auf Differenz der Geschlechter basierendes oder ein egalitäres Menschenbild zugrunde? Dabei gehe ich von der These aus, daß sowohl das Politik- als auch das Emanzipationsverständnis vom zugrundeliegenden Frauen- bzw. Menschenbild abhängig sind, und daß sich daraus je unterschiedliche Politikformen, Aktionen und Tätigkeitsfelder ergeben.

2.2 Der bürgerlich-gemäßigte Flügel

Wie im ersten Kapitel entwickelt, setzte sich das bürgerliche Familien- und Frauenideal bereits Ende des 18./ Anfang des 19. Jahrhunderts im deutschen Bürgertum durch. Die bürgerliche Frauenbewegung knüpfte denn auch am dualistischen Menschenbild der Geschlechtertheorie an, nahm allerdings eine Auf- bzw. Umbewertung der weiblichen „Natur", des „Wesens" der Frau vor. Statt die Unterordnung unter den Mann zu akzeptieren, die mit weiblicher Schwäche begründet worden war, rückte sie den Begriff „Mütterlichkeit" ins Zentrum ihres Frauenbildes und Selbstverständnisses. Diese „Mütterlichkeit" meinte aber mehr als biologische Mutterschaft und zielte vor allem auf „soziale Mütterlichkeit", die dem „Wesen" der Frau immanent sei und auch in der Öffentlichkeit zur Geltung kommen müsse. Die bürgerliche Frauenbewegung akzeptierte damit nicht nur die „Differenz" zwischen den Geschlechtern, sondern leitete gerade daraus ihre politischen Forderungen ab, um dem Mann zwar ergänzend, aber *gleichwertig* zur Seite stehen zu können.

Sie stellte somit die geschlechtsspezifische Arbeitsteilung nicht in Frage, sondern zog gerade aus ihr die Folgerung einer „Natur" der Frau, die sie „Mütterlichkeit" nannte. Die „Frauenfrage" war für sie eine „Kulturfrage", da sie sich von der Beteiligung der Frauen am öffentlichen Leben eine Besserung der sozialen Mißstände und eine Abmilderung der Folgen des Fortschritts, wie z.B. der zunehmenden Verelendung, versprach. Die bürgerliche Frauenbewegung

---

[12] Vgl. Hervé, 1990[4]

„griff dabei die Ideologie polarisierter Geschlechtscharaktere auf und machte sie zum Zentrum ihres neuen Selbstverständnisses. Die bislang geringe Wertschätzung und faktische Einflußlosigkeit des weiblichen Geschlechtscharakters wurde zum Kernpunkt der Kultur- und Gesellschaftskritik des gemäßigten Flügels."[13]

Hatte sich die bürgerliche Frauenbewegung anfangs noch als soziale Bewegung verstanden, der es vor allem um eine Verbesserung der Situation von Frauen im Bildungs- und Erwerbsbereich ging, so kann der bürgerlich-gemäßigte Flügel gegen Ende des 19. Jahrhunderts als „Kulturbewegung" bezeichnet werden, deren Ziel es war, die einseitig vom Mann geprägte Gesellschaft durch weibliche Anteile zu ergänzen und zu „verbessern".

Im Mittelpunkt der Emanzipationsbestrebungen der gemäßigten bürgerlichen Frauenbewegung stand daher auch nicht die ledige und/oder berufstätige Frau, sondern die Hausfrau und Mutter. Dabei ging sie insgesamt davon aus, daß die biologische Mutterschaft keine zwingende Voraussetzung für die „soziale Mütterlichkeit" sei.

Helene Lange, die mit ihrer Position zu immer größerem Einfluß innerhalb des bürgerlich-gemäßigten Flügels gelangte, stellte allerdings explizit die durch die Biologie gegebene Möglichkeit der Mutterschaft in den Mittelpunkt ihres Frauenbildes.

Die Arbeitsteilung in der Familie galt ihr als Vorbild für die Vorstellungen von weiblichen Betätigungsfeldern im öffentlichen Leben, in der Gemeinde und im Staat. So sollten auch hier die Frauen für den sozialen und erzieherischen Bereich zuständig sein. Der Versuch, Mutterschaft und Erwerbsarbeit zu verbinden, wurde strikt abgelehnt, da für die bürgerlich-gemäßigten Frauen der erste Platz einer Frau bei ihrer Familie war, die Erziehung der nächsten Generation ihre Hauptaufgabe sei.

Die Vorstellung von einer Verschiedenheit der Geschlechter resultierte aus der Annahme, daß sowohl die Fähigkeit zur Mutterschaft als auch die Mutterschaft selbst das „Wesen" der Frau im Kern bestimme, allerdings sei dies kein Grund zur Unterordnung der Frau unter den Mann, wie die männlichen Philosophen folgerten. Vielmehr liege darin die weibliche Stärke, die den männlichen Fähigkeiten zumindest gleichwertig, wenn nicht überlegen sei. Die bürgerlich-gemäßigte Frauenbewegung forderte daher die uneingeschränkte Freiheit für Frauen, ihre „weibliche Natur" zu entwickeln und in die Gesellschaft einbringen zu können.

Daraus leitete sie u.a. die Forderung einer erweiterten Mädchenbildung im Dienste der „Mütterlichkeit" ab, die in allen Berufen für Frauen, z.B. der der Lehrerin und der der sich herausbildenden Sozialarbeiterin, und gegenüber den eigenen Kindern zur Geltung kommen solle. Die ausschließliche Zuordnung der Frauen zum Familienbereich sollte damit zwar überwunden werden, gleichzeitig aber sollten Frauen in Beruf und Politik von Männern unterschiedene Aufgaben übernehmen,

---

[13] Clemens, 1988, S. 77

um so eine Gegenkultur und Korrektur zur männlichen Kultur im Sinne einer organischen geschlechtsspezifischen Ergänzung zu schaffen.
Diese Vorstellung läßt sich sehr treffend als „organisierte Mütterlichkeit"[14] in Form einer von der bürgerlichen Frauenbewegung organisierten sozialen Hilfsarbeit bezeichnen. Als dafür typische Betätigungsfelder außerhalb der Familie wären die Wohlfahrtspflege, Sozialarbeit und der Bildungsbereich zu nennen, in denen sich die bürgerlichen Frauen hauptsächlich engagierten.
Die bürgerlich-gemäßigte Frauenbewegung wollte damit über ihr Anliegen, neue Bereiche außerhalb der Familie für Frauen zu erschließen, einen Beitrag zur Lösung der „sozialen Frage" leisten und organisierte z.B. die Speisung und Unterrichtung von Armen.
Die gemäßigte Frauenbewegung ging außerdem davon aus, daß die Fabrikarbeit mit ihrer Monotonie dem „Wesen" der Frau widerspreche und nicht zur Gleichberechtigung der Geschlechter beitrage.

> „Einmal nahm sie 'die ganze Kraft' der Frau in Anspruch, 'als wenn die Hauswirtschaft gar nicht existierte, als wenn es keine Familienpflichten für die Frau gäbe'. Sie täuschte vollständige 'Gleichberechtigung' vor, indem sie an weibliche Arbeitskraft ein männliches Maß anlegte. Zum anderen wurde angenommen, daß 'mechanische, eintönige und stumpfmachende Arbeit' der 'innersten Natur' der Frau, die sie 'auf die Beseelung ihres Tuns mit ihrem persönlichen Sein' hinweise, 'noch stärker widerstrebt als der des Mannes'."[15]

Sie forderte daher einen Arbeiterinnen- und Mutterschutz, da sie die Fabrikarbeit der proletarischen Frauen aufgrund deren ökonomischer Situation nicht gänzlich ablehnen konnte und versuchte, die Arbeiterinnen bei ihren Familienaufgaben zu unterstützen, z.B. durch die Unterrichtung in Hauswirtschaft und Säuglingsfürsorge. Gleichzeitig hoffte sie, damit auch ihr Frauen- und Familienideal bei den Arbeiterinnen populär zu machen.[16]
Die Staatsauffassung der gemäßigten Frauenbewegung bestand in der Vorstellung eines Kulturstaats,

> „der nicht nur als Sozial- und Wirtschaftsstaat für die ökonomischen Lebensbedingungen zu sorgen habe, sondern der vor allem auch die kulturelle Entwicklung der Gesellschaft fördern müsse."[17]

Diese Konstruktion ermöglichte es den Gemäßigten, die partielle, auf bestimmte Bereiche beschränkte Mitwirkung der Frauen an den Staatsaufgaben einzufordern, ohne damit in Widerspruch zu ihrem Frauenbild und der herrschenden Geschlechtertheorie zu geraten, da die soziale Betätigung im Interesse aller

---

[14] Stoehr, 1983
[15] Dies., S. 229/230
[16] Vgl. Tornieporth, 1984
[17] Clemens, 1988, S. 87

Menschen sei, dem Gemeinwohl diene und die kulturelle und menschliche Höherentwicklung anstrebe. Die zugrundeliegende Definition von Politik läßt sich somit als soziale Betätigung beschreiben, die dem Wohl des Gemeinwesens dient. Der kommunale Bereich als Tätigkeitsbereich wurde für Frauen als besonders geeignet erachtet, da er sich durch Nähe zum Alltagsleben der Frauen und durch konkrete Probleme und Aufgaben auszeichne.

„Die Forderung nach Partizipation von Frauen im kommunalen Bereich betraf vor allem das Recht auf Mitwirkung in den verschiedenen Gremien und Kommissionen kommunaler Sozialpolitik wie Armenpflege, Waisenpflege, Vormundschaften, Schulaufsicht und Wohnungsinspektion."[18]

Insgesamt hielt sich die gemäßigte Frauenbewegung jedoch mit der Entwicklung von Politik- und Staatsauffassungen sehr zurück und beschränkte ihre Aktivitäten weiterhin hauptsächlich auf den gemeinnützigen und den Bildungsbereich. Die unhinterfragte geschlechtsspezifische Arbeitsteilung in der Familie wurde von ihr auf eine dementsprechende Vorstellung von einer Aufgabenverteilung der Geschlechter im öffentlichen Leben übertragen.

„Die Frauen zogen das, was sie kannten, nämlich den Familienhaushalt, zu einer Erklärung des Staates heran und sahen für Staatsbürger und Staatsbürgerinnen die gleiche Aufgabenverteilung vor wie für Vater und Mutter in der Familie."[19]

Insofern ging es den Gemäßigten auch nicht primär um die Erlangung politischer Partizipationsrechte. Das Frauenstimmrecht galt als „Fernziel" der Emanzipation, nicht aber als ein Recht, mit dem sich weitere erkämpfen ließen. Vielmehr gingen die Gemäßigten davon aus, daß sie durch konsequente Pflichterfüllung und das Beweisen der Notwendigkeit ihrer „sozialen Mütterlichkeit" für die gesamte Gesellschaft früher oder später die Rechte des weiblichen Staatsbürgertums erlangen würden, ohne dafür kämpfen zu müssen. Die politischen Partizipationsrechte würde der Staat den Frauen sozusagen automatisch zusprechen, hätte sich das weibliche Geschlecht erst bewährt.

Clemens, die die Sichtweise der Gemäßigten auf den Zusammenhang von Frauenbewegung und Kulturentwicklung analysiert hat, stellt drei Schritte fest:

„Die innere Entwicklung der Frau zur vollen Entfaltung ihrer Mütterlichkeit als ihrem Gattungszweck; die äußere Entfaltung zum Wirken des Gattungswesens der Frau über die Familie hinaus und als drittes die Anpassung des Staats- und Rechtssystems an diese neuen 'Kulturbedingungen'. Die Frauenbewegung selbst agiert quasi nur in der zweiten

---

[18] Dies., S. 78
[19] Dies., 1985, S. 49

Stufe: indem sie die Bedingungen schafft, die die 'organisierte Mütterlichkeit' braucht, um sich voll entfalten zu können."[20]

Es läßt sich somit vorerst festhalten, daß der gemäßigte Flügel der bürgerlichen Frauenbewegung am dualistischen Menschenbild der Geschlechterphilosophie anknüpfte, jedoch die Gleichwertigkeit der Geschlechter betonte. Im Zentrum seines Frauenbildes stand die Hausfrau und Mutter. Die Vereinbarkeit von Familien- und Erwerbsarbeit für bürgerliche Frauen wurde unter den gegebenen gesellschaftlichen Umständen abgelehnt und auch als Emanzipationsziel nicht eindeutig formuliert.

Weibliche Bildung und Erziehung zur „Mütterlichkeit" sowie standesgemäße Berufe für ledige bürgerliche Frauen sowohl auf der Ebene der Forderungen als auch auf der Ebene der Aktivitäten lassen sich als Hauptanliegen des gemäßigten Flügels der bürgerlichen Frauenbewegung nennen.

Aus dem Differenzgedanken, also der Vorstellung einer besonderen weiblichen „Natur", einem weiblichen „Wesen", welches sich im Kern als „soziale Mütterlichkeit" bezeichnen läßt, entwickelte der gemäßigte Flügel Emanzipationsstrategien der „organisierten Mütterlichkeit", um so den Wirkungsbereich der (bürgerlichen) Frauen über die Familie hinaus auszudehnen, ohne ersteren damit grundsätzlich infrage zu stellen. Emanzipationsziel war die gleichberechtigte Mitwirkung beider Geschlechter an der Gestaltung der Gesellschaft, jedoch in nach Geschlechtern getrennten Bereichen. „Different, aber gleichwertig" hätte das Motto der Gemäßigten lauten können.

Was den Stand ihrer Organisierung angeht, so kann man für den Beginn der 90er Jahre feststellen, daß die Konstitutionsphase der bürgerlich-gemäßigten Frauenbewegung abgeschlossen war und sie sich eine dauerhafte organisatorische Infrastruktur mit vielfältigen Vereinen geschaffen hatte, die 1894 in die Gründung eines Dachverbandes, den „Bund Deutscher Frauenvereine" (BDF), mündete. Insgesamt kann zu dieser Zeit bereits eine gewisse „Stagnation in der Entwicklung der bürgerlichen Frauenbewegung"[21] festgestellt werden, die erst wieder mit der Herausbildung eines bürgerlich-radikalen Flügels in Bewegung kam.

2.3 Der bürgerlich-radikale Flügel

Dieser radikale Flügel wurde durch die angelsächsische Diskussion um das Frauenstimmrecht beeinflußt und stellte seinerseits die Forderung nach politischen Partizipationsrechten für Frauen auf.

---

[20] Dies., (o.J.), S. 57
[21] Dies., 1988, S. 34

„Damit wurden auch wieder Elemente eines egalitären Menschenbildes für die Artikulation politischer Partizipationsforderungen herangezogen."[22]

Denn im Gegensatz zum gemäßigten Flügel, der die Polarität der Geschlechter betonte, knüpfte der radikale am egalitären Menschenbild der radikalen Naturrechtstheorie an. Damit kam es zu einer Spaltung der bürgerlichen Frauenbewegung, denn die Ansätze – hier dualistisches, dort egalitäres Menschenbild – standen sich im Kern unvereinbar gegenüber und führten zu einer fortdauernden und sich verstärkenden Auseinanderentwicklung der verschiedenen Flügel der bürgerlichen Frauenbewegung. Die Radikalen befanden sich gegenüber den Gemäßigten zahlenmäßig zwar weit in der Minderheit, es gelang ihnen aber, zum Hauptträger der Bewegung für politische Partizipation für Frauen zu werden – schon allein deshalb, weil sich die Gemäßigten in diesem Bereich sehr zurückhaltend äußerten.

„Die Diskussion um politische Partizipation von Frauen wurde schnell zu einer Diskussion der Forderung nach Frauenstimmrecht. Das Frauenstimmrecht war für den radikalen Flügel der bürgerlichen Frauenbewegung nicht Krone und Endziel, sondern Mittel und Instrument ihrer Arbeit."[23]

Für die Radikalen wurde die „Frauenfrage" hauptsächlich zu einer Rechtsfrage, denn sie gingen von einem demokratischen Staatsverständnis mit dem Prinzip der Volkssouveränität aus. Aus ihrem egalitären Menschenbild leiteten sie den Grundsatz ab, daß Frauen die gleichen Rechte wie Männern zustehen und forderten daher die Gleichheit der Frauen im Staat. Außerdem waren sie davon überzeugt, daß rechtliche Reformen die Voraussetzung seien, um die Lebenssituation von Frauen von Grund auf ändern zu können.
Auch die Radikalen gründeten Vereine, so z.B. den „Verein Frauenwohl", in welchen sie über das Selbsthilfekonzept der Gemäßigten hinausgingen, da sich dieser neue Typ von Vereinen

„selbst als sozialpolitisch bezeichnete und zum Kern des radikalen Flügels wurde. Seine Mitglieder wollten nicht gemeinnützig, also zum Wohl der ganzen Gesellschaft tätig werden, sondern im Interesse der Frauen, und sie wollten nicht mühselig in Eigenprojekten arbeiten, sondern die Verantwortlichen im Staat dazu bringen, auf dem Wege der Gesetzgebung die soziale Lage aller Frauen, der bürgerlichen wie der proletarischen, zu verbessern."[24]

Damit läßt sich der radikale Flügel als Bewegung der Interessenvertretung von Frauen bezeichnen. Für ihn waren politische Partizipationsrechte ein Teil des Menschenrechts, der den Frauen vorenthalten werde und sie damit gleichzeitig in ihrer Selbstbestimmung behindere. Das Frauenstimmrecht sollte sowohl den Frauen zur

---

[22] Ebda.
[23] Dies., S. 35
[24] Dies., 1990, S. 62

vollen Menschenwürde verhelfen als auch ihre Einflußlosigkeit im öffentlichen Leben überwinden helfen.
Deshalb waren auch Parteien wichtige Ansprechpartner für die Radikalen, um ihre Forderung nach Frauenstimmrecht zu unterstützen und ins Parlament einzubringen – allerdings mit geringem Erfolg. Gleichzeitig aber wollten die Radikalen ihre organisatorische Unabhängigkeit nicht aufgeben und vertraten für sich das Prinzip der parteipolitischen Neutralität.
Da sich der „Bund Deutscher Frauenvereine" explizit als „unpolitisch" und als ein reines Koordinationsorgan verstand, kam es im Laufe der 90er Jahre zu immer größeren Konflikten unter den verschiedenen Flügeln der bürgerlichen Frauenbewegung. Bereits auf seiner Gründungsversammlung 1894 hatte der BDF sozialdemokratische Frauenvereine ausgeschlossen, wohingegen Teile der Radikalen die Zusammenarbeit mit der sozialdemokratischen Frauenbewegung weitgehend befürworteten. Da der BDF außerdem nicht bereit war, die Forderung der Radikalen nach Frauenstimmrecht zu unterstützen, gründeten diese einen eigenen Dachverband, den „Verband fortschrittlicher Frauenvereine", mit dem Ziel der gleichberechtigten Teilnahme von Frauen am Staatsleben.
Um die Jahrhundertwende besaß der bürgerlich-radikale Flügel einen großen Einfluß auf die Themen und Diskussionen innerhalb der bürgerlichen Frauenbewegung – trotz des fortbestehenden Verbots für Frauen, sich politisch zu äußern oder gar zu engagieren. 1902 gründeten Augspurg, Heymann, Schiermacher und Stöcker den „Verband für Frauenstimmrecht" in Hamburg, wo sie hinsichtlich des politischen Engagements von Frauen eine Gesetzeslücke entdeckt hatten. Frauen des gesamten Deutschen Reiches konnten Mitglied werden, und wo die jeweiligen Landesgesetze dies nicht erlaubten, wurden Vertrauenspersonen ernannt.
Bis 1907 trat die Frage nach der Art des Wahlrechts für Frauen immer mehr in den Mittelpunkt der Auseinandersetzungen, was 1908 die Zersplitterung der Frauenstimmrechtsbewegung zur Folge hatte. Das Problem, vor dem die Radikalen standen, war die Vereinbarkeit des Prinzips parteipolitischer Neutralität mit der Forderung nach einem demokratischen Stimmrecht für Frauen. Mit dieser Forderung nämlich rückten sie automatisch in die Nähe der Sozialdemokratie, die seit 1891 die Forderung nach allgemeinem, gleichem Wahlrecht für beide Geschlechter in ihr Parteiprogramm aufgenommen hatte. Zu dieser Zeit war nämlich die Frage einer generellen Wahlrechtsreform ein Hauptpunkt in der politischen Diskussion der Parteien, so daß jede Äußerung zu einer bestimmten Stimmrechtsforderung auch als politische Position zu einer Parteiprogrammatik gewertet werden konnte.

Da die Radikalen das herrschende bürgerliche Frauenbild und die Beschränkung der Frau auf das Haus kritisierten, bildete die politische Bildung einen Schwerpunkt ihrer Arbeit.

> „Durch praktische Arbeit und durch politische Bildung sollte die Frau zur Bürgerin im Staat erzogen werden, die verantwortungsbewußt und gut

informiert sich ein ausgewogenes Urteil zu allen politischen Fragen bilden könne und sich aktiv am öffentlichen und politischen Geschehen beteilige."[25]

Um Frauen mit den „Spielregeln" des politischen Lebens vertraut zu machen, entsprach der Ablauf der Versammlungen der Frauenverbände dem parlamentarischen Zeremoniell, wie die Männer es betrieben. Der radikale Flügel ging mit seinen Ansichten und Forderungen an die Öffentlichkeit, agitierte Frauen, um sie für seine Sache zu gewinnen und thematisierte ohne Hemmungen sogenannte „politische Gegenstände" wie das Frauenstimmrecht. Damit provozierte er nicht nur die Männer, sondern auch den gemäßigten Flügel der Frauenbewegung. Mit Vortragsreisen in die Städte, aber auch in die Provinz und zu anderen Frauenvereinen gelang den Radikalen die Verbreitung ihrer Forderungen. So organisierten die Radikalen bereits am 2. Dezember 1894 eine öffentliche Volksversammlung unter dem Motto: „Die Bürgerpflicht der Frau."[26]

„Die Frauenfragen vor allem anderen als Rechtsfragen zu begreifen war das neue an der Politik der Radikalen – im Grunde aber nahmen sie nur das Versprechen ernst, daß bürgerliche Emanzipation, daß Freiheit, Gleichheit und Menschenrechte auch für Frauen gelten sollten."[27]

Der Kampf um die Anerkennung der Frau als Person mit dem Recht auf Selbstbestimmung, das auch die Sexualität umfaßte, galt ihnen als politische Aufgabe und richtete sich vor allem gegen das Abtreibungsverbot und die eherechtliche Regelung – und damit Benachteiligung der Frau – durch das BGB.[28]

„Besonders aktiv waren die Frauen des Hamburger Vereins 'Frauenwohl' [...]. In den 90er Jahren bauten die Frauen ein Frauenzentrum auf mit einer Rechts- und Sozialberatungsstelle, einem billigen Mittagstisch für Arbeiterinnen und Angestellte und einem Hort, in dem die Kinder entgegen den herrschenden Normen geschlechtsunspezifisch erzogen wurden."[29]

Aber auch die Radikalen stellten die geschlechtsspezifische Arbeitsteilung nicht konsequent in Frage, indem sie z.B. nicht die paritätische Aufteilung der Hausarbeit forderten; sie setzten sich stattdessen für die Vereinbarkeit von Familie und Beruf für Frauen ein. Die Radikalen entwickelten damit ein anderes Frauenbild und Selbstverständnis als die Gemäßigten, wurzelnd im egalitären Menschenbild und orientiert an der Forderung nach gleichberechtigtem Einfluß der Frauen auf

---

[25] Dies., S. 66
[26] Vgl. Gerhard, 1990a, S. 219
[27] Dies., S. 225
[28] Vgl. Wobbe, 1989
[29] Wurms, 1990[4], S. 59

Staat und Gesellschaft. Allerdings hatten sie ein eingeschränktes Verständnis von Egalität, denn:

> „Auch der radikale Flügel konnte sich der verlockenden Vorstellung von einem besonderen Wesen der Frau auf Dauer nicht entziehen. Die Frau soll beides gleichzeitig sein: Mensch und Frau."[30]

Es ging den Radikalen also nicht um eine „Gleichmacherei" mit dem Mann, ein Vorwurf, der ihnen gerade auch von den Gemäßigten oft gemacht wurde, sondern vorrangig um das Erlangen gleicher Rechte, da das Geschlecht dem Staat gegenüber kein Kriterium der Differenzierung sein dürfe.

Zusammenfassend läßt sich festhalten, daß sich das Frauenbild der Radikalen am egalitären Menschenbild der Naturrechtstheorie orientierte. Ihr Emanzipationsideal stellte daher das allgemeine Staatsbürgertum mit gleichen Rechten auch für Frauen dar. Im Gegensatz zu den Gemäßigten, die die Geschlechterdifferenz ins öffentliche Leben übertragen wollten, ging es den Radikalen gerade um eine Verringerung der Geschlechterdifferenz in der Öffentlichkeit. Das Geschlecht sollte sozusagen keine Rolle spielen, da sie auch vom Staat forderten, daß das Geschlecht kein Kriterium zur rechtlichen Unterscheidung oder gar zur Benachteiligung, z.B. in Fragen der politischen Partizipation, sein dürfe.

Im Vordergrund stand das Ziel gleicher Rechte für Frauen. Die „Frauenfrage" war für sie daher hauptsächlich eine Rechtsfrage, und ihrem Politik- und Staatsverständnis nach galt der Gesetzgeber als zentraler Motor für gesellschaftliche Veränderungen.

Im Zentrum ihrer politischen Arbeit stand das Einfordern des Frauenstimmrechts, für das sie durch Agitation, Versammlungen, Vortragsreisen, politische Bildungsveranstaltungen usw. warben. Insgesamt lag ihrem Politikverständnis der Glaube an den Fortschritt, der auch den Frauen zu ihren Rechten verhelfe, zugrunde. Ihr Frauenbild war geprägt von der Vorstellung, daß Frauen die Möglichkeit gegeben werden sollte, Familie und Beruf zu vereinbaren.

Mit seiner Organisationsform als Bewegung bemühte sich der radikale Flügel um parteipolitische Neutralität. Die Frauenstimmrechtsbewegung geriet hiermit jedoch immer mehr in Bedrängnis, je mehr die Parteien zu einer möglichen Wahlrechtsreform Stellung bezogen, und die Frauenstimmrechtsbewegung mit Äußerungen zum Frauenwahlrecht automatisch in die Nähe bestimmter Parteien rückte.

2.4 Strukturen der Frauenpolitik innerhalb der SPD

Wie bereits erwähnt, hatte die proletarische Frauenbewegung in Deutschland nicht kontinuierlich Betand, da ihre Vereine und Zusammenkünfte immer wieder von der Obrigkeit aufgelöst wurden, so daß trotz verschiedener Aktivitäten und Vereinsgründungen noch nicht von einer Bewegung gesprochen werden kann.

---

[30] Clemens, 1985, S. 50

Gegenüber der sich parteiunabhängig entwickelnden bürgerlichen Frauenbewegung entstand die proletarische Frauenbewegung in engem Zusammenhang mit der SPD.[31] Diese Partei war jedoch nicht von Anfang an bereit, sich mit den Arbeiterinnen und ihren Forderungen zu solidarisieren. Der bereits erwähnte „proletarische Antifeminismus" bestand zu einem wesentlichen Teil aus der Ablehnung der Frauenlohnarbeit, da sie angeblich nicht nur dazu führe, daß durch die weibliche Konkurrenz der Lohn der männlichen Fabrikarbeiter gedrückt werden könne, sondern sie habe auch einen Mangel an Häuslichkeit und Gemütlichkeit im proletarischen Familienleben zur Folge.[32]
Dementsprechend beschlossen die Gründungsväter der „Sozialdemokratischen Arbeiterpartei" auf dem Gründungskongreß in Eisenach 1869 die Einschränkung der Frauenlohnarbeit. Der Vereinigungskongreß in Gotha 1875, wo die Lassalleaner und Eisenacher die „Sozialistische Arbeiterpartei Deutschlands" gründeten, nahm eine Beschränkung der Frauenlohnarbeit nicht ins Programm auf, forderte jedoch „das *'Verbot aller die Gesundheit und die Sittlichkeit schädigende(n) Frauenarbeit'*"[33].
August Bebel setzte sich für das Frauenwahlrecht ein, seine Forderung fand aber keinen Eingang ins Gothaer Programm. Stattdessen wurde die Forderung nach dem allgemeinen, gleichen, direkten Wahl- und Stimmrecht für alle Staatsangehörige ab dem zwanzigsten Lebensjahr aufgenommen, womit Frauen zu der damaligen Zeit ausgeschlosssen waren.
Durch das „Sozialistengesetz" (1878-1890) kam es zu einer Annäherung von Arbeiterinnen und Arbeiterbewegung, denn erstere unterstützten die Arbeiterbewegung bei ihrem Kampf im Untergrund und wurden, wie Gerhard es nennt, zu einer „findigen und listigen Hilfstruppe einer Partei des Klassenkampfes"[34], nahmen illegal am männlichen Vereinsleben teil und lasen z.T. sozialistische Lektüre.
Die Arbeiterinnen-Vereine existierten zu dieser Zeit unter besonders erschwerten Bedingungen, doch auch nach Aufhebung des „Sozialistengesetzes" waren sie immer noch polizeilichen Verfolgungen ausgesetzt, da sie generell als „politisch" eingestuft wurden und damit unter den §8 des Preußischen Vereinsgesetzes fielen.
Bereits 1889 erlangte Clara Zetkin als Sprecherin und Theoretikerin der sozialistischen Frauenemanzipation herausragende Bedeutung.[35] Da für sie die außerhäusige Erwerbsarbeit der Frauen der richtige und einzige Weg zur Emanzipation der Frau war, grenzte sie sich scharf von der bürgerlichen Frauenbewegung ab und erachtete das Zusammengehen von Arbeiterbewegung und proletarischer Frauenbewegung als notwendig zur Überwindung des Kapitalismus, sie duldete daher weder Absonderung noch Sonderrechte für Frauen. Gemäß der

---

[31] Vgl. Bussemer, 1979, S. 36
[32] Vgl. Gerhard, 1990a, S. 114
[33] Dies., S. 117 (Hervorh. i.O.)
[34] Dies., S. 122
[35] Zur herausragenden Rolle Zetkins vgl. z.B. Niggemann, 1981a

sozialistischen Emanzipationstheorie, nach der die Frauenunterdrückung der „Nebenwiderspruch" zum „Hauptwiderspruch" Bourgeoisie – Proletariat sei, gäbe es im Sozialismus demzufolge keine Frauenunterdrückung mehr.
Aber auch Clara Zetkin befürwortete aufgrund der Situation von Arbeiterinnen – Doppelbelastung durch Haus- und Lohnarbeit und Vereins- und Versammlungsverbot – eine vorübergehend besondere Frauenagitation, um die Proletarierinnen für den gemeinsamen Kampf mit der Arbeiterbewegung und der SPD zu gewinnen. So wurden, um die Vereinsgesetze zu unterlaufen, ab 1889 sogenannte Frauenagitationskommissionen gebildet, die sich aus Frauen zusammensetzten, die auf öffentlichen Versammlungen gewählt worden waren. Da sie weder Vereinsstatute noch einen Vorstand hatten, hofften die Frauen und die SPD, daß sie nicht als „politisch" im Sinne des §8 des Preußischen Vereinsgesetzes gelten würden. In Berlin führte Clara Zetkin die Frauenagitationskommission an.

> „Die Kommissionsmitglieder, sieben Frauen, trafen sich in Berliner Hinterzimmern, meistens unter typisch weiblichen Vorwänden – zum Kaffeeklatsch oder zur Geburtstagsfeier. Trotzdem wurde auch dieses Versteckspiel von der Polizei aufgedeckt, die Agitationskommissionen von den Behörden willkürlich zum Verein erklärt und verboten."[36]

Neben der Frauenagitationskommission in Berlin wurden 1891 in Nürnberg, 1892 in Düsseldorf und 1894 in Königsberg weitere Agitationskommissionen gegründet. Da die Frauen ständig von den Behörden schikaniert und verfolgt wurden, konnte sich diese Organisationsform nicht erfolgreich durchsetzen. 1894 beschloß daraufhin der SPD-Parteitag in Frankfurt,

> „auch für die Frauenagitation ein System von Vertrauenspersonen zu installieren, mit dem bereits die sozialdemokratische Partei und die Gewerkschaften erfolgreich gearbeitet hatten"[37].

Die Aktivitäten der proletarischen Frauenbewegung insgesamt bestanden in Agitation und Organisation der Arbeiterinnen für die Sozialdemokratie und in gewerkschaftlicher Interessenvertretung. Außerdem forderte sie einen Arbeiterinnenschutz und die rechtliche Gleichberechtigung.[38] Die Aufgaben der weiblichen Vertrauenspersonen bestanden vor allem in Organisation von Veranstaltungen und Mitgliederwerbung sowie Kontaktieren der örtlichen SPD-

---

[36] Gerhard, 1990a, S. 192. Als herausragende, in der politischen Bewegung aktive Frauen können neben Clara Zetkin noch Luise Zietz, Ottilie Baader, Lily Braun, Käthe Duncker, Margarethe Wengels, Agnes Wabnitz, Auguste Eichhorn und Auguste Lewinsohn genannt werden. Vor allem gewerkschaftlich sich engagierende Frauen, auf die in diesem Zusammenhang lediglich verwiesen sei, waren Emma Ihrer, Ida Altmann, Paula Thiede und Martha Tietz. Vgl. Wurms, 1990[4], S. 63. Siehe auch Hermers Handlexikon der Frauengeschichte mit ausführlichen biographischen Hinweisen.

[37] Honnen, 1988, S. 7/8

[38] Vgl. Bussemer, 1979, S. 37

Organisationen.[39] Ihnen kam insofern eine Art Scharnierfunktion zwischen SPD und proletarischer Frauenbewegung zu.
Thönnessen kommt hinsichtlich des Wandels der Einstellung der Arbeiterbewegung und der SPD zur weiblichen Lohnarbeit und Organisierung der Proletarierinnen zu folgender Einschätzung:

> „Auf die 'Periode des proletarischen Antifeminismus' und die 'Periode der Anerkennung des Rechts der Frauen auf Arbeit und der Konzipierung der sozialistischen Frauenemanzipationstheorie' folgt die 'Periode der Organisation der Frauen'."[40]

Das System der „Vertrauenspersonen" ermöglichte es den Frauen, den §8 des Preußischen Vereinsgesetzes zu umgehen, der den Frauen zwar die Zugehörigkeit zu jeglichen politischen Organisationen verbot, jedoch Tätigkeiten einzelner Frauen nicht unterbinden konnte. So stieg denn auch die Zahl weiblicher „Vertrauenspersonen" im Deutschen Reich zwischen 1901 und 1907 von 25 auf 407.
Nachdem 1895 die lokalen Frauenagitationskommissionen verboten wurden, gewann das „Vertrauenspersonen"-System zunehmend an Bedeutung für die proletarische Frauenbewegung. Die Zentralvertrauensperson, Ottilie Baader, koordinierte ihre Arbeit.
Bussemer bezeichnet die Organisationsformen der proletarischen Frauenbewegung bis 1907, also vor allem die Frauenagitationskommissionen und das System weiblicher „Vertrauenspersonen", als „semiautonom"[41], da sie auf der einen Seite zwar eng mit der SPD kooperierten, auf der anderen Seite aber sich den besonderen Belangen und der besonderen Situation von Proletarierinnen widmeten.
Doch auch die eher lose Organisationsform weiblicher „Vertrauenspersonen" schützte die Frauen nicht vor behördlichen Verfolgungen. Gerhard kommt in diesem Zusammenhang zu der Einschätzung, daß gerade auch die staatliche Repression das politische Bewußtsein und das Zusammengehörigkeitsgefühl der Proletarierinnen stärkte.[42] Sowohl die Arbeiterbewegung und die SPD als auch Teile der proletarischen Frauenbewegung standen der Organisierung von Arbeiterinnen in besonderen Vereinen oder Organisationen, d.h. dieser semiautonomen Organisationsform, jedoch kritisch gegenüber.
Ab 1900 fanden alle zwei Jahre Frauenkonferenzen statt, die im Vorfeld der SPD-Parteitage die Probleme der proletarischen Frauenbewegung und ihre Forderungen diskutierten. Die Anregung, diese Frauenkonferenzen einzurichten, kam von Clara Zetkin. Die erste Konferenz fand in Mainz statt und befaßte sich vor allem mit Organisationsfragen. Auf den nachfolgenden Konferenzen ging es um den

---

[39] Vgl. Honnen, S. 8
[40] Thönnessen, 1976², S. 6
[41] Bussemer, S. 39
[42] Vgl. Gerhard, 1990a, S. 192

Arbeiterinnenschutz, Kinder- und Heimarbeit und das Frauenwahlrecht.[43] Allerdings war der Teilnehmerinnenkreis eher klein, er stieg von 20 Personen im Jahr 1900 auf 76 im Jahr 1911.

Insgesamt gingen die theoretischen Diskussionen, z.B. um die sozialistische Emanzipationstheorie, im Verhältnis zu Organisationsfragen stark zurück. Nach Aufhebung des Preußischen Vereinsgesetzes 1908 prägte die Diskussion um die Art und Weise der Integration der proletarischen Frauenbewegung in die Partei die Nürnberger Frauenkonferenz (1908).

Gerhard gelangt hinsichtlich der Bedeutung dieser Frauenkonferenzen zu folgender Einschätzung:

> „Die sozialdemokratischen Frauenkonferenzen, die seit dieser Zeit (seit 1900, G.B.) jeweils vor den Parteitagen abgehalten wurden, waren Ausdruck der Stärke und selbständigen Bedeutung der proletarischen Frauenbewegung, wenn auch im Rahmen der männlichen Vorherrschaft in der Partei."[44]

Diese männliche Vorherrschaft in der Partei sollte sich nach 1908 als besonders prägend für die weitere Entwicklung der proletarischen Frauenbewegung herausstellen, weshalb dies hier nur angedeutet und in einem gesonderten Kapitel behandelt wird.

Zum Frauenbild der „Führerinnen" der proletarischen Frauenbewegung ist anzumerken, daß sie kaum das herrschende Rollenverständnis und die geschlechtsspezifische Arbeitsteilung, besonders auch in der Familie, hinterfragten. Auch in der proletarischen Frauenbewegung war somit die Vorstellung, daß Frauen von Natur aus eine sogenannte „weibliche Eigenart" und die Geschlechter unveränderliche Charakterunterschiede besäßen, verbreitet. Diese Vorstellung strukturierte demzufolge auch die Tätigkeitsfelder und Aktionen der proletarischen Frauenbewegung und wurde noch verstärkt durch die Einführung einer speziellen Mädchenbildung in den Volksschulen, die auf eine geregelte Häuslichkeit abzielte.[45]

Den Schwerpunkt ihrer Arbeit legte die sozialdemokratische Frauenbewegung auf die Verbesserung der wirtschaftlichen und sozialen Lage der Arbeiterinnen.[46] Gleichwohl kämpfte sie auch um die rechtliche und politische Gleichstellung der Frau. Allerdings wurde die Gleichberechtigung im privaten Bereich häufig als ein unwesentliches Problem angesehen, die Bedeutung der herrschenden Rollenvorstellungen wurde weitgehend unterschätzt, bzw. als „Nebenwiderspruch" dem „Hauptwiderspruch" nachgeordnet.

---

[43] Vgl. Honnen, S. 11
[44] Gerhard, 1990a, S. 192
[45] Vgl. Honnen, S. 18
[46] Vgl. Niggemann, 1981a, S. 27

"Theoretische Abgrenzung gegenüber der bürgerlichen Frauenbewegung und praktische Orientierung auf die gemeinsame gewerkschaftliche Organisierung kennzeichnen die Politik der proletarischen Frauenbewegung in dieser Zeit."[47]

Die Frauen konnten seit dem Statut von 1890 inoffiziell Mitglied in der SPD werden, und das 1891 verabschiedete Erfurter Programm enthielt die wichtigsten Forderungen der Frauen, nämlich das demokratische Wahlrecht und die Gleichstellung der Geschlechter im Privatrecht.[48] 1894 brachte die SPD erstmals den Antrag auf Wahlrecht für Frauen in den Reichstag ein, jedoch ohne Erfolg.[49] Insgesamt aber kann festgestellt werden, daß auch in der Arbeiterschaft die Auffassung, Politik sei Männersache, weitgehend verankert war. Die Industrie- und Facharbeiterschaft, die innerhalb der Arbeiterbewegung dominierte und die Führungsschicht stellte, übernahm gegen Ende des 19. Jahrhunderts das bürgerliche Familienideal.[50] In diesen Kreisen wurde angestrebt, daß die Frau keiner außerhäusigen Erwerbstätigkeit nachgehen mußte, um die Existenz der Familie zu sichern, das bürgerliche Familienideal somit als Vorbild diente und z.T. auch gelebt werden konnte.
Entsprechend veränderten sich auch die Arbeitsschwerpunkte der proletarischen Frauenbewegung, sie verlagerten sich vom Kampf um politische Rechte, Arbeiterinnen- und Kinderschutz in den sozialen Bereich unter Betonung der „weiblichen Eigenart".
Richebächer stellt aber auch fest, daß es insgesamt, einmal abgesehen von den exponierten „Führerinnen" wie Clara Zetkin und Lily Braun, eher schwierig ist, die proletarische Frauenbewegung einheitlich politisch einzuschätzen. Sei es, weil sie innerhalb der Partei wenig strukturbildende Kraft oder Einfluß besaß, sei es, weil aufgrund praktischer und organisatorischer Arbeit der Frauenbewegung wenig Raum für theoretische Auseinandersetzungen blieb.

„Die tägliche Kleinarbeit, die Gewinnung neuer Mitglieder, die Schulung, die Vorbereitung und Durchführung von Wahlkämpfen, der Kampf um punktuelle wirtschaftliche und politische Verbesserungen: Über die Notwendigkeit dieser Schritte war man sich in der Frauenbewegung (wie in der Partei) einig."[51]

Dagegen waren sich die Frauen in Fragen der Taktik und Strategien, der Bündnisschließung mit Teilen der bürgerlichen Frauenbewegung oder dem Stellenwert von Organisations- und Reformarbeit nicht einig.

---

[47] Hervé, 1990[4], S. 36
[48] Vgl. Wurms, S. 64
[49] Vgl. Thönnessen, S. 56
[50] Vgl. Wurms, S. 70
[51] Richebächer, 1982, S. 132

Während sich ein Teil der proletarischen Frauenbewegung von der bürgerlichen Frauenbewegung scharf abgrenzte und sich für eigenständige sozialistische Frauenorganisationen einsetzte, befürwortete der andere Teil die Zusammenarbeit mit bürgerlichen Frauen, weil er darin eine Stärkung der Frauenbewegung insgesamt sah. Allerdings befand sich letzterer Teil zum Ende des ersten Jahrzehnts des 20. Jahrhunderts zahlenmäßig und hinsichtlich seines politischen Einflusses in der Minderheit.

Ziel der Agitation unter den proletarischen Frauen war ihre Sensibilisierung für den Klassengegensatz und ihre Einbindung in die sozialdemokratischen Organisationen. Emanzipationsziel der proletarischen Frauenbewegung war es, den sozialistischen Zukunftsstaat zu erringen. Dieser sei nur im Zusammengehen mit der Arbeiterbewegung zu erkämpfen, daher richtete sie ihre Aktionen und Politikformen entsprechend aus. Im Sozialismus sollte die Gleichheit beider Geschlechter erreicht werden, weshalb die besondere Organisationsform der proletarischen Frauen nur eine vorübergehende, an ihrer derzeitigen spezifischen Lebenssituation ansetzende sein sollte. Wie die bürgerliche, so vernachlässigte auch die proletarische Frauenbewegung den sogenannten „privaten" Bereich, die geschlechtsspezifische Arbeits- und Rollenverteilung in der Familie, so daß die Frauenunterdrückung als sogenannter „Nebenwiderspruch" zurückgestellt wurde.
Ihr Frauenbild läßt sich in der utopischen Dimension als ein der Gleichheit der Geschlechter verpflichtetes charakterisieren, das gleichwohl besonders in der Tagespolitik Ansätze des dualistischen Menschenbildes aufwies und so z.B. von einer „naturbedingten Eigenart" des weiblichen Geschlechts ausging, ohne dies jedoch – zumindest in den Anfängen der Bewegung – in den Vordergrund zu rücken und zum Ausgangspunkt für ihr Politikverständnis zu machen.

2.5 Veränderungen im Verhältnis von Frauen zur Politik durch das Reichsvereinsgesetz von 1908

Sowohl für die bürgerliche als auch für die proletarische Frauenbewegung stellte das Jahr 1908 einen Einschnitt in ihrer Geschichte, besonders aber in ihrem Verhältnis zur etablierten Politik dar. Das in jenem Jahr inkraft getretene einheitliche Reichsvereinsgesetz löste die bis dahin geltenden und in ihren Bestimmungen z. T. sehr unterschiedlichen Vereinsgesetze der Länder ab. Einschneidend war es deshalb, weil das Reichsvereinsgesetz fortan keine Sonderbestimmungen für Frauen mehr vorsah. Frauen war nun die Gründung politischer Vereine und die Mitgliedschaft in Parteien nicht länger verboten. Damit waren sie gleichzeitig gefordert, ihr Verhältnis zur Politik und vor allem auch zu den Parteien neu zu bestimmen.
Es stellte sich die Frage, ob sie weiterhin – wie in den Jahrzehnten des Vereinsverbots, wodurch sie quasi in die Autonomie gezwungen worden waren –

außerhalb der Parteien politisch aktiv sein wollten, oder ob sie sich innerhalb der Parteien für eine Stärkung der Frauenforderungen einsetzen wollten.
Die Öffnung der Parteien für Frauen bedeutete aber nicht, daß sie sich damit auch für Frauenforderungen öffneten. Lediglich die SPD setzte sich offen für das Frauenstimmrecht ein, während die liberalen Parteien ihre Positionen zu den Forderungen der Frauenbewegung nur sehr vage äußerten.
Die Konservative Partei, die generell sehr mißtrauisch gegenüber den Emanzipationsbestrebungen der Frauen eingestellt war, war auch nicht bereit, Frauen als Mitglieder aufzunehmen. 1911 gründete sie eine „Vereinigung konservativer Frauen", die ein enges Verhältnis zum „Deutsch-Evangelischen Frauenbund" pflegte.

„Die Konservativen begrüßen die Mitarbeit der Frauen auf karitativem Gebiet, bei 'der Wahrung konservativer Grundsätze und Ideen in unserem Volksleben', lehnen aber die Bestrebungen zur politischen Gleichberechtigung und 'jede Art sogenannter Frauenemanzipation als den wahren Interessen echter Weiblichkeit und den natürlichen Interessen der menschlichen Gesellschaft nicht zuträglich' ab."[52]

Die Fortschrittliche Volkspartei, die 1910 aus dem Zusammenschluß der Deutschen Volkspartei, der Freisinnigen Volkspartei und der Freisinnigen Vereinigung hervorgegangen war, unterstützte weitgehend die Frauenforderungen, nahm allerdings das Stimmrecht davon aus. Die Demokratische Vereinigung nahm 1910 als einzige bürgerliche Partei die Forderung nach staatsbürgerlicher Gleichheit der Geschlechter in ihr Programm auf.[53]
Insgesamt führte die Möglichkeit der Mitarbeit in den Parteien dazu, daß in der Frauenbewegung bisher verdeckte politische Meinungsverschiedenheiten und Überzeugungen in den Vordergrund traten. Es stellte sich für politisch engagierte Frauen die Frage, wie sie sich mit Männern, Parteien und Parteiprogrammen auseinandersetzen sollten.

2.5.1 Der bürgerlich-gemäßigte Flügel

Die Frauen des bürgerlich-gemäßigten Flügels der Frauenbewegung waren mehrheitlich im „Bund Deutscher Frauenvereine" organisiert, der sich als nicht politisch definierte und die Forderung nach Frauenstimmrecht ablehnte. Die Generalversammlung des Bundes 1912 war entscheidend von der Frage nach der Mitarbeit von Frauen in den Parteien geprägt. Es wurde zwar ein Beschluß gefaßt, der die Frauen zur Mitarbeit in den Parteien aufrief. Gleichzeitig wurde aber die

---

[52] Schenk, 1990^5 (1977), S. 41
[53] Vgl. Ebda.

parteipolitische Neutralität des BDF betont und die Forderung nach Frauenstimmrecht weiterhin nicht unterstützt.[54]
Die führenden Frauen der bürgerlich-gemäßigten Frauenbewegung traten demzufolge in Parteien ein, die meisten von ihnen schlossen sich der Fortschrittlichen Volkspartei an. Im Vordergrund ihrer Aktivitäten standen jedoch weiterhin die Sozial-, Wohlfahrts- und Bildungsarbeit.

2.5.2 Der bürgerlich-radikale Flügel

Die Aufhebung des Verbots für Frauen, sich politisch zu engagieren, hatte für den bürgerlich-radikalen Flügel der Frauenbewegung Folgen, die seine weitere Entwicklung maßgeblich beeinflußten. Erstens gewann die Frauenstimmrechtsbewegung viele neue Mitglieder, und zweitens traten viele Radikale den liberalen Parteien bei. Ersteres führte dazu, daß der weitgehende Konsens über die Art des geforderten Frauenstimmrechts nicht mehr aufrechterhalten werden konnte, da viele Neumitglieder zwar das Frauenstimmrecht forderten, sich aber nicht für eine demokratische Wahlrechtsreform stark machten, d.h. daß sie entweder das bestehende Drei-Klassen-Wahlrecht der Männer auch für Frauen forderten oder sich überhaupt nicht zur Art des Stimmrechts äußerten. Der Beitritt vieler Radikaler zu den Parteien führte dazu, daß die Auseinandersetzung um politische Positionen der Parteien in die Stimmrechtsbewegung und ihre Vereine getragen wurde.
Es gab daher verstärkte Debatten über die Art des Wahlrechts, über allgemeinpolitische Positionen und generell um die Frage, ob sich die Frauen vorwiegend in der Frauenstimmrechtsbewegung engagieren oder in den Parteien mitarbeiten sollten, um sich dort für die Frauenforderungen einzusetzen. So gab es im „Verband für Frauenstimmrecht" einen langwährenden internen Streit um die Frage der politischen Neutralität und um die Einheit der Frauenstimmrechtsbewegung.
In Abgrenzung zu den linksliberalen Parteien, die sich z.B. nicht offen für das Frauenstimmrecht einsetzten, gründeten Rudolf Breitscheid, Theodor Barth, Hellmuth von Gerlach und andere 1908 die „Demokratische Vereinigung" als einen

> „'Zusammenschluß aller Männer und Frauen, die gewillt sind, energisch an der Demokratisierung von Reich, Staat und Gemeinden mitzuarbeiten',"[55].

Viele Frauen der Frauenstimmrechtsbewegung traten dieser Partei bei und hofften, in ihr und durch sie ihre politischen Forderungen durchzusetzen oder zumindest Bündnispartner zu gewinnen. Aber sehr bald machten sie die Erfahrung, daß sich ihre Hoffnungen nicht erfüllten, im Gegenteil:

---

54 Vgl. Clemens, 1990, S. 94
55 Dies., S. 87

„Frauenforderungen und Emanzipationsbestrebungen wurden immer wieder als Spielball politischer Kalküle mißbraucht."[56]

Es tauchte daher immer wieder die Frage auf, welche Strategie wirksamer sei, um das Frauenwahlrecht zu erreichen: sich in der Parteipolitik zu engagieren oder die ganze Kraft auf den „Verband für Frauenstimmrecht" und seine Aktionen zu konzentrieren. So wendeten sich Lida Gustava Heymann und Anita Augspurg enttäuscht von der Parteipolitik ab, obwohl sie immer großes Interesse an der Politik der Parteien gezeigt hatten und 1903 mit zu den ersten Frauen gehörten, die in Parteien eintraten.[57]

„Für sie war Politik Engagement für das Gemeinwohl, ihre Motive waren vor allem moralisch, Machtkalkül lag ihnen fern. Immer wieder mußten sie aber erleben, daß Parteipolitik Kompromisse verlangt und strategisches Vorgehen erfordert. Oft waren die Auseinandersetzungen hart und nicht immer fair, oft mußten dabei von den eigenen Zielen Abstriche machen (Fehler i.O.) werden. Sie gewannen den Eindruck, Parteipolitik verfahre nur nach den (Fehler i.O.) Motto 'Der Zweck heiligt die Mittel'."[58]

Sie hatten sich, und mit ihnen viele andere Radikale, davon überzeugt, daß das Frauenstimmrecht nur außerhalb der Parteipolitik voranzubringen sei bzw. die Mitarbeit von Frauen in den Parteien kein Garant dafür sei, daß Frauenforderungen mehr Gehör fänden und leichter durchzusetzen seien.
Lida Gustava Heymann gelangte 1911, also gerade drei Jahre nach Aufhebung des Vereinsverbots für Frauen, zu der Einschätzung, daß die Frauenstimmrechtsbewegung Konzentration brauche, während Parteiarbeit Zersplitterung bedeute.[59] Sie plädierte daher dafür, daß sich die Frauen in den Vereinen der Stimmrechtsbewegung engagieren und nur im Einzelfall mit den Parteien kooperieren sollten.
Doch nicht nur durch die Konkurrenz der Parteien für die Stimmrechtsvereine zerfiel die Frauenstimmrechtsbewegung immer mehr, sondern sie zerbrach auch am internen Streit um die Art des Wahlrechts und die damit zutage tretenden unterschiedlichen politischen Grundpositionen. Neben der SPD und der 'Demokratischen Vereinigung', die beide eine demokratische Wahlrechtsreform anstrebten, gab es drei Frauenstimmrechtsvereine, die sich sehr unterschiedlich zum Wahlrecht äußerten.[60] Der „Verband für Frauenstimmrecht" vermied eine klare Aussage zur Art des geforderten Wahlrechts. Die „Vereinigung für Frauenstimmrecht" setzte sich dafür ein, daß die Frauen ein dem Drei-Klassen-Männerstimmrecht entsprechendes Wahlrecht erhielten. Der als letzter Verein

---

[56] Dies., S. 88
[57] In einigen Ländern, z.B. Hamburg, war dies schon vor dem Reichsvereinsgesetz möglich.
[58] Clemens, 1990, S. 88
[59] Vgl. Dies., S. 89
[60] Vgl. Dies., S. 103

gegründete „Deutsche Stimmrechtsbund" dagegen forderte das uneingeschränkt demokratische Wahlrecht für Frauen.

Der bürgerlich-radikale Flügel der Frauenbewegung sympathisierte stark mit den linksliberalen Parteien. In einigen Ländern wie beispielsweise Hamburg, in denen sich die Vereinsgesetze schon vor Inkrafttreten des Reichsvereinsgesetzes gelockert hatten, bzw. nicht mehr so streng gegen politisch aktive Frauen angewandt wurden, kam es zu personellen Überschneidungen, denn einige Frauen waren sowohl in der Frauenstimmrechtsbewegung aktiv als auch Mitglied einer Partei. Linksliberale politische Positionen wurden so in die Frauenstimmrechtsbewegung getragen.
Maria Lischnewska unternahm 1907 den Versuch der Gründung einer liberalen Frauenpartei. Ihr Motiv für diesen Schritt entsprang nicht der Ablehnung einer demokratischen Wahlrechtsreform, sondern vielmehr ihrer Einschätzung, daß die Mitarbeit von Frauen in den von Männern dominierten Parteien die Frauenbewegung schwäche. Mit ihrer Frauenpartei wollte sie liberal denkende Frauen ansprechen und deren Zersplitterung in verschiedene parteipolitische Gruppierungen verhindern. Das Programm ihrer Frauenpartei stellte eine Mischung aus linksliberalen Parteiprogrammen und radikalen Frauenbewegungsforderungen dar, mit einem eindeutig nationalistischen Unterton.

> „Die Reaktion in der Frauenstimmrechtsbewegung war einhellig ablehnend, einmal weil die Gründung einer Frauenpartei als separatistisch empfunden wurde, zudem mit einem Programm, das als unpräzise und gemäßigt zu kritisieren war, zum anderen weil die Frauenpartei als Konkurrenzorganisation zum *Verband für Frauenstimmrecht* aufgefaßt wurde."(Herv. i.O.)[61]

Lischnewska hatte daher mit diesem Vorstoß keinen Erfolg und konnte die Zersplitterung der Frauenstimmrechtsbewegung nicht aufhalten.

2.5.3 Die Integration der proletarischen Frauenbewegung in die SPD

Bis 1908 war eine offizielle Mitgliedschaft von Frauen in der SPD nur in Ländern mit liberalen Vereinsgesetzen wie Hamburg, Sachsen und Bayern möglich.[62] Die proletarische Frauenbewegung hatte sich zwar in engem Verhältnis zur SPD, aber „semi-autonom", entwickelt, doch

> „mit dem neuen Reichsvereinsgesetz wurde nun die Frage nach der Eingliederung in die Partei aktuell"[63].

---

[61] Dies., S. 92
[62] Vgl. Honnen, 1988, S. 20
[63] Niggemann, 1981a, S. 19

Dabei ging es weniger um die Frage Autonomie oder Integration, als vielmehr um die *Art* der Eingliederung, wie die Debatte auf der Nürnberger Frauenkonferenz 1908 zeigte. Luise Zietz stellte hier unter Zustimmung fest:

> „Wie stand es nun bisher mit der politischen Organisation der proletarischen Frauen? Der Not der vereinsgesetzlichen Misere gehorchend, nicht separatistischen Wünschen folgend, war dieselbe eine mannigfaltige (...). Jetzt ist diese gemeinsame Organisierung (mit den Männern, G.B.) überall möglich und daher auch selbstverständlich."[64]

Diese Selbstverständlichkeit rührte aus der sozialistischen Emanzipationstheorie, daher Zietz weiter:

> „Die gemeinsame Organisierung der Geschlechter ist nur die logische Konsequenz der Erkenntnis, daß die Frauenfrage nur ein Teil der großen sozialen Frage ist und nur mit dieser zusammen ihre Lösung finden kann durch den Sieg des Sozialismus."[65]

Gleichzeitig aber stellte sie heraus, daß es weiterhin besonderer Organisationsformen für Frauen bedürfe, da sie durch Doppelbelastung von Familen- und Erwerbsarbeit z.B. nicht in gleichem Maße wie die Männer an Parteiveranstaltungen partizipieren könnten.

> „Weiter muß auch Rücksicht darauf genommen werden, daß die Frauen nicht an jedem Tag in der Woche gleich gut die Versammlungen besuchen können, weil die meisten die Doppellast der Erwerbsarbeit und der Hausarbeit auf ihren Schultern haben. (...) Hierbei kommt auch in Betracht, daß die Frauen Mutterpflichten zu erfüllen haben."[66]

Sie plädierte daher für die Beibehaltung von Frauenversammlungen unter der Leitung von Genossinnen, denn:

> „Wer könnte wohl besser die Agitation unter den Frauen in die Wege leiten als eine Genossin, die das Empfindungsleben, die Gedankenwelt der Frauen genau kennt, weil sie selbst Frau ist und all das, was heute die rückständigen Frauen denken und empfinden, selbst empfunden hat, die unter derselben wirtschaftlichen Misere gelitten hat und die sich ebenso gegen die politische Rechtlosigkeit der Frau aufbäumt."[67]

Zietz betonte, daß es ihr dabei nicht um „Sonderrechte" für Frauen gehe, sondern darum, mit besonderer Frauenagitation und Frauenversammlungen der spezifischen Situation von proletarischen Frauen Rechnung zu tragen. Um die Frauen überhaupt für Politik zu interessieren, müsse an ihren Bedürfnissen und

---

[64] Debatte (1908), in: Niggemann, 1981b, S. 136
[65] Ebda.
[66] Ebda.
[67] Dass., S. 137

Lebensumständen angesetzt werden. Vehement und ausführlich setzte sie sich in diesem Zusammenhang für die Fortsetzung der Frauenkonferenzen ein.

> „Man sagt, jetzt wo die Genossinnen in den Organisationsrahmen der Gesamtpartei eingefügt sind, brauchen wir diese Konferenzen nicht mehr, denn dieselben Fragen könnten auch auf dem Parteitag erörtert werden. Wer das behauptet, verkennt den Wert der Frauenkonferenzen. Diese Konferenzen haben außerordentlich viel dazu beigetragen, daß wir heute so viele geschulte Genossinnen haben."[68]

Außerdem hätten die Frauenkonferenzen

> „ihren Wert darin, daß auf ihnen aus unserem Parteiprogramm heraus Fragen, die die Frauen besonders interessieren, in den Mittelpunkt gestellt werden. (...) Die Frauenkonferenzen sind so ein vorbereitender Ausschuß der Parteitage für diese besonderen Fragen. Es würde die ganze Frauenbewegung außerordentlich zurückwerfen, wenn die Frauenkonferenzen aufgehoben würden."[69]

Käte Duncker unterstützte die Position von Zietz mit folgenden Worten:

> „Besonders möchte ich auch für die Frauenversammlungen ein Wort sprechen. Genossin Zietz hat schon betont, daß es Themata gibt, die die Frauen besonders interessieren, Fragen wie die des Mutterschutzes, des Kinderschutzes, der Kindererziehung werden den Frauen näher liegen als den Männern. Dazu kommt, daß auch solche politische Fragen, die beide Geschlechter interessieren, doch sehr häufig von den Frauen in ganz anderer Weise angefaßt werden."[70]

Nämlich folgendermaßen:

> „Die Frauen gehen meist von der praktischen Seite des Lebens aus, und wenn wir sie packen wollen, müssen wir immer wieder von diesen praktischen Fragen anfangen und können von denen sehr gut Brücken schlagen auch zu der Theorie."[71]

Die proletarische Frauenbewegung befürwortete demnach die Integration in die SPD, wollte aber gleichzeitig ihren semi-autonomen, aus der Zeit des Vereinsverbots gewachsenen Status nicht vollständig aufgeben. Besonders die Frauenkonferenzen gerieten aber schon ab 1904 unter immer stärkere Kritik bei den männlichen Genossen und stießen auf immer größeren Widerstand bei der Parteiführung, die bestrebt war, ihre regelmäßigen Einberufungen nach und nach zu verhindern. Richebächer wertet dies als einen

---

[68] Ebda.
[69] Dass., S. 138
[70] Dass., S. 138/139
[71] Dass., S. 139

„Versuch, der radikalen Strömung in der (proletarischen, G.B.) Frauenbewegung eine wichtige Plattform und praktisches Einflußmittel zu entreißen"[72].

Sie macht aber auch deutlich, daß dies nicht nur allein dem auch in der SPD vorhandenen Sexismus und Antifeminismus entsprungen sei, sondern mit dem Prozeß der Hierarchisierung und Bürokratisierung der Partei zusammenhänge.[73] Die Konzentration auf Wahlen und der Aufbau einer Wahlmaschinerie führte allgemein zu einer Stärkung des reformistischen Politikflügels, was sich entsprechend auf das Verhältnis zur proletarischen Frauenbewegung auswirkte und als letzte Konsequenz die Position der Reformistinnen stärkte.

Zur Klärung der Frage, wie die Frauen und ihre Organisationen in die Partei eingegliedert werden könnten, fand 1908 ein Gespäch statt, an dem die Berliner Leiterinnen der Frauenbewegung und Genossinnen aus anderen Gebieten Deutschlands sowie Vertreter des Parteivorstands teilnahmen. Sie erarbeiteten einen Organisationsvorschlag, der 1908 auf der Frauenkonferenz beraten und noch im selben Jahr vom Parteitag der SPD angenommen wurde.[74] Dieser Organisationsvorschlag bestand aus sechs Punkten, von denen der erste folgende Forderungen enthielt:

„Jede Genossin ist verpflichtet, der sozialdemokratischen Parteiorganisation ihres Ortes beizutreten. Politische Sonderorganisationen der Frauen sind nicht gestattet. Über das Fortbestehen besonderer Frauenbildungsvereine entscheiden die Genossen und Genossinnen der einzelnen Orte. Die Mitgliedschaft in solchen Vereinen enthebt jedoch die Genossinnen nicht der Verpflichtung, den sozialdemokratischen Parteiorganisationen anzugehören."[75]

Zweitens hieß es:

„Unabhängig von den Vereinsabenden der Männer sind für die weiblichen Mitglieder Zusammenkünfte einzurichten, welche ihrer theoretischen und praktischen Schulung dienen."[76]

Der vierte Punkt sah vor:

„Die weiblichen Mitglieder sind im Verhältnis zu ihrer Zahl im Vorstand vertreten. Doch muß diesem mindestens eine Genossin angehören."[77]

Punkt fünf besagte, daß es den weiblichen Mitgliedern des Vorstands oblag,

---

[72] Richebächer, 1982, S. 231
[73] Vgl. Dies., S. 229
[74] Vgl. Baader (1908), 1981b, S. 140
[75] Dies., S. 141/142
[76] Dies., S. 142
[77] Ebda.

„die notwendige Agitation unter dem weiblichen Proletariat im Einvernehmen mit dem Gesamtvorstand und unter Mitwirkung der tätigen Genossinnen zu betreiben"[78].

Der letzte Punkt regelte provisorisch die Delegierungen. Abschließend ging es um das Kernelement der Organisationsform der proletarischen Frauenbewegung, was in den folgenden Jahren ihre weitere Entwicklung prägen sollte. Dort hieß es:

„Das Zentralbüro der Genossinnen bleibt bestehen. Die Vertreterin der Genossinnen darin wird dem Parteivorstand angegliedert."[79]

Dieser, trotz heftiger Kontroversen auf dem Parteitag angenommene Organisationsvorschlag besaß für ein Jahr Gültigkeit, zur Erprobung sozusagen. Auf dem Leipziger Parteitag 1909 wurde endgültig die Änderung des Organisationsstatuts der SPD geregelt, die vorsah:

„Die obligatorische Vertretung der Frauen im Vorstand wurde beschlossen, und als besondere Aufgabe wurde ihr die Agitation unter dem weiblichen Proletariat zugewiesen. Die umstrittene Frage der Delegation zum Parteitag wurde so gelöst, daß Kreise mit mehreren Abgeordneten möglichst eine Genossin entsenden sollten."[80]

Dagegen wurden die Frauenbildungsvereine, zur Schulung der weiblichen Mitglieder gedacht, nicht im Organisationsstatut der Partei festgeschrieben. Richebächer gelangt hinsichtlich der organisatorischen Integration der proletarischen Frauenbewegung in die SPD zu folgender Einschätzung:

„Im großen und ganzen stellten diese Bestimmungen eine Art minimalen 'parteirechtlichen Frauenschutz' dar, der die Frauen jedoch weitgehend von der Kooperationsbereitschaft der Genossen am jeweiligen Ort abhängig machte. Der verstümmelte Paragraph über die Delegation von Frauen zum Parteitag und die Ausklammerung der Frage der Schulungseinrichtungen stellten gegenüber der bisherigen Regelung eine Einengung und Verkürzung der Rechte und Handlungsmöglichkeiten der Frauen dar, die sich in der Praxis allerdings erst allmählich bemerkbar machten."[81]

Die Zahl der weiblichen Mitglieder wuchs zwar von 29.458 im Jahre 1908 auf 174.754 im Jahre 1914, in Prozentzahlen ausgedrückt von 5,2% auf 16,09%. Dem entsprach jedoch nicht ein Zuwachs an Einfluß innerhalb der SPD, in der Leitung der Partei blieben die Frauen unterrepräsentiert.

Die gemeinsam mit Ottilie Baader den Vorsitz des Frauenbüros führende Luise Zietz kam als erste Frau als Beisitzerin in den Parteivorstand, was ihr in den folgenden Jahren zunehmend Loyalitätskonflikte gegenüber dem Parteivorstand auf

---

[78] Ebda.
[79] Ebda.
[80] Richebächer, S. 255
[81] Ebda.

der einen Seite und gegenüber der Frauenbewegung auf der anderen Seite einbrachte.[82] Ihre Lösung dieser Konflikte verlief fast ausschließlich zugunsten des Parteivorstands und damit gegen die Interessen der Genossinnen.
Die Aufgabenbereiche und Arbeitsschwerpunkte der proletarischen Frauenbewegung konzentrierten sich nach 1908 vor allem auf politische Wahlkämpfe, Krankenkassenwahlen, die Ausbreitung von Kinderschutz- und Konsumkommissionen, gewerkschaftliche Agitation sowie die Einrichtung von Beschwerdestellen für Arbeiterinnen.[83] Insgesamt läßt sich eine immer stärkere Verschiebung der Tätigkeiten auf das traditionelle Arbeitsgebiet der bürgerlichen Frauenbewegung, die kommunale Sozialarbeit, feststellen. Darunter fallen z.b. die Krankenfürsorge und Hauspflege, die Waisenfürsorge, Volksküchen, Schulspeisungen, Wohnungsinspektion usw.[84]
Aber nicht nur inhaltlich, auch organisatorisch fanden Veränderungen statt, die den Einfluß der proletarischen Frauenbewegung schmälerten. Das Frauenbüro, das bis 1911 als eigene Abteilung beim Parteivorstand existierte, wurde 1912 aufgelöst. Stattdessen wurde eine der beiden Sekretärsstellen des Parteivorstandes mit einer Frau besetzt, die nun, neben anderen Aufgaben, auch für die Frauenagitation zuständig war.
Damit gelang der Parteiführung eine engere Verknüpfung der Frauenbewegung mit dem Parteiapparat und entsprechend eine engere Bindung der Frauenpolitik an die Entwicklung von politischen Positionen der Partei. Zusätzlich zum Abdrängen der Frauen auf das eingegrenzte Gebiet der Sozialarbeit wurden somit bereits in den Vorkriegsjahren „auch in der Frauenbewegung die Weichen für den Reformismus"[85] gestellt. Die proletarische Frauenbewegung verlor dabei sowohl an „frauenpolitischer Autonomie" als auch an „einer gewissen parteipolitischen Unabhängigkeit"[86]. Die

„Beschränkung der Frauen auf die Bereiche Erziehung und Sozialarbeit ermöglichte auch in der Arbeiterbewegung eine Integration der Frauen in die Partei ohne eine prinzipielle Korrektur des Frauenleitbildes."[87]

Vor allem aber „gelang" die Integration ohne Machtverlust für die Männer.
Das Frauenbüro, das 1911 mit dem Parteibüro vereinigt und 1912 schließlich aufgelöst wurde, hatte aber schon vorher an Einfluß verloren. Vor 1908 bestanden seine Aufgaben vor allem in der Initiierung, Koordinierung und Zentralisierung der verschiedenen Aktivitäten der proletarischen Frauenbewegung. Nach 1908 nahm es vor allem ausführende und administrative Aufgaben im Auftrag des Parteivorstands wahr. Dazu gehörten z.B. die Versendung von Fragebögen, um

---

[82] Vgl. Gerhard, 1990a, S. 194
[83] Vgl. Richebächer, S. 249
[84] Vgl. Dies., S. 273
[85] Wurms, S. 78
[86] Gerhard, 1990a, S. 194
[87] Bussemer, S. 49

den Organisationsstand zu ermitteln oder das Verschicken von Flugblättern und Agitationsmaterial. Zentral dabei ist, daß alles in Abstimmung mit dem und unter Genehmigung des Parteivorstands zu geschehen hatte. Auf dem Chemnitzer Parteitag 1912 wurde die Auflösung des Frauenbüros beschlossen und die Frauenagitation der dafür verantwortlichen Sekretärin im Parteivorstand übertragen. Luise Zietz wurde für diese Aufgabe ernannt.

> „Damit hatte die Frauenbewegung eines ihrer historisch wichtigsten Organe endgültig verloren. Auch formal setzten sich in der SPD nun der Prozeß der Zurückdrängung und Isolation der 'radikalen' Frauen und die Abdrängung der Frauenbewegung ins politische Abseits durch"[88].

Die proletarische Frauenbewegug verlor somit innerhalb von vier Jahren an Selbständigkeit und politischem Einfluß, übrig blieben

> „ein Minderheitenschutz für die Delegiertenwahlen zu Parteitagen und die auf Drängen der Frauen eingerichteten Lese- und Diskutierabende"[89].

1911 fand in Jena die letzte Frauenkonferenz statt, da der Parteivorstand den Frauenkonferenzen als unabhängige Plattform mißtrauisch gegenüberstand.[90]

2.6 Abschließende Bemerkungen zum Zusammenhang von Politikverständnis und Emanzipationsstrategien in der ersten Frauenbewegung

Nachdem auf die konkreten Veränderungen des Verhältnisses von Frauen zur Politik durch das Reichsvereinsgesetz eingegangen wurde, soll nun, den historischen Teil der Arbeit abschließend, der Zusammenhang von Frauenbild, Politikverständnis, Politikformen und Emanzipationsstrategien hergestellt werden. Auf der Basis des aufgearbeiteten Materials soll die am Anfang des zweiten Kapitels aufgestellte These überprüft werden: Das dualistische und egalitäre Frauen- bzw. Menschenbild prägen je unterschiedlich das Verhältnis von Frauen zur Politik.
Als erstes kann festgehalten werden, daß besonders nach 1908 mit Aufhebung des Vereinsverbots das gemeinsame „Geschlecht" als Organisationsprinzip unter Frauen nicht mehr ausreichte. Dies tat es auch schon vorher nicht vollständig, wie an der gegenseitigen Abgrenzung von bürgerlicher und proletarischer Frauenbewegung deutlich geworden ist. Doch traten besonders nach 1908 mit der Möglichkeit zur Mitarbeit in den Parteien sowohl soziale Schranken als auch politische Grundüberzeugungen und Meinungsverschiedenheiten innerhalb der Frauen-

---

88 Richebächer, S. 267
89 Wurms, S. 76
90 Vgl. Langer, 1989, S. 12

bewegung immer mehr in den Vordergrund. So spaltete sich nicht nur die bürgerliche Frauenbewegung verstärkt in die zwei Flügel „Gemäßigte" und „Radikale", sondern auch diese Flügel spalteten sich an der Frage der Mitarbeit in den Parteien und besonders an der nach der Art des zu fordernden Wahlrechts, wie an der Entwicklung der Frauenstimmrechtsbewegung gezeigt wurde.
Der Streit innerhalb der proletarischen Frauenbewegung entzündete sich weniger an dem Problem Autonomie oder Integration in die SPD und auch nicht an der Hinterfragung einer demokratischen Wahlrechtsreform als vielmehr an den Emanzipationsstrategien. Die „radikalen" proletarischen Frauenführerinnen, die auf der Basis der sozialistischen Emanzipationstheorie für gleiche Rechte von Mann und Frau eintraten und übergangsweise die besondere Frauenagitation und die Frauenkonferenzen für nötig befanden, gerieten bald nach 1908 ins Hintertreffen gegenüber den „Reformistinnen", die sich auf das „mütterliche Wesen" der Frau beriefen und als entsprechendes Betätigungsfeld die Sozial- und Kommunalarbeit bevorzugten.
Dieser Prozeß wurde durch die Parteiführung verstärkt, indem „Radikale" wie Clara Zetkin in entscheidenden Positionen ausgeschaltet, das Frauenbüro in seinen Kompetenzen eingeschränkt und dann aufgelöst und die Frauenkonferenzen als wichtigste Plattform der „Radikalen" verhindert wurden.
Eine eindeutige Zuordnung des egalitären oder dualistischen Menschenbildes – bzw. der Emanzipationsansätze Gleichheit oder Differenz – zu den verschiedenen Flügeln der ersten Frauenbewegung ist kaum möglich. Doch lassen sich Tendenzen ablesen.
Für den gemäßigten Flügel der bürgerlichen Frauenbewegung gilt, daß er an der dualistischen Geschlechterkonzeption der bürgerlichen Familien- und Geschlechterideologie anknüpfte. Die Gemäßigten übernahmen das bürgerliche Frauenbild und betonten ihrerseits die „besondere Natur", das „mütterliche Wesen" der Frau. Sie akzeptierten damit einerseits ihren Ausschluß aus der Politik, da ihre Teilnahme daran ihrem „Wesen" nicht entspräche und setzten sich deshalb auch nicht für das Frauenstimmrecht ein. Andererseits leiteten sie gerade aus der „weiblichen Natur" die Vorstellung einer „sozialen Mütterlichkeit" ab, die über den familialen Bereich hinaus in der Öffentlichkeit zum Tragen kommen solle. Als geeignete Bereiche dafür galten die Bildungs-, Sozial- und Wohlfahrtsarbeit. Die Gemäßigten nahmen hiermit eine Selbstbeschränkung auf bestimmte, „weibliche" Tätigkeitsbereiche vor. Ihre Forderungen und Aktionen können jedoch insofern als „politisch" bezeichnet werden, als sie eine Ausdehnung des Wirkungsbereichs von Frauen vom privaten ins öffentliche Leben anstrebten und auch praktizierten.
Eine definitorische Zuordnung zu politischen Kategorien wie „links", „rechts", „konservativ" oder „fortschrittlich" erscheint schwierig und kaum erkenntnisfördernd. Die Gemäßigten beispielsweise mit einer dieser Etikettierungen erfassen zu wollen, würde bedeuten, ihrem Selbstverständnis und ihrem Anliegen, vor allem aber auch ihrem historisch-gesellschaftlichen Hintergrund nicht gerecht zu

werden.[91] Hier ein Versuch, das Definitionsproblem zu veranschaulichen: Die Gemäßigten übernahmen das bürgerliche Frauenbild, insofern waren sie „konservativ". Gleichzeitig aber forderten sie, daß Frauen Zugang zum öffentlichen Leben erhalten sollten, insofern waren sie „fortschrittlich". Ich werde daher von diesen Kategorien und ihren impliziten Wertungen absehen, da sie wenig hilfreich bei der Klärung der Frage sind, welches Emanzipationsziel die jeweiligen Flügel der ersten Frauenbewegung anstrebten und mit welchen Strategien sie versuchten, diesem näherzukommen.

Da gerade der gemäßigte Flügel der bürgerlichen Frauenbewegung häufig als „unpolitisch" oder „konservativ" eingeschätzt wird, möchte ich betonen, daß er sehr wohl „politisch" in dem Sinne war, als er die Sozialpolitik als einen Bereich für Frauen beanspruchte und auch zunehmend durchsetzte. Die Gemäßigten weiteten die Partizipationsmöglichkeiten von Frauen in der Öffentlichkeit aus und somit „konstituierte(n) sie einen öffentlichen Frauenbereich"[92].

Da die Gemäßigten damit jedoch gleichzeitig die Vorstellung verknüpften, den Männern sowohl im Privaten als auch im Öffentlichen *gleichwertig* zur Seite zu stehen, kann festgehalten werden, daß sie die Bedeutung von rechtlichen, sozialen und politischen Dimensionen des Geschlechterverhältnisses unterschätzten. Die Frauenbewegung als „Kulturbewegung" zu begreifen, ohne die rechtliche Situation zu berücksichtigen, die die Ungleichheit von Mann und Frau im privaten wie im öffentlichen Bereich wesentlich determinierte, führte zu einem „theoretischen Kurzschluß" und zu einer Selbstbegrenzung der bürgerlich-gemäßigten Frauenbewegung. Zentrale Bereiche der Frauenunterdrückung wie die geschlechtliche Arbeitsteilung oder die rechtliche Ungleichbehandlung wurden dadurch nicht thematisiert und schon gar nicht tangiert.

Die Gemäßigten kritisierten die Naturrechtstheorie, da sie ihrer Meinung nach Mann mit Mensch gleichsetze und somit Frauen und ihrer „weiblichen Natur" nicht gerecht würde. Sie forderten daher auch nicht, den Frauen den gleichen Zugang zum öffentlichen Bereich zuzugestehen wie den Männern, sondern übten Kritik an den Strukturen des Berufs- und Erwerbslebens, an den Strukturen der Öffentlichkeit und am Fortschrittsglauben, die sie allesamt als männlich-geprägt ablehnten. Dagegen wollten sie durch den spezifisch „weiblichen Anteil" die Gesellschaft „menschlicher" gestalten. Damit aber beschränkten sie sich selbst auf den sozialen Bereich und führten letztendlich keine wesentlichen Verbesserungen für das Gros der Frauen herbei.

Im Gegensatz dazu betrachtete der radikale Flügel der bürgerlichen Frauenbewegung die „Frauenfrage" vor allem als Rechtsfrage. Ihr Frauenbild wurzelte im egalitären Menschenbild der radikalen Naturrechtstheorie, weshalb für sie der Kampf um gleiche Rechte für Frauen im Vordergrund stand. Besonders vom

---

[91] Vgl. z.B. Meyer-Renschhausen, o.J.
[92] Clemens, 1988, S. 16

Frauenstimmrecht versprachen sie sich grundlegende Verbesserungen für die Lebenssituation der Frauen.

Aus ihren Reihen waren zwar – wie gezeigt – einzelne Stimmen zur Parteien- und Politikkritik zu vernehmen, doch war das Politikverständnis des radikalen Flügels in erster Linie auf den Parlamentarismus und die gesetzliche Reformpolitik orientiert. Aufgrund dieser Orientierung konzentrierten die Radikalen ihre Arbeit auf die Parteien, das Parlament und die öffentliche Meinung.

Diese Konzeption der „Frauenfrage" als Rechtsfrage und der uneingeschränkte Glaube an die Wirksamkeit demokratischer Prinzipien und der Gestaltungskraft parlamentarischer Entscheidungen stellten sich allesamt aber als zu kurz gegriffen heraus. Die Radikalen berücksichtigten nicht ausreichend die soziale Lage und das gesellschaftliche Bewußtsein von Frauen – vor allem aber unterschätzten sie die Wirksamkeit patriarchaler Strukturen in Politik und Gesellschaft.

Durch das Anknüpfen an die Naturrechtslehre konnte die Frauenrechtsbewegung zwar das bürgerliche Frauenbild als Einengung der Frauen auf den privaten Bereich und die Rolle als Hausfrau und Mutter begreifen und die Anerkennung der Frau als Menschen fordern. Sie vernachlässigte damit jedoch die gesellschaftlichen Dimensionen der Frau, d.h. jene Bereiche, die sich gesetzlichen Regelungen entziehen, aber maßgeblich zur Frauenunterdrückung beitragen. Hierzu zählen die geschlechtliche Arbeitsteilung, die geschlechtsspezifische Sozialisation und die Geschlechterideologie.

Besonders deutlich wurden die übersteigerten Erwartungen, die die Stimmrechtsbewegung der ersten Frauenbewegung an das Frauenwahlrecht geknüpft hatten, als 1918 zwar das Frauenstimmrecht verkündet und im Jahr darauf die staatsbürgerliche Gleichberechtigung der Geschlechter zum Verfassungsgrundsatz erklärt wurden, aber:

> „Die Hoffnung, daß der Staat von sich aus für die Parität im Geschlechterverhältnis sorgt, hat sich zerschlagen ebenso wie die Erwartung, daß rechtliche Gleichstellung von sich aus soziale Gleichheit nach sich zieht."[93]

Das Menschenbild, dem eine Vorstellung von der prinzipiellen Gleichheit der Geschlechter zugrunde liegt, darf also in seinen politischen Strategien nicht auf die rechtliche Ebene reduziert werden. Diese trägt zwar wesentlich zur Ungleichheit der Geschlechter bei, erfaßt aber nicht alle Dimensionen des ungleichen Geschlechterverhältnisses, weder im privaten noch im öffentlichen Bereich.

> „Familienpatriarchalismus, systematische Benachteiligungen auf dem Arbeitsmarkt und doppelte Lasten unterliefen auf diese Weise von vornherein die formale Möglichkeit, aktiv Politik zu treiben und entscheidend und gestaltend einzugreifen."[94]

---

[93] Dies., 1990, S. 121
[94] Gerhard, 1990a, S. 336

Dies galt für alle Frauen der ersten Frauenbewegung, wobei erschwerend hinzu kam, daß der jeweilige Parteiapparat fest in Männerhand war. An der sozialdemokratischen Frauenbewegung ist deutlich geworden, daß eine relativ eigenständige Frauenorganisation innerhalb der Partei nicht erwünscht war. Jene hätte aber unter Umständen das Selbstverständnis politisch aktiver Frauen, vor allem aber das Festhalten an den emanzipatorischen Frauenforderungen stärken können. Stattdessen machten sie wie die Frauen in anderen Parteien die Erfahrung, daß Frauenforderungen sich nur schwer gegen die Männer durchsetzen ließen und oftmals den Kräfteverhältnissen innerhalb der Parteien zum Opfer fielen.
Der „Bund Deutscher Frauenvereine" (BDF) hatte versucht, die Frauen auf der Basis ihrer geschlechtsspezifischen Interessenlagen zu organisieren und dabei das Prinzip der parteipolitischen Neutralität zu wahren. Diese Strategie stellte sich als unwirksam und unpolitisch heraus.

Zur Wirksamkeit des dualistischen und des egalitären Menschenbildes und den daran anknüpfenden politischen Strategien innerhalb der ersten Frauenbewegung kann festgehalten werden: Stellt man die Gleichheit der Geschlechter heraus, kann damit die Rechtsposition der Frauen gestärkt und können dadurch neue Handlungsräume für Frauen erschlossen werden, die sich vom traditionellen Frauenbild abwenden. Betont man dagegen die Differenz der Geschlechter, gelangt man zu einer Kritik an den patriarchalen Strukturen der Gesellschaft. Dieser Ansatz jedoch birgt die Gefahr, daß er für die Frauen keine neuen Handlungsräume erschließt, sondern die ihnen traditionell vorgeschriebenen aufwertet und zementiert.
Es dürfte darüber hinaus deutlich geworden sein, daß eine politische Gleichheitsforderung als Bestandteil einer Emanzipationsstrategie nur dann wirksam werden kann, wenn sie über die rechtliche Dimension hinaus auch die soziale, kulturelle und ideologische umfaßt.

3. Die zweite Frauenbewegung und ihr Verhältnis zur Politik – Institutionalisierung Grüner Frauenpolitik

Nachdem im vorangegangenen Kapitel das Verständnis von Politik und das Verhältnis zu den etablierten Parteien bei der ersten Frauenbewegung herausgearbeitet wurde, steht nun die zweite Frauenbewegung, deren Anfänge Ende der 60er/ Anfang der 70er Jahre liegen, im Mittelpunkt der Analyse. Auch hier geht es um die Frage, welches Verhältnis die verschiedenen Frauengruppen zur etablierten Politik haben, welche Emanzipationsstrategien und welches Emanzipationsziel sie verfolgen.

Hier werden ebenfalls als Kriterien die Emanzipationsansätze „Gleichheit" und „Differenz" zugrunde gelegt. Die Analyse wird exemplarisch an den Grünen-Frauen und der Arbeitsgemeinschaft sozialdemokratischer Frauen (AsF) vorgenommen. Die Gründe für diese Auswahl sind methodischer und inhaltlicher Natur. Sowohl die SPD als auch die Grünen haben explizite Frauenforderungen in ihre Parteiprogramme aufgenommen und setzen sich für die Frauenemanzipation bzw. die Gleichberechtigung der Geschlechter ein.

Dagegen ist die Frauenpolitik der CDU/CSU Bestandteil der konservativen Familienpolitik und unterliegt von daher anderen Analysekriterien. Für die F.D.P. gilt, daß Frauenpolitik weder ideologisch noch praktisch ein Hauptpolitikfeld ist und sich durch widersprüchliche Imperative auszeichnet, die einer gesonderten Analyse unterzogen werden müßten. Für die drei Parteien CDU, CSU und F.D.F. ist die Emanzipation der Frauen wirtschaftlichen und/oder familienpolitischen Vorstellungen untergeordnet, die mit den Kategorien „Gleichheit" und „Differenz" nicht vollständig erfaßt werden können, weshalb sie hier nicht behandelt werden.

Vorangestellt ist ein kurzer Überblick über die Anfänge und Hauptströmungen der neuen Frauenbewegung unter der leitenden Fragestellung, mit welchem Politikbegriff die Frauengruppen ihre Aktionen und Strategien begründeten und ob diese Strategien auf Autonomie von oder Partizipation an der etablierten Politik zielten. Denn die Frage „Autonomie oder Partizipation" prägte von Anbeginn das Selbstverständnis und die daraus folgenden Aktionen der Frauenbewegung.

3.1 Anfänge und Verlauf der zweiten Frauenbewegung – Frauen zwischen Autonomie und Partizipation

Die neue Frauenbewegung entstand aus der Studentenbewegung und anderen alternativen Gruppen. Ihre Wurzeln hat sie u.a. in den sogenannten „Weiberräten", die 1968/69 innerhalb des SDS gegen den „linken Sexismus" gegründet wurden, und in den Fraueninitiativen gegen den §218 StGB. Sie ist also von Beginn an ein sehr heterogenes Gebilde.

> „Den eigentlichen Schmelztiegel für das Entstehen der Neuen Frauenbewegung bilden die bundesweiten Aktionen für die Freigabe der Abtreibung. Auslöser ist die Selbstbezichtigung 'Ich habe abgetrieben' im 'Stern', Nr. 24, 1971."[1]

Damit wurde ein scheinbar privates Problem, die frauendiskriminierende Abtreibungsregelung, zu einem Politikum, das für Aufruhr in der Öffentlichkeit sorgte und viele Frauen mobilisierte.[2]

Die weitere Entwicklung der neuen Frauenbewegung läßt sich rückblickend in Phasen einteilen, über die in der Forschung weitgehend Konsens besteht. Diese Einteilung verdeutlicht Akzentverschiebungen innerhalb der Frauenbewegung hinsichtlich des Politikverständnisses. Dabei muß jedoch betont werden, daß es sich um generelle Tendenzen handelt, die nicht für alle Gruppierungen gleichermaßen gelten, und daß die Phasenübergänge fließend sind. Überhaupt ist es schwierig, von „der" Frauenbewegung zu sprechen, da sie nie ein homogenes Ganzes dargestellt hat.

In jüngeren Publikationen werden fünf Phasen unterschieden, deren *erste* die Zeit von der Entstehung bis zur Mitte der 70er Jahre umfaßt. In dieser ersten Phase ging es vor allem um den weiblichen Körper, insbesondere die Thematisierung von Schwangerschaft, Abtreibung und Sexualität als „Ort der verlorengegangenen Selbstbestimmung"[3].

Durch die anstehende Reform des §218 StGB kam es von seiten der Frauenbewegung zu Auseinandersetzungen mit Frauen verschiedener Parteien, besonders der SPD, in deren Verlauf den Frauen deutlich wurde, daß parlamentarische Strategien zur Veränderung der Lebenssituation von Frauen nur begrenzt wirksam sind.[4] Neben der Einsicht in die Begrenztheit parlamentarischer Strategien führten vor allem die Arbeit in den Selbsterfahrungsgruppen der Frauenbewegung zu einer Radikalisierung der Inhalte und Forderungen nach genereller Selbstbestimmung der Frauen über ihre Lebensbereiche.

In den Selbsterfahrungsgruppen erkannten die Frauen, daß die angeblich „privaten" Probleme (wie z.B. Vergewaltigung in der Ehe, Kindesmißbrauch, ungerechte Verteilung der Haus- und Familienarbeit zu Lasten der Frauen) alle Frauen mehr oder weniger betreffen und gesellschaftliche Ursachen haben. Insofern kann das Prinzip der Selbsterfahrung und des Austausches unter Frauen als ein spezifisches Modell des weiblichen Politisierungsprozesses bezeichnet werden, das die Infragestellung des herrschenden Politikmodells zur Konsequenz hatte.

Zusammen mit der Thematisierung der gesellschaftlichen Eingriffe in den weiblichen Körper bildete das Selbsterfahrungsprinzip den Kern der damals ange-

---

[1] Schenk, 1990[5], S. 87
[2] Vgl. Schwarzer, 1983
[3] Meyer, 1990a, S. 36
[4] Vgl. Kontos, 1990, S. 58

strebten Autonomie. Damit setzte eine Politisierung des Privaten ein (Slogan: „Das Private ist politisch"), entsprechend wurde ein erfahrungsbezogener Politikbegriff formuliert.[5] Und da die Frauenbewegung von Beginn an anti-institutionell ausgerichtet war, setzte sie auf die Strategie der kollektiven Selbsthilfe.
Diese Selbsthilfestrategie verfestigte sich in der *zweiten Phase* der Frauenbewegung ab Mitte der 70er Jahre in Frauenzentren, die wesentlich zur Stabilisierung und Entfaltung autonomer Frauenpolitik beitrugen. Sie bildeten ihre organisatorische Basis, wohingegen die erste Phase noch durch Kleingruppen und informelle Zusammenhänge gekennzeichnet war.
In dieser Phase der „Konsolidierung"[6] bekam die Frauenbewegung großen Zulauf besonders von jüngeren Frauen, die die stark aktionistisch geprägten Anfangsjahre der Frauenbewegung nicht miterlebt hatten. Diese neu hinzugekommenen Frauen äußerten vor allem ein Bedürfnis nach Gesprächen, so daß die Selbsterfahrungsgruppen erneuten Aufschwung erhielten. Häufig, und besonders im universitären Umfeld, waren diese mit sogenannten Theorie- und Lektüre-Arbeitsgruppen gekoppelt, in denen sich die Frauen mit Texten von Simone de Beauvoir, Shulamith Firestone u.a. beschäftigten, die heute als Klassikerinnen der Frauenbewegung gelten. Im Laufe dieser Arbeit traten die originär politischen Aktionen immer mehr in den Hintergrund, es zeichnete sich ein Rückzug nach innen ab.[7]
Dieser wurde begleitet und zum Teil auch legitimiert durch eine vehemente Ablehnung der als männlich charakterisierten Prinzipien und Strukturen in Politik und Gesellschaft. Macht zu haben wurde als männlich gekennzeichnet und war damit dem größten Teil der Frauen generell suspekt. Sie strebten daher auch keine Machtpositionen an, sondern setzten weiterhin auf die Strategie der Selbsterfahrung, für die zwei Ansätze ausgemacht werden können.[8]
Der erste bestand in der Umsetzung der Ergebnisse des Bewußtwerdungsprozesses in ein konkretes Ziel, z.B. das Projekt Frauenhaus. Der zweite Ansatz bezog sich auf die Veränderung des alltäglichen Umfeldes auf der Basis der neugewonnenen Erkenntnisse, z.B. in der Familie, in der Zweierbeziehung, am Arbeitsplatz. Für beide Ansätze galt, daß eine Gesellschaftsveränderung zugunsten der Lebenssituation von Frauen angestrebt wurde.
Es fand eine Themenerweiterung um lesbische Liebe und die gesellschaftliche Diskriminierung von Lesben sowie eine Diskussion um den gesellschaftlichen Wert von Hausarbeit (die sogenannte, aus England angeregte „Hausarbeitsdebatte") statt, die in eine öffentlichkeitswirksame Kampagne „Lohn für Hausarbeit" mündete. Der Zulauf vieler jüngerer Frauen und Lesben führte darüber hinaus zu größerer Toleranz und Akzeptanz unterschiedlicher Lebensentwürfe, obwohl gerade dies für die Frauenbewegung immer wieder zur Zerreißprobe wurde. Trotz eines zahlenmäßig enormen Anwachsens der Frauenbewegung in

---

[5] Vgl. Meyer, 1990a, S. 37
[6] Dies., S. 39
[7] Vgl. Schenk, 1990^5, S. 90
[8] Vgl. Dies., S. 93

dieser zweiten Phase bemühten sich die Frauen nicht um den Aufbau einer formalen Organisationsstruktur.
Die *dritte Phase* (ca. 1977 bis Anfang/ Mitte der 80er Jahre) wird als Phase der Projekte bezeichnet.[9] Diese Projekte konzentrierten sich im gesundheits- und sozialpolitischen, im wissenschaftlichen und kulturellen Bereich.[10] Es ging dabei um den Aufbau einer feministischen Gegenkultur mit Verlagen, Cafés, Frauenzentren, Bands, Buchläden, Beratungsstellen usw. Kennzeichnend für diese Phase war eine radikale Abkehr von den Männern (an den Universitäten z.B. durch reine Frauenseminare) und den sogenannnten männlichen Werten, um eine eigene „weibliche" Kultur und Politik aufzubauen.

> „Dahinter stand die Hoffnung, daß die 'weibliche Differenz' die Verkörperung alles Positiven, alles bisher in der Männerwelt Vermißten sein könnte."[11]

In dieser Phase wurde auf der einen Seite die politische Heterogenität der Frauenbewegung immer deutlicher, auf der anderen Seite kam es aber auch zu einer „Vertiefung, Diversifikation und Professionalisierung der Bewegung"[12].
So entstanden aus der §218(StGB)-Bewegung Frauengesundheitszentren und Beratungsstellen, die nach dem Selbsthilfeprinzip organisiert waren. Trotz der Forderung nach öffentlichen Geldern versuchten z.B. die Frauenhäuser ihre Autonomie als Organisationsform, das Prinzip der Selbstverwaltung und die Ablehnung von Hierarchien aufrecht zu erhalten. Den Initiatorinnen der Frauenhäuser – das erste Frauenhaus entstand 1976 in Berlin als Modellversuch[13] – ging es um drei Dinge: Erstens wollten sie den betroffenen Frauen unmittelbar helfen und Zuflucht gewähren, zweitens wollten sie die strukturelle Gewalt in der Ehe sichtbar machen und drittens den betroffenen Frauen Hilfestellung beim Aufbau einer eigenen, das heißt vom Mann unabhängigen Existenz geben.
Anfang der 80er Jahre setzte die *vierte Phase* der neuen Frauenbewegung ein. Es fand eine allmähliche Hinwendung zur politischen Einmischung statt, die sich u.a. in juristischen Regelungsentwürfen wie Gleichstellungs- und Antidiskriminierungsgesetzen, Frauenförderplänen, Frauenbeauftragten und Gleichstellungsstellen manifestierte. Auch in den Parteien, besonders bei den Grünen und der SPD, kam es zu einem frauenpolitischen Aufschwung, ablesbar z.B. an der Diskussion um Quoten. Es zeichnete sich generell ein „Trend zur Professionalisierung von Frauenpolitik"[14] ab.
Der radikal-autonome Flügel der neuen Frauenbewegung sah sich damit einer selektiven Rezeption seiner Themen und deren Umsetzung in Programme, Anträge

---

[9] Vgl. Meyer, 1990a, S. 40
[10] Vgl. Schenk, 1990[5], S. 94-103
[11] Meyer, 1990a, S. 41
[12] Kontos, 1990, S. 60
[13] Vgl. Schenk, 1990[5], S. 99
[14] Meyer, 1990a, S. 44

und Haushaltstitel gegenüber. Kritisiert wurde, daß sich dadurch weder die etablierten Institutionen und Organisationen noch die Gesellschaft und die geschlechtsspezifische Arbeitsteilung strukturell zugunsten von Frauen verändern würden.[15] Die sich in dieser Phase immer stärker abzeichnende strukturelle Identitätsschwäche der Frauenbewegung – wurzelnd in ihrer sozialen und vor allem auch politischen Heterogenität und ihrem informellen Organisationsrahmen – und die Aneignung ihrer Themen z.b. durch Parteien führten dazu, daß sich der radikal-autonome Flügel immer mehr ausgegrenzt oder vereinnahmt sah.

Die *fünfte Phase* (Beginn etwa Mitte der 80er Jahre) ist – in Hinsicht auf die ursprünglichen Ziele der Frauenbewegung – von Fort- und Rückschritten gekennzeichnet. Das gesamtgesellschaftliche Bewußtsein über Frauendiskriminierung im strukturell patriarchalischen Geschlechterverhältnis ist gestiegen. Mit beispielsweise Gleichstellungsstellen und Frauenförderplänen wird versucht, frauendiskriminierenden Regelungen und Praktiken in der Berufswelt entgegenzuwirken. Die SPD und die Grünen haben Quotenregelungen eingeführt, um den Anteil von Frauen bei Mandaten und Ämtern zu steigern. Gleichzeitig wird gerade von autonomen Frauen vor einer Vereinnahmung durch die traditionelle Politik gewarnt. Dieser Skepsis schließen sich immer stärker auch die sogenannten Institutionen-Frauen an, die aufgrund ihrer Erfahrungen in Institutionen und Organisationen vielfache Enttäuschungen hinsichtlich der Durchsetzbarkeit frauenpolitischer Forderungen hinnehmen mußten.

Neben diesem Trend zur Institutionalisierung von Frauenpolitik ist für die neue Frauenbewegung auch weiterhin eine Vielfalt von Themen und Gruppen, zahlreichen Netzwerken und Projekten bestimmend. Noch immer wird nicht der Aufbau einer formalen Organisationsstruktur angestrebt, da die Frauenbewegung ihre Heterogenität nicht nur als Schwäche, sondern auch als Stärke und dem Charakter einer Bewegung verpflichtet erfährt.

In den letzten Jahren häufen sich die Stimmen, die von einem „Roll-Back" sprechen, ablesbar z.B. an der Neuregelung des §218 StGB und der vermehrten Arbeitslosigkeit von Frauen und besonders zugespitzt in den neuen Bundesländern, wo Frauen in vieler Hinsicht die Hauptverliererinnen des deutschen Einigungsprozesses sind.[16] Propagiert werden eine „Neue Mütterlichkeit" im Gewande der „Neuen Partnerschaft" oder eine postmoderne Vielfalt der Lebensentwürfe, die die strukturelle Frauendiskriminierung verschleiern.[17]

Die Frauenbewegung ist zur Zeit nicht in der Lage, gegen dieses „Zurückdrehen" erreichter Verbesserungen für Frauen, noch weniger aber für weitergehende Forderungen mobil zu machen. Der Versuch, mit einer Postkarten-Aktion eine auf Selbstbestimmung der Frau beruhende Abtreibungsregelung zu forcieren, ist ebenso gescheitert wie zahlreiche Versuche, den Gesetzgeber zur aktiven Herstel-

---

[15] Vgl. Kontos, 1990, S. 62
[16] Vgl. z.B. Kulke, u.a. (Hg.), 1992
[17] Vgl. Brüssow, 1993

lung der Gleichberechtigung von Mann und Frau[18] aufzufordern oder mit einem Frauenstreiktag am 8. März 1994 wieder für mehr Öffentlichkeit zu sorgen. Größtenteils resigniert wird in der Frauenbewegung konstatiert: „Die Männer schlagen zurück."[19]

Im Folgenden wird die neue Frauenbewegung unter dem Gesichtspunkt ihres Politikverständnisses, ihrer Emanzipationsstrategien und -ziele analysiert.
Wie bereits erwähnt, hat die neue Frauenbewegung keine formale ORGANISATIONSSTRUKTUR und ist nur zum Teil in Vereinen oder Verbänden organisiert. Diese Vereinsgründungen finden zumeist dann statt, wenn bestimmte Ziele, z.B. die Einrichtung eines Frauenhauses, die Rechtsform eines eingetragenen Vereins erforderlich machen. Somit hat die Frauenbewegung auch kein institutionelles Zentrum, sondern weist sich durch ein mehr oder weniger engmaschiges Netz von Gruppen aus.
Zum allerhöchsten Prinzip hat ein Teil der Frauenbewegung die AUTONOMIE erhoben. Dieses Autonomieprinzip umfaßt drei Ebenen[20]: Auf der ersten Ebene meint es die Selbstorganisation der Frauenbewegung und damit den Ausschluß von Männern und die Separierung von linken Organisationen. Die zweite Ebene meint Autonomie gegenüber dem Staat und seinen Institutionen, die als patriarchal und systemstabilisierend analysiert worden sind und daher nicht zur Frauenemanzipation beitragen können (und wollen). Die dritte Ebene bezieht sich auf die Autonomie innerhalb der Frauenbewegung als dezentral und in den einzelnen Gruppen als Selbstbestimmung der Arbeitsformen und Inhalte. Die Arbeit in den Gruppen soll antihierarchisch verlaufen und die autonome Entwicklung der Individuen fördern.
Von Teilen der Frauenbewegung wurde und wird das Autonomieprinzip als Übergangsphase gedacht, um Frauen die Gelegenheit geben zu können, ihre Identität, ihre Lebens- und Arbeitsformen sowie gesellschaftliche Forderungen selbst und ohne Auseinandersetzung mit Männern und männlichen Normen bestimmen zu können. Für den radikal-autonomen Flügel der neuen Frauenbewegung ist dieser Grundsatz der Autonomie jedoch ein wesentliches Strukturelement.

> „Für das Selbstverständnis der heutigen Feministinnen ist der Autonomiebegriff so zentral, daß sie ihre Frauenbewegung als die 'autonome Frauenbewegung' von anderen Frauengruppen abgrenzen. In diesem Autonomiebegriff ist die Unabhängigkeit von kirchlichen und politischen Organisatio-

---

18 Siehe die Diskussion um die Neuformulierung des §3, Abs. 2 GG und die Kampagne „Frauen für eine neue Verfassung"
19 Gleichnamiger Titel von Faludi, Susan: Die Männer schlagen zurück. Wie die Siege des Feminismus sich in Niederlagen verwandeln und was Frauen dagegen tun können. Reinbek 1993
20 Vgl. Knäpper, 1984, S. 120

nen selbstverständlich enthalten; im Vordergrund steht der Ausschluß der Männer."[21]

Das Autonomieprinzip wurde bereits 1972 auf dem Bundesfrauenkongreß wie folgt begründet: Da die Gesellschaft aktiv von Männern gestaltet wurde und wird, brauchen Frauen eigene Räume, um ihr Leben selbst zu entwerfen und zu gestalten. In Frauenzusammenhängen wird deutlich, daß die angeblich „privaten" Probleme bisher als „unpolitisch" galten und von daher keine gesellschaftliche Berücksichtigung fanden, obwohl sie mehr oder weniger alle Frauen betreffen, also gesellschaftlich bedingt sind. Um dies zu erkennen, ist es notwendig, die Vereinzelung und Isolation der Frauen zu durchbrechen und „Freiräume" für die Ausgestaltung und das Ausprobieren neuer, von Frauen entwickelter Frauenleitbilder zu schaffen. Hier können Frauen ein von Männern und herrschenden gesellschaftlichen Normen befreites und unabhängiges Selbstwertgefühl entwickeln. Ziel sind die Entwicklung der Persönlichkeit und eigener Ansprüche, die über das Einfordern einer reinen Gleichberechtigung im Sinne von gleichen Rechten hinausgehen und auf Gesellschaftsveränderung zielen.

> „Autonomie war ursprünglich als autonom gegenüber Kindern und Männern definiert worden. In dem Maße aber, in dem die Gesellschaft als Männergesellschaft und alle Institutionen als Männerinstitutionen definiert wurden, wollten die Frauen die Institutionen entweder durch eigene ersetzen (was bei Kleinbetrieben wie Verlagen, Buchhandlungen und Zeitungen in beschränktem Rahmen machbar ist) oder sie ausschließlich von außen verändern."[22]

Aufgrund dieser Institutionenkritik wurde eine Zusammenarbeit mit Frauen in den Institutionen weitgehend abgelehnt. Aus den Prinzipien SELBSTBESTIMMUNG und SELBSTORGANISATION ergab sich darüber hinaus eine generelle Ablehnung von sogenannter „Stellvertreterpolitik". POLITISCHE AUTONOMIE bedeutete daher

> „Autonomie gegenüber bestimmten Politikkonzepten und Organisationsformen, die in der Tradition patriarchaler Politik entwickelt wurden".[23]

Neben dem Autonomieprinzip stellt die „POLITIK DER SUBJEKTIVITÄT" das zentrale Charakteristikum der neuen Frauenbewegung dar. Dies gilt besonders für die Anfänge der Bewegung bis etwa Mitte der 80er Jahre und für bestimmte Teile der Bewegung noch heute. Die Basis feministischer Aktivitäten war also von Beginn an ein ERFAHRUNGSBEZOGENER POLITIKBEGRIFF.[24] Der Slogan „Das Private ist politisch" bildete sich vor diesem Hintergrund heraus und verdeutlichte den Politikansatz in der Frauenbewegung. Dies bedeutete gleichzeitig

---

[21] Schenk, 1990[5], S. 115
[22] Plogstedt, 1984, S. 188
[23] Kontos, 1990, S. 50
[24] Vgl. Meyer, 1990a, S. 37

eine Infragestellung der herrschenden Trennung von „öffentlich" und „privat" und das damit einhergehende Abdrängen der „Frauenproblematik" in den privaten Raum.

> „Die 'Politik der Subjektivität', die Suche nach einer eigenen Identität, das Entwickeln eigener politischer Organisations- und Umgangsformen [...], die Herausbildung eines 'Gegenmilieus' kristallisierten sich als konstitutive Momente feministischer Politikkonzeption heraus."[25]

Diese „Politik der Subjektivität" setzt an den Bedürfnissen der einzelnen Frau an und orientiert sich an ihrem je individuellen Lebenszusammenhang, der strukturell jedoch vom Geschlechterverhältnis und der damit einhergehenden Frauendiskriminierung geprägt ist. Daraus ergeben sich auch andere Umgangsformen unter den Frauen.

> „In ihrer Arbeit in Gruppen und Projekten praktizieren Frauen andere Formen des Miteinanderumgehens, der Politik, gemeint ist ein anderer, mehr dialogischer Diskurs, das Zulassen und Zugeben von Emotionalität und ein Einverständnis darüber, daß das 'Private', die persönlichen Probleme vieler einzelner Frauen, 'politische' sind."[26]

Seit Mitte der 80er Jahre setzt sich in weiten Teilen der Frauenbewegung ein pragmatischerer Politikansatz durch, geprägt durch „mittelfristige Entscheidungskonzepte und juristische Regelungsentwürfe"[27]. Auf diesem Wege wird versucht, die Lebens- und Arbeitssituation von Frauen zu verbessern. Dazu zählen auch Strategien, die die gesellschaftliche und politische Partizipation und Mitgestaltung von Frauen, z.B. durch Quoten, erhöhen sollen. Dieser als „Gleichstellungspolitik" firmierende Politikansatz gibt damit jedoch nicht den Anspruch auf eine Gesellschaftsveränderung auf, was ihm häufig von Teilen der radikal-autonomen Frauenbewegung vorgeworfen wird.

Insgesamt läßt sich ein Trend zur Professionalisierung von Frauenpolitik ablesen, der immer auch die Gefahr der Vereinnahmung, der Abkopplung von der Frauenbewegung und damit der „Entpolitisierung" der Bewegung birgt.

Aufgrund der Erkenntnis, daß das Geschlechterverhältnis sowohl die private als auch die öffentliche Sphäre strukturiert, erhebt die Frauenbewegung Forderungen, die sich auf beide Bereiche der Gesellschaft erstrecken. Aus der Verflechtung von Produktion und Reproduktion leitet die Frauenbewegung einen umfassenden Politikbegriff ab, der vor allem auch eine „umfassende Politisierung des 'Privaten', 'Vorpolitischen', 'Unpolitischen',"[28] betreibt.

---

[25] Knäpper, 1984, S. 65
[26] Gerhard, 1989, S. 77
[27] Meyer, 1990a, S. 44
[28] Kontos, 1990, S. 56

Als EMANZIPATIONSZIEL strebt die Frauenbewegung die Abschaffung der geschlechtlichen Arbeitsteilung, des „Patriarchats" an. Dabei gibt es sowohl über die Strategien als auch über die anzustrebende Gesellschaftsform unterschiedliche Vorstellungen, worin sich deutlich die Heterogenität der Bewegung zeigt.

> „Die Neue Frauenbewegung versteht sich als 'Frauenbefreiungsbewegung'; auf allgemeinster Ebene ausgedrückt, ist ihr Ziel die Abschaffung der Frauenunterdrückung."[29]

Als ein Teilziel kann die konsequente Durchsetzung des Prinzips der Gleichberechtigung der Geschlechter bezeichnet werden. Auf die Familie bezogen bedeutete dies die Aufhebung der geschlechtsspezifischen Arbeitsteilung, wobei damit gleichzeitig auch die Grundstrukturen der Arbeitsteilung im Beruf und zwischen der privaten und öffentlichen Sphäre hinterfragt und vielleicht sogar aufgehoben werden könnten.[30]

Weitere Teilziele auf dem Weg zur Abschaffung der Frauenunterdrückung und der Gleichberechtigung der Geschlechter sind z.B. die Streichung des §218 StGB, die Namensgesetzregelung, gleicher Lohn für gleiche Arbeit, Grundeinkommenssicherung, gleicher Zugang zu allen Positionen und Ämtern in Politik, Wirtschaft und Gesellschaft, staatliche Anerkennung außerehelicher Lebensgemeinschaften usw.

Die Liste ließe sich hier beliebig fortsetzen, immer aber geht es um den Abbau der Diskriminierungen von Frauen und um das Schaffen neuer Räume für ein selbstgestaltetes (Frauen)Leben.

3.2 Die Grünen Frauen im Spannungsverhältnis von Frauenbewegung und parteipolitischer Organisierung

3.2.1 Vorbemerkung zum Stand der Parteienforschung über die Grünen und allgemeine Charakteristika der Partei

Vorweg ist festzuhalten, daß die Partei DIE GRÜNEN verhältnismäßig jung ist und sich darüber hinaus durch einige Spezifika von den anderen, großen Parteien, aber auch von der F.D.P unterscheidet. In einer jüngst veröffentlichten Studie zu „Stand und Perspektiven der Parteienforschung in Deutschland" wird zu den Grünen festgestellt:

> „Diese Partei stellt ein sehr heterogenes und besonders dynamisches Gebilde dar mit von Bundesland zu Bundesland, von Kreis zu Kreis unterschiedlichen Existenz- und Erfolgsbedingungen, innerparteilichen Verhältnissen, programmatischen Diskussionen usw. Allein die notwendigen

---

[29] Schenk, 1990[5], S. 106
[30] Vgl. z.B. Beck-Gernsheim, 1989 (1980)

Dokumente, Informationen und Daten für eine schlichte Deskription zu beschaffen, ist trotz der vergleichsweisen Offenheit und Transparenz der Partei eine Sisyphusarbeit."[31]

Die frühen achtziger Jahre sind trotz der genannten Schwierigkeiten inzwischen z.T. recht detailliert aufgearbeitet und analysiert worden, was für die folgenden Jahre nicht gilt.[32] Die Forschungslücke, die im Zusammenhang meiner Arbeit von Bedeutung ist, besteht in der Aufarbeitung der Grünen Frauenpolitik, besonders der Politikstrategien und Emanzipationsvorstellungen der verschiedenen Grünen Frauengruppen.

Aufgrund seiner mehrjährigen Forschungsarbeit über die Grünen hat Raschke festgestellt, daß es kaum eigene Beschreibungen der inneren Verhältnisse der Partei, dafür aber normative und konflikt- und richtungsorientierte Literatur gibt.[33] Allgemeine Aussagen über die Grünen als homogene Gruppe sind von daher schwierig, was auch für die im Zentrum meines Interesses stehenden Grünen Politikerinnen gilt.

Raschke, der zu Beginn (1987) seiner grundlegenden Forschungsarbeit nicht nur den Zugang zu den Grünen über die Literatur, sondern auch durch Teilnahme an ihren Parteitagen, Strömungstreffen und Mitgliederversammlungen[34] wählte, macht als Kennzeichen für die Grünen auf der phänomenologischen Ebene „eine extreme Pluralität, eine irritierende Mehrdeutigkeit und eine kaleidoskopartige Veränderlichkeit"[35] aus. Das zeigt sich daran, daß die Partei in Kommunal-, Landes- und Bundespartei sowie in Fraktionen und außerparlamentarische Organisationen zerfällt und eine Vielzahl von Ideologien, habituellen Orientierungen, Herkünften und Strömungen anzutreffen sind.

Auch Parteiprogramme scheinen nicht genügend Bindungskraft zu besitzen, um eine gemeinsame Basis herzustellen.

Neben der Strukturschwäche der Grünen und ihrer Pluralität stellt die normative Selbstüberforderung ein Charakteristikum der Partei dar.[36] Sie äußert sich auf der institutionellen Ebene in dem Anspruch, eine Bewegungspartei zu sein und das Prinzp der Basisdemokratie zu verfolgen. Auf die Ziele der Partei bezogen bedeutet Selbstüberforderung, grundlegende Änderungen in allen gesellschaftlichen Bereichen anzustreben.

Der erste Satz des Saarbrücker Programms („Bundesprogramm") von 1980: „Wir sind die Alternative zu den herkömmlichen Parteien." verdeutlicht den Anspruch,

---

[31] Niedermayer/ Stöss (Hg.), 1993, S. 15

[32] Vgl. Poguntke, 1993

[33] Vgl. Raschke, 1993, S. 11, Fußnote 3

[34] Aufgrund der offenen Parteistruktur können auch Nicht-Mitglieder an den genannten Veranstaltungen teilnehmen.

[35] Ders., S. 17

[36] Vgl. Ders., S. 18

sich sowohl inhaltlich als auch organisatorisch von den etablierten Parteien abzugrenzen und als soziale Bewegung zu begreifen.
Aus sozialen Bewegungen der 70er und frühen 80er Jahre entstanden, hat dieser Hintergrund die Identität und das Selbst- und Politikverständnis der Grünen-Partei geprägt. Als Hauptprotestströmungen, die in die Partei auf Bundesebene einmündeten, gelten Umweltprotest, Lebensstilprotest, linker Protest aus der Studentenbewegung und Frauen-/Feministinnenprotest. Hervorzuheben ist, daß die Grünen besonders mit den Bereichen Ökologie, Lebensstil und dem Geschlechterverhältnis neue Dimensionen der Politik auf parlamentarischer Ebene thematisierten.
Zur allgemeinen Charakteristik der Partei läßt sich feststellen, daß sich die formale Organisationsstruktur der Grünen durch Dezentralisierung sowie einen ausgeprägten Föderalismus auszeichnet.[37] Von Anbeginn verfolgten die Grünen einen basisdemokratischen Anspruch, wobei sich ihr Organisationskonzept heute als eine Art Mittelweg zwischen verschiedenen Politikkonzepten beschreiben läßt.
Im Unterschied zu den etablierten Parteien wird den Orts-, Kreis- und Landesverbänden in Fragen des Programms, der Satzung, der Finanzen und der Personalentscheidungen große Autonomie zugestanden. Alle Mitglieder der Partei können an Sitzungen von Arbeitsgruppen, Ausschüssen und Organen teilnehmen. Bis zum Parteitag im April 1991 wurde der Bundesvorstand von drei gleichberechtigten Vorsitzenden geführt; seither sind es zwei, die nach dem rotierenden System gewählt werden. Die Wiederwahl in dasselbe Amt ist nur einmal möglich. Ausdrücklich festgelegt ist weiterhin die Nichtvereinbarkeit von Vorstandsamt und Parlamentsmandat.
Im Gegensatz zu den anderen Parteien haben die Grünen keine untergeordneten Organisationen z.B. in den Bereichen Jugend oder Bildung im traditionellen Sinne. In vielen Bundesländern gibt es neben den Grünen noch Alternative bzw. Grüne Listen. Die Bildung von reinen Frauenlisten ist prinzipiell per Satzung möglich. Im Zuge der Vereinigung von Ost- und Westdeutschland fand eine Fusion mit Bündnis 90 statt.

Im Folgenden wird die Thematisierung des Geschlechterverhältnisses auf innerparteilicher und auf gesellschaftlicher Ebene analysiert. Dabei stehe ich ebenfalls vor dem bereits angesprochenen Problem der mangelhaften Materialbasis und der Schwierigkeit, aufgrund der zahlreichen Strömungen und Gruppierungen innerhalb der Grünen zu verallgemeinernden Aussagen zu gelangen. Da ich vor allem auch auf Interviews, Stellungnahmen und Bilanzierungen von Grünen-Politikerinnen zurückgreifen werde, ist zu berücksichtigen, daß diese nicht frei sind von politischen und ideologischen Richtungskämpfen.

---

[37] Vgl. Penrose, 1993, S. 50

3.2.2 Anfänge und Entwicklung Grüner Frauenpolitik bis 1987

1980 fand in Karlsruhe der Gründungsparteitag der Grünen statt. Von Anbeginn war der Feminismus im weitesten Sinne Bestandteil der Grünen Partei. Besonders über das bunt-alternative Spektrum in den Großstädten fand ein Teil der autonomfeministischen Frauenbewegung Zugang zu den Grünen. Das Interesse der Grünen, eine breite Sammlungspartei zu sein, führte vor allem in der Gründungsphase zu Auseinandersetzungen darüber, welcher Stellenwert der Frauenpolitik beigemessen und welche politische Position in bezug auf Emanzipationsfragen vertreten werden sollten.

Deutlich wurde dieses Spannungsverhältnis vor allem an der Diskussion um den §218 StGB, in der die Feministinnen sich auf das Selbstbestimmungsrecht von Frauen über ihren Körper beriefen, während die sogenannten „Öko-Frauen" und die Konservativen der Partei den „Schutz des (ungeborenen) Lebens" für wichtiger erachteten.

Für die Gründungsphase gilt allgemein, daß frauenpolitische Ziele im Sinne der Feministinnen nur begrenzt durchsetzbar waren, und die Kompromißpolitik der Partei das Verhältnis der Frauenbewegung zu den Grünen strapazierte.

Mit dem Aufbau der Parteiorganisation und dem Einzug der Grünen in Kommunal- und Landesparlamente sowie einer verstärkten Programmarbeit gewann die Frauenpolitik 1983/84 an Profil innerhalb der Partei. Auf der institutionellen Ebene kam dies durch die Einrichtung von Landes- und Bundesarbeitsgemeinschaften zur Frauenpolitik sowie die Ernennung von Frauenreferentinnen zum Ausdruck. Neben Frauenrechten in Frauenstatuten auf Länder- und Bundesebene wurde die innerparteiliche Quotierung durchgesetzt. So beschloß der Parteitag in Hannover 1986 die paritätische Besetzung (50%-Quote) aller Gremien. Außerdem sollten die Wahllisten grundsätzlich alternierend mit Männern und Frauen besetzt werden, die Möglichkeit reiner Frauenlisten wurde allerdings nicht ausgeschlossen.[38] Sowohl die Forderung, den „frauenfeindlichen" §218 StGB zu streichen, als auch die Ausarbeitung eines Programms zur Gleichstellung der Geschlechter fanden nun innerparteilich Konsens.

Verena Krieger schreibt in ihrer politisch-persönlichen Aufarbeitung von zehn Jahren Mitarbeit bei den Grünen zur Durchsetzung der Quotierung 1986, daß diese relativ problemlos verlief: „Die größte Offenheit erfuhren wir von Männern mit 'wertkonservativem' oder unpolitischem Hintergrund."[39] Männer aus linken Gruppierungen dagegen trugen den Beschluß politisch zwar mit, ohne aber besonders enthusiastisch zu reagieren. Der Hintergrund für diese unterschiedlichen Reaktionen auf Seiten der Männer liegt darin, daß die „Wertkonservativen" mit der Steigerung des Frauenanteils besondere Erwartungen an die Frauen knüpften.

---

[38] Vgl. Beschluß des Parteitags der GRÜNEN, 1986, S. 174
[39] Krieger, 1991, S. 52

„Wir sollten nicht nur das menschliche Klima in Vorstandssitzungen gestalten helfen, sondern auch die Utopie vom anderen grünen Politikstil der Realität ein Stück näher bringen."[40]

Tatsächlich herrschte (und herrscht) in der Grünen Partei der Anspruch, eine andere politische Kultur als die der etablierten Parteien zu praktizieren. Dies zeigte sich vor allem an der Thematisierung und Integration sogenannter „privater" Bereiche wie Kinder, Lebensgewohnheiten, Ernährung usw. Die herrschende Form der Machtpolitik sollte durch Argumentation und Toleranz ersetzt werden. Diese Ansprüche ließen sich zwar nicht immer und nicht vollständig in die Realität umsetzen, trotzdem unterschied sich das Klima innerhalb der Grünen wesentlich von dem in linken Organisationen und in den etablierten Parteien.

Diese Erwartungen jedoch hauptsächlich an die Frauen zu stellen, bedeutet nichts anderes, als sie wiederum auf ihre angeblich „weiblichen" Fähigkeiten festzulegen und zu beschränken. Andererseits ist festzuhalten, daß der große Frauenanteil in der Partei maßgeblich dazu beigetragen hat, diesen alternativen Politikstil durchzusetzen. Aufgrund dieser beiden Seiten einer Medaille spricht Krieger kritisch von einer „Beziehungsarbeit im Parteimaßstab"[41], die Frauen geleistet hätten, um zu einer „Feminisierung der Politik" beizutragen, die jedoch nur durch die Arbeit von Frauen und die Aneignung ihres Sozial- und Arbeitsvermögens möglich war.

Als die Grünen 1983 in den Bundestag einzogen, gab es viele Radikalfeministinnen in der Partei. Ihr erklärtes Ziel war, die Arbeit im Bundestag, die sogenannte „Bonner Bühne" zu nutzen, um das gesellschaftliche und politische Bewußtsein für Frauendiskriminierung und -unterdrückung zu stärken und nach Möglichkeit Diskriminierungen abzubauen.[42] Ihr Politikansatz basierte auf der Analyse der patriarchalen gesellschaftlichen Macht- und Herrschaftsstrukturen, die Frauen strukturell benachteiligen.

Ihr Emanzipationsziel beinhaltete die Selbstbestimmung von Frauen nicht nur über ihren Körper, sondern auch über ihre Arbeit und ihre Zeiteinteilung. Ihre Strategie, diesem Ziel näherzukommen, bestand in der konsequenten Vertretung von Fraueninteressen. Hier wurde eine Homogenität der Interessen insofern vorausgesetzt, als sie davon ausgingen, daß alle Frauen gleichermaßen von den patriarchalischen Macht-, Herrschafts- und Ausbeutungsverhältnissen als Unterdrückte betroffen seien.

Die Strategie der Radikalfeministinnen innerhalb der Partei bestand darin, die Eigenständigkeit feministischer Politik und der Feministinnen zu wahren. Die 50%-Quote, ein Frauenstatut und quotierte Redelisten, wonach abwechselnd Männer und Frauen zu Wort kommen, schienen geeignete Mittel dafür zu sein. Das Frauenstatut, das in der Satzung verankert wurde, machte es möglich, daß über frauenrelevante Themen auf Delegiertenversammlungen auf Antrag nur von

---

[40] Dies., S. 53
[41] Dies., S. 55
[42] Vgl. Pinl, 1993, S. 88

Frauen abgestimmt werden konnte.[43] Auf Bundesebene und in den Landesverbänden wurden Frauenreferentinnen eingesetzt.

Nach Einzug in den Bundestag 1983 mit zehn Frauen unter den 28 Abgeordneten forderten die Grünen die Einrichtung eines Frauenausschusses, was jedoch im Bundestag abgelehnt wurde. Daraufhin beschloß die Grüne Fraktion Ende 1983, einen eigenständigen Arbeitskreis „Frauenpolitik" (AK6) einzurichten und damit die Frauenpolitik aus dem Arbeitskreis „Arbeit und Soziales" herauszulösen.

Mit der Einrichtung dieses Arbeitskreises entstanden zwei Probleme, vor denen die Frauenpolitik immer wieder steht, wenn sie ihre Eigenständigkeit behauptet und sich separiert. Erstens konnten die frauenpolitisch interessierten Abgeordneten nur einen begrenzten Teil ihres Engagements in den AK6 einbringen, da sie gleichzeitig auch in anderen Arbeitskreisen tätig waren. Und zweitens zeigte sich sehr bald, daß alle Aspekte zum Thema Frauen nun in den Arbeitskreis „Frauenpolitik" abgeschoben wurden. Damit übernahm er unfreiwillig eine Entlastungsfunktion, während in den anderen Arbeitskreisen, wie zum Beispiel der Ausländerpolitik, weiterhin eine Politik unter Ausblendung frauenspezifischer Fragen oder Probleme betrieben werden konnte.

Trotz dieser Einschränkungen war der Arbeitskreis „Frauenpolitik" politisch sehr aktiv. Hier entstand auch die Idee eines Frauenvorstands, genannt „Feminat". Waltraud Schoppe, Antje Vollmer und Annemarie Borgmann fungierten als Fraktionssprecherinnen, Parlamentarische Geschäftsführerinnen wurden Christa Nickels, Erika Hickel und Heidemarie Dann. Dieser ausschließlich mit Frauen besetzte Vorstand konnte 1984 durchgesetzt werden, war jedoch nicht nur der Initiative des Grünen Feminismus zu verdanken, sondern gestaltete sich auch als ein

> „Überraschungscoup der Fraktionsfrauen in einer Situation sich wechselseitig blockierender Prominenter und Strömungen"[44].

Als Beteiligte betonen Anne Klein und Regina Michalik, daß der Fauenvorstand sehr wohl aus der Initiative der Frauen im Arbeitskreis „Frauenpolitik" entstanden ist. Die Idee basierte auf konkreten Erfahrungen der Abhängigkeit von einem männerdominierten Fraktionsvorstand, besonders wenn es um „Frauenfragen" ging. Als ein Beispiel dafür nennen sie die Auseinandersetzung um die ausreichende finanzielle Ausstattung des Arbeitskreises „Frauenpolitik". Von einem Frauenvorstand dagegen versprachen sie sich eine Lobby für Frauen und Frauenpolitik. Und

> „hinzu kam ein Stück Frechheit, der Gedanke 'Warum-eigentlich (- G.B.) nicht', ein Fünkchen der guten alten Radikalität, erworben und erprobt

---

[43] Vgl. Dies., 1988, S. 85
[44] Raschke, 1993, S. 417

außerhalb dieses 'Hohen Hauses', nämlich in Diskussionen und Aktionen in der autonomen Frauenbewegung."⁴⁵

Die sechs auserwählten Frauen für den Vorstand und die Geschäftsführung hatten kein einheitliches Programm, standen nur teilweise in Kontakt mit dem Arbeitskreis „Frauenpolitik" und waren nicht allesamt Radikalfeministinnen. Dies wissend, knüpfte der AK6 trotzdem bestimmte Erwartungen an das „Feminat".
So wurde zum Beispiel erhofft, daß die Wahl Aufsehen erregen und Frauen ermutigen würde, sich in ihren Organisationen mehr Raum zu verschaffen. Bezogen auf die Öffentlichkeit wurde erwartet, daß die Presse nicht länger frauenpolitische Standpunkte ignorieren könne, da ein Gespräch mit dem nun weiblichen Vorstand der Bundestagsfraktion automatisch ein Gespräch über Frauenpolitik sein würde. Da sich die Frauen als Team zur Wahl stellten, erhoffte sich der Arbeitskreis „Frauenpolitik" eine Signalwirkung gegen Konkurrenz und für eine bessere Zusammenarbeit, um eine gemeinsame politische Strategie über die Strömungen hinweg entwickeln zu können. Außerdem sollte das Frauen-Team es den einzelnen beteiligten Frauen, besonders den Müttern unter ihnen, ermöglichen, ihre politische Arbeit mit ihren jeweiligen Lebensumständen zu vereinbaren.
In bezug auf die Erfüllung der Erwartungen stellen Klein und Michalik fest:

„- es war ein Knalleffekt. In den Wochen danach häuften sich die Meldungen über Wahlen von Frauenvorständen, Quotierungen in verschiedenen gesellschaftlichen Gruppen; Glückwunschtelegramme wie Drohungen, Beschimpfungen und Parteiaustritte erreichten die Fraktion"⁴⁶.

Was den Arbeitskreis „Frauenpolitik" anging, so festigte sich seine Position innerhalb der Fraktion, und Frauenpolitik wurde allgemein häufiger thematisiert als vorher. Insgesamt wurde die Struktur der Fraktion durch das integrative Wirken der Frauen des „Feminats" vorübergehend offener und demokratischer. Es gab jedoch neben diesen – wenn auch geringen – Erfolgen gravierende Enttäuschungen, die die Frauen, die sich für das „Feminat" stark gemacht hatten, hinnehmen mußten.

„Schwerpunkte zu setzen – in diesem Fall Frauenpolitik als Schwerpunkt – heißt immer gleichzeitig, anderes *nicht* zu machen. Der Anspruch, auf alle Ereignisse des Tages, die von öffentlichem oder besser gesagt von Presseinteresse sind, nicht nur etwas, sondern etwas Fundiertes zu sagen und zwar sofort, war praktisch eine Entscheidung gegen den Schwerpunkt Frauenpolitik, die damit Wurmfortsatz der 'großen' Politik blieb."⁴⁷

Enttäuscht äußern sich Klein und Michalik auch dahingehend, daß es den „Feminat"-Frauen nicht gelungen ist, die angestrebte Teamarbeit durchzuführen,

---

45 Klein/ Michalik, 1985, S. 128
46 Dies., S. 129
47 Ebda. Hervorh. i. O.

sie sich stattdessen freiwillig oder unter äußerem Anpassungsdruck am „Profil der Politikmacker der Fraktion" orientierten.

> „Für die Suche nach neuen, 'weiblichen' Formen von Politik – und zwar nicht im Sinne von 'weich', unpolitisch, mütterlich, sondern im Sinne von ihnen eigenen, authentischen Formen – ließen sie sich keinen Raum."[48]

Als Fazit stellen sie fest, daß es zwar keine feministischen Umwälzungen gegeben habe, dafür aber die beteiligten Frauen einen Lern- und Entwicklungsprozeß durchgemacht hätten. Und:

> „Wäre es nicht sogar vermessen, ja dem Politikverständnis von Feministinnen widersprechend, zu erwarten, sechs einzelne Frauen könnten in einem patriarchalen System wie Fraktion oder Bundestag solche Umwälzungen zustande bringen?"[49]

Sie schlagen vor, aus diesem Versuch zu lernen und ein weiteres Mal ein „Feminat" durchzusetzen, das jedoch auf ein vorher erarbeitetes Konzept zur Frauenpolitik und zu alternativen Politikformen zurückgreifen können sollte, um stärker verändernd wirken zu können.[50]

Im Arbeitskreis „Frauenpolitik" wurde also betont, daß es mit einem weiblichen Vorstand nicht automatisch ein frauenpolitisches oder gar feministisches Konzept für die Parlamentsarbeit gebe. Allerdings war auch nicht zu übersehen, daß Frauen politisch gehandelt hatten – und dies sorgte sowohl im Bundestag als auch in der Öffentlichkeit für größere Aufmerksamkeit und Popularität Grüner Frauenpolitik.

Ende 1984 formulierten die Bundestagsabgeordneten Erika Hickel, Gaby Potthast, Waltraud Schoppe und die hessische Landtagsabgeordnete Marita Haibach in einem Gespräch die frauenpolitischen Ziele ihrer parlamentarischen Arbeit.[51] Sie sollen im folgenden exemplarisch vorgestellt werden, um den Politikansatz von Grünen Frauen zu verdeutlichen, die sich der Frauenbewegung verbunden fühlen und sich gleichzeitig für die parlamentarische Arbeit entschieden haben.

Gaby Potthast wollte das Unsichtbare, die Frauen und ihre Unterdrückung, sichtbar machen und dafür das Parlament als Tribüne benutzen, um

---

[48] Dies., S. 130
[49] Ebda.
[50] Die grundsätzliche Frage, inwiefern und inwieweit Feministinnen innerhalb von Institutionen und Organisationen strukturverändernd wirken können, bleibt damit meiner Meinung nach unbeantwortet. Im letzten Kapitel meiner Arbeit werde ich ausführlicher auf diese Problematik eingehen.
[51] Vgl. Interview in Böttger, u.a., 1985

„die Strukturen dieses Systems zu funktionalisieren. Mit anderen Worten also, den Parlamentarismus als eine Möglichkeit zu begreifen, Öffentlichkeit herzustellen"[52].

Erika Hickel strebte an, die sich ihrer Ansicht nach zu langsam vollziehende Bewußtseinsveränderung in der Gesellschaft durch Öffentlichkeit und das Forum Parlament zu beschleunigen. Gleichzeitig setzte sie auf eine außerparlamentarische Bewegung und plädierte sozusagen für eine Art Doppelstrategie, denn

„ich glaube nicht, daß wir bei dem Machtapparat, mit dem wir es zu tun haben, daß wir den aufbrechen, indem wir ihn ignorieren und indem wir nur auf die Straße gehen. [...] Das Neuartige am Grünen Politikverständnis besteht ja gerade darin, daß wir verschiedene Wege parallel gehen, auf der Straße und im Parlament, zum gleichen Ziel"[53].

Waltraud Schoppe hatte vor allem das Ziel vor Augen, feministische Forderungen in Gesetzesentwürfe und parlamentarische Initiativen umzuarbeiten. Zwar stellt sie am Beispiel eines Strafgesetzes zu Vergewaltigung in der Ehe fest, dieses Gesetz sei nichts anderes als eine Reparatur, doch könne es als moralische Instanz wirken und möglicherweise betroffenen Frauen helfen.

Marita Haibach formulierte ihre Erfahrungen als hessische Landtagsabgeordnete:

„Ich bin anfangs auch mit dem Glauben ins Parlament gegangen, ein Forum für Bewußtseinsveränderungen zu haben. Ich habe aber gemerkt, das läuft sich sehr schnell tot."[54]

Sie wollte außerdem die parlamentarischen Arbeitsformen verändern und sieht hier erste Erfolge bei den Grünen, zum Beispiel das Rotationsprinzip. Auch sie wünschte sich eine Zusammenarbeit von Parlamentarierinnen und außerparlamentarischen Bewegungen.

Alle vier Politikerinnen betonten jedoch auch, daß sie sich ständig in Widersprüchen und Zerreißproben zwischen der Parlamentsarbeit und der Frauenbewegung befunden hätten. Vor allem Feministinnen außerhalb der Partei kritisierten sowohl die Strategie als auch die formulierten Inhalte, da auf diese Weise die Radikalität der Forderungen der Frauenbewegung verloren ginge. Sie äußerten Bedenken, ob Forderungen auf Partei-, Parlaments- und Regierungsebene überhaupt zu übertragen seien.

Ein weiterer Vorwurf richtete sich auf das hinter dieser Strategie und den genannten Zielen durchscheinende, als naiv bezeichnete Staatsverständnis der Politikerinnen, das den Staat als eine quasi neutrale Maschinerie ansehe und die vielfältigen Verflechtungen mit Kapitalinteressen und patriarchalen Verhältnissen nicht berücksichtige.

---

[52]   Dies., S. 132
[53]   Dies., S. 134
[54]   Dies., S. 135

Gewarnt wurde auch vor einer Vereinnahmung und damit Schwächung der Frauenbewegung, denn auf parlamentarischer Ebene seien zwar geringe Verbesserungen für Frauen zu erreichen, keinesfalls aber die Aufhebung der geschlechtlichen Arbeitsteilung und der Frauendiskriminierung im Privaten und Öffentlichen.
Auch von den Politikerinnen selbst wurde Kritik an der Umsetzung dieses Modells geäußert, aber auf die Frauenbewegung bezogen, der sie vorwarfen, daß sie es versäumt habe, die Grünen für ihre Interessen einzuspannen. Als Vorbild, wie dies hätte geschehen können, wurden die „Grauen Panther" genannt, die eine Art „Sprachrohr-Vertrag" mit den Grünen im Bundestag geschlossen hatten. Danach verpflichtete sich die Fraktion, die Forderungen der Alten-Organisation im Parlament zu vertreten und unkommentiert an die Öffentlichkeit zu bringen.

Das Ringen um ein frauenpolitisches Selbstverständnis in der Grünen Partei zeigte sich auch auf dem ersten bundesweiten Kongreß im Oktober 1986 zum Thema „Frauen und Ökologie". Die Organisatorinnen erklärten zu ihrem Selbstverständnis als Grüne Politikerinnen, daß es darum gehe,

> „die vorhandenen finanziellen und organisatorischen Möglichkeiten einer Parlamentsfraktion auch in Zusammenarbeit mit der autonomen Frauenbewegung zu nutzen"[55].

Sie ernteten wiederum den Vorwurf, die Frauenbewegung zu vereinnahmen. Insgesamt zeichneten sich auf diesem Kongreß drei frauenpolitische Strömungen ab, die seit den Anfängen der Partei zwar vorhanden gewesen waren, aber zunehmend an Kontur gewannen.
Der erste Ansatz läßt sich als Antidiskriminierungs- oder Gleichstellungspolitik bezeichnen. Er basiert auf der Analyse der strukturellen und personalen Macht- und Gewaltverhältnisse in der patriarchalen Gesellschaft und strebt die Aufhebung der geschlechtsspezifischen Arbeitsteilung und der ungleichen Chancen- und Machtverteilung zwischen den Geschlechtern an. Er ist damit dem Prinzip der Gleichheit verpflichtet.
Der zweite sich abzeichnende Ansatz grenzt sich von den oben genannten Bestrebungen nach Gleichheit ab und hat eine „ökofeministische Gesellschaft" zum Ziel, die auf Subsistenzarbeit beruhen soll. Die Vertreterinnen dieses Ansatzes lehnen Forderungen nach Gleichstellung der Geschlechter im Erwerbsarbeitsbereich ab, da sie darin mehr Schaden als Nutzen für Frauen sehen. Sie fordern dagegen, die Begriffe „Glück", „Freiheit" und „Bedürfnisse" neu zu definieren und den weiblichen Lebenszusammenhang stärker in den Mittelpunkt zu rücken. In diesem Ansatz kommt das Prinzip der Differenz zum Tragen, das von gesellschaftlich produzierten Unterschieden der Geschlechter ausgeht (einige Vertreterinnen begründen die vorfindbaren Unterschiede auch in der Biologie). Diese, den Frauen zugeschriebenen Fähigkeiten sollen nicht eingeebnet, sondern

---

[55] Die Grünen im Bundestag/ AK Frauenpolitik, 1987, S. 8

um- und aufgewertet werden, weil sie zum Umbau der Gesellschaft in eine ökofeministische unerläßlich seien.
Der dritte sich auf dem Kongreß abzeichnende Ansatz kam aus der Praxis. Er basierte auf den konkreten Lebenserfahrungen von Müttern und wird noch heute unter dem Stichwort „Mütterpolitik" zusammengefaßt. Die Vertreterinnen des „Mütter-Ansatzes" beklagten, daß die bisherige Grüne Frauenpolitik die Lage von Müttern nicht berücksichtige.
Auch sie lassen sich dem Differenz-Ansatz zuordnen, da sie die „mütterlichen" Tätigkeiten und Fähigkeiten von Frauen aufgewertet und in ein neues Frauenemanzipationsbild eingebracht wissen wollten. Sie grenzten sich von den sogenannten „Nicht-Müttern" ab, ohne jedoch ein neues Frauenbild und emanzipatorische Vorstellungen über die entsprechende Umgestaltung der Gesellschaft vorlegen zu können. Dieser Mangel wurde ein Jahr später auf einem „Mütter-Kongreß" mit der Ausformulierung eines „Müttermanifests" beseitigt. Spätestens hier zeigte sich, daß die von Beginn an sich abzeichnenden Konflikte und unterschiedlichen Positionen sich zuspitzten. Die

> „radikale Gleichstellungspolitik, vor allem auch im Erwerbsarbeitsbereich, und die Abschaffung der geschlechtsspezifischen Arbeitsteilung sind nicht mehr Konsens aller grünen Frauenpolitikerinnen im Parlament"[56].

Diese verstärkte Ausdifferenzierung Grüner Frauenpolitik zwischen 1984 und 1986/87 hat mehrere Ursachen. Einerseits formierten sich die allgemeinen innerparteilichen Strömungen seit 1984 und gewannen an Einfluß. Die Grünen Feministinnen gerieten damit zunehmend in den Konflikt, sich innerparteilich politisch einer Strömung zuzuordnen oder eine eigene feministische Strömung aufzubauen, was jedoch nur von wenigen Frauen befürwortet wurde.
Andererseits war die ideologische Ausdifferenzierung des Grünen Feminismus ein Ergebnis der Ausdifferenzierung der Frauenbewegung und der vermehrten und vertieften Erkenntnisse über die gesellschaftliche Situation von Frauen, zu denen vor allem die Frauenforschung beigetragen hatte. Diese ideologische Ausdifferenzierung führte nicht unbedingt zu einer größeren Toleranz unter den Frauen. Es kam stattdessen zu gegenseitigen und zum Teil harten Abgrenzungen.
Ein weiteres Moment der Ausdifferenzierung Grüner Frauenpolitik zwischen 1984 und 1986/87 basiert auf den zahlreichen Politikerfahrungen, die in diesen Jahren gemacht worden waren. Sowohl die Aufbruchstimmung der Frauen als auch die Verunsicherung auf Seiten der Grünen Männer hatten sich gelegt. Denn im Zuge der Etablierung als Partei und der Regierungsbeteiligung (in Hessen) hatte ein Anpassungsprozeß an die etablierten Politikformen eingesetzt, der auch die Grünen Frauen erfaßte. Dieser Prozeß wird von Pinl wie folgt charakterisiert:

> „Man (vor allem aber auch: frau) ist bemüht zu funktionieren, die parlamentarischen Regularien werden nicht in Frage gestellt, in Ausschußsitzungen geht man möglichst gut vorbereitet, JuristInnen haben Konjunktur in der

---

[56] Pinl, 1988, S. 88

Fraktion. Die früher vehement kritisierte Unkultur der anderen Parteien oder der eigenen Politmacker wie Schily oder Fischer – Ehrgeiz, Konkurrenz, Profilierungssucht und das Schielen nach den Medien – hat auch die grünen Parlamentarierinnen befallen."[57]

Der innere Zerfall des ursprünglich feministischen Konsenses schlug sich auf der organisatorischen Ebene vorerst nicht nieder. Im Gegenteil, die Fraktion hatte zu der Zeit mit 25 weiblichen Abgeordneten im Bundestag ihre 50%-Quote sogar übererfüllt, und der Arbeitskreis „Frauenpolitik" besaß mit drei wissenschaftlichen Mitarbeiterinnen, einer Sachbearbeiterin und einem jährlichen Etat von rund 100.000 DM erstmals eine solide organisatorische Basis. Aber die Frauenpolitikerinnen stellten eine Minderheit in der Fraktion – und dazu noch eine uneinige – dar, so daß sich die Chancen für die Durchsetzung feministischer Forderungen verringerten.

Die bis Mitte der 80er Jahre mehrheitlich von Grünen Feministinnen vertretene Emanzipationsstrategie war die der radikalen Gleichstellungspolitik, die neben der gleichen Chancen- und Machtverteilung zwischen den Geschlechtern vor allem die Aufhebung der geschlechtsspezifischen Arbeitsteilung zum Ziel hatte. Das heißt, es ging über die formale Gleichberechtigung hinaus auch um eine Umgestaltung des Verhältnisses von Produktions- und Reproduktionsarbeit.

Daraus ergaben sich konkrete Maßnahmen wie Quotierung und die rechtliche Festschreibung, daß Männer die Hälfte der Reproduktionsarbeit übernehmen. Die von den Grünen Feministinnen vertretene Gleichstellungspolitik fand in dem Entwurf eines „Gesetzes zur Aufhebung der Benachteiligung von Frauen in allen gesellschaftlichen Bereichen", dem sogenannten „Antidiskriminierungsgesetz" (ADG), seinen prägnantesten Ausdruck.

Ein Jahr lang hatte die Bundes-Frauenarbeitsgemeinschaft zusammen mit Juristinnen an dem Entwurf gearbeitet. Im Herbst 1985 wurde er gemeinsam mit dem Arbeitskreis „Frauenpolitik" der Grünen im Bundestag vorgelegt. Der Entwurf war ausschließlich von Frauen geschrieben und mit Grünen und autonomen Frauen diskutiert worden.

Allerdings war die Idee eines ADG nicht neu und stammte auch nicht von den Grünen. 1982 hatte die noch amtierende sozialliberale Koalition eine Expertenanhörung zu dem Thema durchgeführt, die aber aufgrund unterschiedlicher Einschätzungen hinsichtlich der Notwendigkeit eines ADG zur Folge hatte, daß das Vorhaben wieder fallengelassen wurde.

Beim Ausarbeiten ihres Entwurfs griffen die Grünen Frauen sowohl auf diese Diskussion zurück, nahmen insbesondere aber auch Forderungen der autonomen Frauenbewegung auf, die jene aus jahrelanger praktischer Arbeit in Notrufgruppen, autonomen Frauenhäusern, Prostituiertengruppen usw. entwickelt hatten.[58] Den Verfasserinnen ging es vor allem darum, mit dem Entwurf Unterstützung bei Frauen zu finden, weshalb er weder dem Parteivorstand noch der

---

[57] Ebda.
[58] Vgl. Krieger, 1987, S. 147

Bundestagsfraktion zum „Absegnen" vorgelegt wurde, bevor sie ihn im Bundestag einreichten. Da sich die Bearbeiterinnen nicht in der Lage sahen, die Aufgabenstellung eines alle Lebensbereiche von Frauen umfassenden ADG zu leisten, setzten sie die Schwerpunkte auf Erwerbsarbeit, Familie und Sexualität. Insgesamt kommt dem ADG eine kompensatorische Funktion zu, es soll so lange Bestand haben, bis die reale Gleichstellung der Geschlechter hergestellt und damit dem Verfassungsgrundsatz Art. 3 Abs 2. GG entsprochen wurde.

Das ADG besteht aus der sogenannten „Generalklausel", die mit ihren sieben Artikeln die Grundlage des Gesetzes bildet, und dem sogenannten „Quotierungsgesetz". In der „Generalklausel" wird der Gleichberechtigungsauftrag des Grundgesetzes präzisiert und sowohl den staatlichen Instanzen als auch allen Privatpersonen ein Diskriminierungsverbot und Gleichstellungsgebot auferlegt. Art. 1 Abs. 1 lautet entsprechend:

> „Die Ungleichbehandlung und Diskriminierung einer Frau aufgrund ihrer Geschlechtszugehörigkeit ist unzulässig."[59]

Absatz 2 enthält eine Definition von Ungleichheit, die vorliegt,

> „wenn eine Frau aufgrund ihres Geschlechtes oder ihrer Gebärfähigkeit benachteiligt und weniger gefördert wird als ein Mann"[60].

Absatz 3 definiert Diskriminierung. Diese liegt vor, wenn Frauen aufgrund ihres Geschlechts oder ihrer Lebensform durch private oder juristische Personen oder öffentliche Träger auf ihren Körper oder ihre Gebärfähigkeit reduziert, auf geschlechtsspezifische Rollenbilder festgelegt oder Frauenkörper als Werbeträger benutzt werden.

Artikel 2 sieht die Beteiligung und Einflußnahme von Frauen in allen gesellschaftlichen Bereichen vor. Um dies zu erreichen, sind Frauen zu bevorzugen und entsprechende Fördermaßnahmen zu ergreifen. Dazu gehört die Aufhebung der geschlechtsspezifischen Arbeitsteilung in Gesellschaft und Familie und die gleiche Verteilung der privaten Reproduktionsarbeit auf Männer und Frauen.

Artikel 3 bestimmt die Quotierung der Erwerbsarbeits- und Ausbildungsplätze sowie aller Funktionen und Ämter zu mindestens 50% zugunsten von Frauen. Nähere Bestimmungen zur Durchführung sind im „Quotierungsgesetz" ausgeführt.

Artikel 4 fordert die geschlechtsbezogene Überarbeitung der deutschen Amts-, Gerichts- und Gesetzessprache. Vereinen und Verbänden, die für die Bekämpfung der Frauendiskriminierung eintreten, wird in Artikel 6 ein Verbandsklagerecht eingeräumt.[61] Und in Artikel 7 wird der Gesetzgeber aufgefordert, alle den Artikeln 1-4 widersprechenden Gesetze und Rechtsnormen entsprechend zu

---

[59] Vorläufiger Entwurf eines Antidiskriminierungsgesetzes (1985), 1987, S. 171, (ADG)
[60] Ebda.
[61] Vgl. ADG, S. 172

ändern. Die Institution der Frauenbeauftragten sorgt für die Durchführung und Überwachung dieses Gesetzes.[62]

Den zweiten, umfangreicheren Teil des ADG bildet das sogenannte „Quotierungsgesetz" mit seinen 19 Paragraphen, das hier jedoch nicht vollständig ausgeführt werden soll. Durchgängig ist die Maßgabe, Ausbildungsstellen, Erwerbsarbeitsplätze und Leitungsfunktionen zu mindestens 50% mit Frauen zu besetzen.[63] Außerdem sind die Aufgaben und Kompetenzen von Frauenbeauftragten näher bestimmt, so zum Beispiel die Kontrolle der Durchsetzung der Gesetzesziele (§6 Abs. 1) und die Initiierung von Fort- und Weiterbildungsveranstaltungen (§6 Abs. 2). In allen Behörden und Dienststellen des öffentlichen Dienstes sollen Frauenförderpläne erstellt werden (§12). Eine entsprechende Soll-Bestimmung für die Privatwirtschaft enthält §15.[64] §17 knüpft die Vergabe von Aufträgen, Subventionen, Zuschüssen und Krediten aus Bundesmitteln an private und juristische Personen daran, daß diese Frauenförderprogramme vorweisen und einhalten.

Die Verfasserinnen des ADG waren sich durchaus bewußt, daß die Erwartungen an die Quotierung und die damit angestrebten Veränderungen zugunsten von Frauen nicht zu hoch angesetzt werden sollten. Doch erhofften sie sich eine Ermutigung für Frauen und die Eröffnung von Perspektiven für ein materiell selbständiges Leben.

Das generelle Ziel der Grünen ist, daß Menschen ihre Lebensformen frei und selbstbestimmt wählen können, ohne daß sich aus der Wahl Nachteile ergeben. Dieses Ziel wird im ADG frauenpolitisch konkretisiert und zielt auf eine Gleichstellung der Geschlechter, die es Frauen ermöglicht, neue Lebensentwürfe auszuprobieren, ohne benachteiligt zu werden oder finanziell von Männern abhängig zu sein. Der Schwerpunkt des Entwurfs liegt deshalb im Bereich der Erwerbsarbeit.

Doch was kann ein Antidiskriminierungsgesetz politisch real bewirken? Auch hier war von vornherein klar, daß es an zahlreiche Grenzen stößt und den politischen Kampf um Abschaffung der Frauendiskriminierung nicht ersetzen, vielleicht aber fördern kann.

Aus der autonomen Frauenbewegung kam zum Teil der Vorwurf, das ADG wäre zu sehr auf den Staat fixiert und würde die Frauenbewegung verstaatlichen. Aber auch unter den Grünen Feministinnen wurde das ADG nicht als Allheilmittel gegen die Frauenunterdrückung gepriesen, sondern lediglich als ein nützliches Element feministischer Politik betrachtet, zu dem weitere Elemente durch die Frauenbewegung mit ihren Forderungen, Aktionen und außerinstitutionellen Projekten beigetragen werden sollten.

Das ADG wurde als ein nützlicher Baustein deshalb bezeichnet, weil es die Frauendiskriminierung ausdrücklich und ausführlich thematisierte, Forderungen

---

[62] Vgl. Art. 5 ADG, Ebda.
[63] Vgl. ADG, S. 172/ 173
[64] Vgl. ADG, S. 174

der Frauenbewegung bündelte und „realpolitische" Schritte aufwies, die sowohl zügig umsetzbar wären und gleichzeitig längerfristige Gesellschaftsveränderungen, wie den Abbau der geschlechtsspezifischen Arbeitsteilung, beinhaltete.

Vorläufig kann festgehalten werden, daß die Feministinnen bei den Grünen bis 1984 eine Gruppe unter vielen waren, die sich, ohne besonderen Einfluß auszuüben, am Aufbau der Parteiorganisation und Programmarbeit beteiligten. Die Grünen Frauen verfügten zwar schon sehr früh über herausragende Sprecherinnen wie z.b. Manon Maren-Grisebach und Marieluise Beck-Oberdorf, in den wichtigen Parteipositionen dominierten jedoch die Männer. Eine Bestimmung des Statuts von 1980 sah zwar vor, daß Ämter und Mandate geschlechtsparitätisch zu besetzen seien, doch war dies eine Soll- und keine Muß-Bestimmung. In der tatsächlichen Besetzungspolitik kamen Frauen selten über den Anteil eines Drittels hinaus. Dies entsprach zwar ihrem Anteil an den Parteimitgliedern, erfüllte aber nicht den Anspruch der Grünen, Frauen in der Politik nicht zu benachteiligen. So waren in der Bundestagsfraktion der Grünen von 1983 zehn von 28 Abgeordneten weiblichen Geschlechts. Nach der Zweijahresrotation veränderte sich die Relation zum Vorteil der Männer. In der Fraktionsführung dagegen standen zwei Männer vier Frauen gegenüber.
In den Landtagsfraktionen verfügten die Frauen bis 1986 über ein Viertel der Mandate, 1986 stieg ihr Anteil auf 52%. Im Bundesvorstand kamen die Frauen zwischen 1981 und 1984 auf durchschnittlich ca. 36%. Im Februar 1986 dagegen überwog der Frauenanteil mit sechs Frauen gegenüber fünf Männern.
Eine Erhebung der Bundes-Frauenreferentin für 1986 ergab, daß sich der Frauenanteil in den Kreisvorständen auf 37% belief, 44% Frauenanteil konnten für die Landesvorstände und 41% für die geschäftsführenden Landesvorstände registriert werden. Die Kassiererposition war durchweg männlich besetzt.
Zu einem Erstarken des grünen Feminismus zwischen 1983 und 1986 trugen vor allem die Landes- und Bundesarbeitsgemeinschaften der Frauen bei. Sie

> „waren Orte thematisch konzentrierter und kontinuierlicher feministischer Programmarbeit, sie hatten auch beachtliche Mobilisierungseffekte, koordinierten und kanalisierten die frauenpolitische Willensbildung. Sie waren die legitimen und repräsentativen Organe 'der' grünen Frauen."[65]

Die Grünen Frauen hatten sich mit diesen Arbeitsgruppen auf Kreis-, Landes- und Bundesebene einen eigenen organisatorischen Rahmen geschaffen, der die Gruppenidentität der Frauen förderte und eine kontinuierliche Programmarbeit ermöglichte. Unter den Grünen Feministinnen bestand Übereinstimmung dahingehend, daß sie sich sowohl zur Frauenbewegung als auch zu den Frauen als diskriminiertem Geschlecht in der Gesellschaft rechneten. Daraus ergab sich ihr Anspruch, sich organisatorisch und inhaltlich nicht von der Frauenbewegung abzukoppeln.

---

[65] Raschke, S. 418

Die zu der Zeit aktuellen Themen wie die Abschaffung des §218 StGB und Quotierung, die sowohl innerhalb als auch außerhalb von Institutionen und Organisationen diskutiert wurden, wirkten vereinigend und stärkten den feministischen/frauenpolitischen Gruppenansatz. Die sich abzeichnenden Differenzen unter den Frauen konnten bis 1986 unter anderem deshalb noch in eine gemeinsame Strategie integriert werden, weil sowohl die Quotierung und die Verankerung von besonderen Frauenrechten in der Parteisatzung als auch der Entwurf des Antidiskriminierungsgesetzes über die bloße Gleichstellung der Geschlechter hinaus als ein Schritt in Richtung einer feministischen Gesellschaftspolitik und -veränderung interpretiert wurden.

Dann jedoch brachen die Strömungskonflikte auch im Grünen Feminismus auf. Dies zeigte sich bereits auf der ersten Bundesfrauenkonferenz im Streit über eine Regierungsbeteiligung der Grünen in Hessen. Noch ging es nicht explizit um die Emanzipationsansätze „Gleichheit" oder „Differenz", sondern um die Frauenpolitik-Strategie der „Radikalität" oder „Realpolitik". Es zeichneten sich jedoch bereits die Konfliktlinien, die 1987 in der Auseinandersetzung um das „Müttermanifest" offen ausbrechen sollten, ab.

3.2.3 Der innerparteiliche Streit um das „Müttermanifest" (1987) und seine Folgen für die Grüne Frauenpolitik

Am 22./23. November 1986 fand in Bonn-Beuel der Kongreß „Leben mit Kindern – Mütter werden laut" statt. Er wurde organisatorisch und finanziell von den Grünen vorbereitet und unterstützt. Hintergrund für diesen Kongreß war u.a. das 1986 in der Grünen Partei ausgearbeitete und diskutierte Antidiskriminierungsgesetz (ADG), das nicht bei allen Frauen gleichermaßen Zustimmung fand. Insbesondere einige Mütter unter ihnen kritisierten am ADG, daß es auf den Erwerbsbereich zentriert sei und die Lage von Frauen mit Kindern nicht berücksichtige. Eine führende Vertreterin dieses „Mütteransatzes" war Gisela Erler.[66]

Im Februar 1987 wurde auf dem Nachbereitungstreffen zum Mütterkongreß das sogenannte „Müttermanifest" mit dem Untertitel „Leben mit Kindern – Mütter werden laut" verabschiedet. Damit erfuhr der schon länger schwelende Konflikt zwischen den verschiedenen Strömungen der Grünen Frauen eine bis dahin nicht gekannte Zuspitzung in der ideologischen Auseinandersetzung um die zukünftige Ausrichtung Grüner Frauenpolitik. Bevor ich im einzelnen auf die Konfliktlinien zwischen den Frauen zu sprechen komme, möchte ich kurz das „Müttermanifest" in seinen Kernaussagen vorstellen.

In der ersten Zielsetzung heißt es: „Wir wollen alles! Wir Mütter wollen mitgestalten! Wir wollen mitentscheiden – überall!"[67] Einleitend wird festgestellt, daß nun die Zeit für eine neue Frauenbewegung reif sei, die sich auch für die Wirk-

---

[66] Zu weiteren Vertreterinnen vgl. Unterzeichnerinnen des „Müttermanifests", 1987, S. 5
[67] Dass., S. 7

lichkeit und Wünsche von Müttern einsetzt. Gleichzeitig sollen Mütter sich selbst vertreten und Raum für sich und ihre Kinder einfordern. Denn es wird davon ausgegangen, daß

> „Mütter ganz und gar grundsätzliche Veränderungswünsche an die Strukturen von Familie, Nachbarschaft, Beruf, Öffentlichkeit und Politik haben"[68],

die in den bisherigen Emanzipationskonzepten nicht zum Tragen gekommen seien. Deshalb fordern die Verfasserinnen eine grundsätzliche Umorientierung, die es Müttern erlaubt, ihre eigenen Lebensentwürfe zu leben.

> „Was ansteht, ist nicht mehr und nicht weniger als die Schaffung einer mütter- und kinderfreundlichen Öffentlichkeit, einer öffentlichen Wohnstube, eines nachbarschaftlichen Kinderzimmers, einer Überwindung der engen Familiengrenzen"[69].

Der Slogan „motherhood is beautiful" könnte ihrer Ansicht nach die Grundlage für ein neues Selbstverständnis von Müttern sein, da Mutterschaft nicht nur eine bestimmte Lebensphase von Frauen, sondern auch ihre Identität präge. Ihr Zugang zu Politik und Gesellschaftsveränderung finde über das Muttersein statt, durch das sie für gesellschaftliche Probleme sensibilisiert seien und für Umgestaltungsmöglichkeiten Kompetenz erlangten.

Den Radikalfeministinnen, die den Emanzipationsansatz Gleichheit vertreten, werfen sie die Reduktion auf Quotierung, Recht auf Abtreibung und Erwerbsarbeit vor, was sich im Entwurf des Antidiskriminierungsgesetzes zeige. Maßnahmen zur Überwindung der geschlechtsspezifischen Arbeitsteilung reichten für eine wirkungsvolle Politik für Mütter nicht aus. Es gelte daher,

> „das Ghetto der Nichtmütter wie auch das Aquarium der Karrierefrauen zu verlassen und eine neue Debatte über einen erweiterten, ökologischen, zukunftsweisenden Emanzipationsbegriff zu führen"[70].

Sie fordern entsprechend eine Aufwertung des Status der Mütter und schlagen ein Frauen-Emanzipationsbild vor, das auch die Inhalte der traditionellen Frauenrolle beinhaltet. Hierzu zählen zum Beispiel die Versorgung von Kindern und alten Menschen, das Wahrnehmen sozialer Bezüge und das Hinterfragen männlich dominierter Normen und Sachzwänge. Diese „weiblichen" Werte sollten sowohl sozial und politisch als auch finanziell Anerkennung finden.

---

[68] Dass., S. 5
[69] Ebda.
[70] Dass., S. 6

An der Konzeption dieses Frauenbildes und der politischen Emanzipationsstrategie des Aufwertens „weiblicher" Fähigkeiten und Tätigkeiten wird deutlich, daß das „Müttermanifest" im Differenz-Ansatz wurzelt.[71]

Als konkrete Zielvorstellungen ergeben sich aus diesem Ansatz beispielsweise die Forderung nach Entlohnung der Betreuungsarbeit und nach einer Infrastruktur, die sich an den Bedürfnissen von Müttern orientiert, wie Kinderbetreuung in Behörden und Kaufhäusern, Kantinen und Mütterzentren.

Auf die Arbeitswelt bezogen fordern die Mütterpolitikerinnen eine neue Offenheit, die herbeigeführt werden soll durch Arbeitszeitverkürzung, Teilzeitarbeit, Aufhebung von Altersgrenzen und Rückkehrmöglichkeiten in alle Berufe. Weiterhin fordern sie einen Grundlohn für Frauen, gleichen Lohn für gleichwertige Arbeit und eine Aufwertung von traditioneller Frauenarbeit.

Durch Quotierung im Erwerbsbereich (und in der Politik) werden ihrer Meinung nach die kinderlosen Frauen gegenüber den Müttern bevorzugt.[72] Daher fordern sie Quoten, die Mütter anteilsweise berücksichtigen: „50-70% aller qualifizierten Frauenarbeitsplätze für Mütter!"[73]

Für den Bereich des politischen Lebens, besonders auch innerhalb der Grünen Partei, verlangen sie, daß Arbeitsformen und Inhalte an den Interessen von Müttern ausgerichtet sind. Dazu zählen sie zum Beispiel politikfreie Wochenenden, kürzere Sitzungszeiten mit Kinderbetreuung und mütterzentrierte Inhalte.

Ihr Emanzipationsziel, das auch Männer einschließt, lautet:

> „Wir wollen eine lebenswerte und liebenswerte Mischung aus Hauswirtschaft, Nachbarschaft, aus qualifizierten Berufen, aus eigenem Geldverdienen und der Möglichkeit, anderen zu helfen."[74]

Mütter und Mütterlichkeit seien nicht nur die Trägerinnen der zukünftigen Gesellschaft, sondern die Voraussetzungen für das Überleben des Planeten.

> „Ein weiterer Raubbau an der gesellschaftlichen Mütterlichkeit hat aber ebenso bedrohliche Konsequenzen wie der Raubbau an den natürlichen Grundlagen."[75]

Innerhalb der Grünen fordern sie daher, eine Arbeitsgemeinschaft Mütter einzurichten und zusätzlich mit Seminaren, Kongressen und Publikationen die Selbstorganisation von Müttern zu unterstützen.

---

[71] Darüber hinaus läuft es Gefahr, die konservative Familien- und Frauenpolitik zu stärken. Vgl. hierzu Brüssow, 1993, wo ein Vergleich des „Müttermanifests" mit den CDU-„Leitsätzen für eine neue Partnerschaft zwischen Mann und Frau" von 1985 vorgenommen wurde.

[72] Diese Polarisierung findet sich tatsächlich im „Müttermanifest".

[73] „Müttermanifest". S. 7

[74] Dass., S. 8

[75] Ebda.

Dieser Forderung wurde auf der Bundesdelegiertenkonferenz der Grünen vom 1.-3. Mai 1987 in Duisburg stattgegeben – allerdings nur mit knapper Mehrheit und und vor allem gegen den Willen der radikalfeministisch dominierten Bundesarbeitsgemeinschaft (BAG) Frauen. Die „Müttergruppe" wurde als Unterarbeitsgruppe (UAG) „Mütterpolitik" der BAG Frauen zugeordnet, hatte aber eine eigene Sprecherin und war finanziell autonom.[76]

Der Konflikt, der im „Müttermanifest" seinen Ausdruck fand, erschöpfte sich nicht in der Auseinandersetzung von Müttern mit Nichtmüttern. Vielmehr läßt er sich als genereller Konflikt über die Richtung des Grünen Feminismus beschreiben und erklären.

Entsprechend wurde die „Mütterpolitik" vor allem auch von Frauen unterstützt, die sich dem Flügel der Realpolitik innerhalb der Grünen zurechneten, der reformorientierter war als der Flügel der Fundamentalpolitik. Radikalfeministinnen, die sich vor allem letzterem zugehörig fühlten, lehnten den Politikansatz des „Müttermanifests" nahezu durchgängig ab.

Die Reala-Führerin Waltraud Schoppe dagegen versprach sich von der Mütterbewegung eine politische Kraft innerhalb der Grünen und forderte in einer Presseerklärung, daß die Partei eine neue frauenpolitische Standortbestimmung vornehmen müsse.[77] Auch der Emanzipationsbegriff Grüner Frauenpolitik müsse neu definiert werden.

In der 1988 veröffentlichten „Stellungnahme grüner Frauen zum Müttermanifest"[78] wird eine weitgehende Übereinstimmung der von den Müttern angesprochenen Probleme mit Positionen der Grünen Feministinnen festgestellt. Dazu zählen zum Beispiel die Forderungen nach Arbeitszeitverkürzung, Ausbau von Kinderbetreuungseinrichtungen, Abschaffung der Ehe als einzig legitimierte und privilegierte Lebensform usw.

> „So viele Gemeinsamkeiten es auf der Ebene konkreter Forderungen zwischen den Unterzeichnerinnen des Müttermanifests und uns gibt, so wenig kann doch übersehen werden, daß wir sowohl die dahinterstehende Utopie einer künftigen Gesellschaft als auch das Frauenbild selbst in wesentlichen Punkten nicht teilen können."[79]

Quotierung ist für sie nach wie vor eine Voraussetzung für ein eigenständiges Leben von Frauen. Auch das langfristige Ziel der Überwindung der geschlechtsspezifischen Arbeitsteilung bleibt Bestandteil ihrer Gesellschaftsutopie. Eine pauschale und damit unkritische Aufwertung von Mütterlichkeit lehnen sie ab, da dies die traditionelle Frauenrolle stärken würde.

---

[76] Vgl. Pinl, 1987, S. 113
[77] Vgl. Dies., 1993, S. 93
[78] In: Beck-Oberdorf, u.a. (Hg.), 1988, S. 125-128
[79] Stellungnahme, S. 126

„Wir bedauern, daß die berechtigten Anliegen von Müttern in dem Müttermanifest mit einem Frauenbild verknüpft werden, das wir seit Jahren bekämpfen."[80]

Die Hauptgegensätze zwischen den Grünen Feministinnen, die den Politikansatz der Gleichheit vertreten, wie er auch im Entwurf eines Antidiskriminierungsgesetzes zum Tragen gekommen war, und den Mütterpolitikerinnen, die dem Differenz-Ansatz zugeordnet werden können, bestehen im Frauenbild, in der politischen Strategie und im Emanzipationsziel.

Am Beispiel der Erwerbsarbeit und der Existenzsicherung wird deutlich, daß die Grüne Frauenpolitik und das ADG von einem egalitären Menschenbild geleitet waren, demzufolge alle erwerbsfähigen Menschen durch Erwerbsarbeit ihre Existenz eigenständig sichern. Daraus ergab sich die Forderung nach Quotierung und der Anerkennung der unbezahlten Reproduktionsarbeit, die gleichermaßen von Frauen und Männern zu verrichten sei.

Die Mütterpolitikerinnen dagegen räumen der Erwerbsarbeit einen wesentlich geringeren Stellenwert ein und fordern stattdessen die Aufhebung der Diskriminierung der Tätigkeiten im Reproduktionsbereich durch deren gesellschaftliche und finanzielle Aufwertung.

Ein zentraler Konflikt ist der um den Stellenwert der geschlechtsspezifischen Arbeitsteilung. Während in der Grünen Frauenpolitik bis 1987 und im ADG Konsens darüber bestand, daß die Aufhebung der geschlechtsspezifischen Arbeitsteilung die Grundvoraussetzung für ein selbständiges, unabhängiges und selbstbestimmtes Frauenleben und die Überwindung der Geschlechterhierarchie in allen Bereichen ist, so distanzierten sich die Mütterpolitikerinnen von einem solchen Emanzipationskonzept. Als langfristiges Ziel wird es noch befürwortet, als Ausgangspunkt ihrer politischen Strategien, ihres Frauenbildes und ihrer Emanzipationsvorstellungen aber dient die gegebene Arbeitsteilung zwischen den Geschlechtern. Daher fordern sie statt einer gerechten Umverteilung von Haus- und Erziehungsarbeit auf der Grundlage einer radikalen Arbeitszeitverkürzung mit Lohnausgleich die ideelle und materielle Aufwertung der „weiblichen" Betreuungs- und Reproduktionsarbeit.

Während die Grünen Radikalfeministinnen das Problem der Vereinbarkeit von Familie und Beruf zum Beispiel durch den Ausbau von Kinderbetreuungseinrichtungen lösen wollen, schwebt den Mütterpolitikerinnen ein „Leben mit Kindern an der Hand"[81] vor.

Am schärfsten aber verläuft der Konflikt entlang des jeweils zugrunde gelegten Frauenbilds. Während die Radikalfeministinnen das traditionelle Frauenbild bekämpfen, die ökonomische Abhängigkeit der Frauen ablehnen und die geschlechtsspezifische Arbeitsteilung aufheben wollen, fordern die Mütter-

---

[80] Dass., S. 128. Zu den Erstunterzeichnerinnen der Stellungnahme gehören u.a. Marieluise Beck-Oberdorf, Verena Krieger, die Landesarbeitsgemeinschaft Frauen der Grünen in Niedersachsen.

[81] Meiners, 1988, S. 19

politikerinnen gerade die Anerkennung und (auch finanzielle) Aufwertung dieser Rolle.
Die Mütterpolitikerinnen waren zwar mit dem Ziel angetreten, emanzipatorische Werte und Zielvorstellungen neu zu bestimmen, letztendlich aber

> „beruht die 'neue Ethik der Mütter' auf der ökologischen Version eines traditionellen Differenzdenkens"[82].

Im Frauenbild der Radikalfeministinnen sind Vollerwerbstätigkeit, Kindererziehung und Partnerschaft gleichrangig. Eine Vorrangigkeit von Kindererziehung lehnen sie ab, da dies das Einfallstor für die geschlechtsspezifische Arbeitsteilung sei. Die von den Mütterpolitikerinnen propagierte „Mütterlichkeit" stellte von daher die von den Radikalfeministinnen entworfenen Vorstellungen von Frauenidentität, Frauenleben und Emanzipationszielen infrage.
Innerhalb der Grünen Partei wurde der innerfeministische Streit zusätzlich von der politischen Spaltungslinie überlagert, wobei sich die Linke auf die Seite der Radikalfeministinnen stellte, während die Müttergruppe vor allem von Realos Unterstützung erhielt.
Die Unterarbeitsgruppe „Mütterpolitik" ist jedoch nie zu einem einflußreichen politischen Faktor innerhalb der Grünen geworden und konnte sich trotz autonomer Finanzbasis nicht dauerhaft Geltung verschaffen.

> „Insgesamt war dies ein Konflikt, der in seiner ideologischen Form tiefe, bleibende Gräben zwischen den Frauen aufgerissen hat. Die investierten Energien standen in einem grotesken Mißverhältnis zum Ergebnis."[83]

Die Vorstellung, eine feministische Einheit innerhalb der Partei bilden zu können, war damit für die Grünen Frauen endgültig überholt. Es fand auch keine konstruktive inhaltliche Auseinandersetzung über die verschiedenen Positionen statt, so daß der Grüne Feminismus seither stärker als in seiner Anfangsphase von verschiedenen Politikansätzen gekennzeichnet ist.
1989 wurde nochmals versucht, der Grünen Frauenpolitik eine neue Richtung zu geben. Waltraud Schoppe und ihre Mitarbeiterin Gisela Wülffing stellten den Themen der Radikalfeministinnen – z.B. Gewalt gegen Frauen, Frauenunterdrückung, Quotierung – die „Lebenslust" gegenüber.[84] Frauen sollten sich nicht länger als das unterdrückte Geschlecht begreifen, sondern ihre lustvollen Potentiale herausstellen. Sie gingen davon aus, daß Frauen sehr unterschiedliche Lebensmodelle leben und dies der Ansatz für Frauenpolitik sein müsse.

Dieser Politikansatz basiert auf Differenz, und zwar nicht nur Differenz zwischen den Geschlechtern, sondern auch unter Frauen. Die Pluralität der Lebensentwürfe von Frauen wird dabei nicht mehr ursächlich auf die geschlechtsspezifische

---

[82] Runte, 1988, S. 92
[83] Raschke, S. 424
[84] Vgl. Pinl, 1993, S. 94

Arbeitsteilung und ihre privaten wie gesellschaftlichen Ausformungen und Diskriminierungen zurückgeführt. Vielmehr scheinen die Lebensformen von Frauen von ihnen frei und selbstbestimmt gewählt zu sein.
Damit wurde dem Politikansatz und den Emanzipationsvorstellungen des Radikalfeminismus eine noch deutlichere Absage erteilt als mit dem „Müttermanifest".

> „Der neue Emanzipationsbegriff, ein fröhliches Bekenntnis zum Zick-Zack weiblicher Lebensläufe?"[85]

Dieser Differenz-Ansatz wurde innerhalb der Grünen Partei sowohl von Frauen als auch von Männern bereitwillig aufgenommen. Pinl erklärt dies und die damit einhergehende Verdrängung des Radikalfeminismus damit, daß sich die Partei Ende der 80er Jahre von der Fundamentalopposition zur Trägerin von Regierungsverantwortung und -beteiligung gewandelt habe.[86] Das bedeutete für die Grüne Frauenpolitik, daß die radikalfeministische Frauenprogrammatik durch eine „Geschlechterpolitik" ersetzt wurde.
Vertreterinnen des Ansatzes der „Geschlechterpolitik" betonen, daß sich feministische Politikkonzepte immer wieder an den gesellschaftlichen Realitäten, an Veränderungen und neuen Erkenntnissen messen lassen und gegebenenfalls neu definiert werden müssen.

> „Das Konzept einer 'Geschlechterpolitik' versucht, diesem Postulat gerecht zu werden. Es basiert auf der Erkenntnis, daß die geschlechtshierarchische Arbeitsteilung in jedem zu beackernden Politikbereich sichtbar wird und bedient sich der fortschreitenden Ausdifferenzierung feministischer Forschungsergebnisse quer durch die Disziplinen. Dieser Politikansatz ist kein geschlossenes System, sondern eine *Methode*."[87]

Dieser Ansatz sei auch dadurch feministisch, daß er in allen Politikbereichen die Handlungs- und Entscheidungsspielräume von Frauen zu erweitern suche. Allerdings werde dabei dezentral vorgegangen, um die verschiedenen Ansätze zu vernetzen.
Den Radikalfeministinnen werfen die Vertreterinnen der „Geschlechterpolitik" vor, eine zunehmende Verengung ihres politischen Ansatzes zwischen 1984 und 1990 vorgenommen und sich damit von der gesellschaftlichen (Frauen-)Realität entfernt zu haben. Da der radikalfeministische Politikansatz Frauenpolitik als systemoppositionell verstehe, würden sich ihre Vertreterinnen gegen eine „Politik der Vielfalt" wehren und könnten damit auch

> „die Erweiterung von Handlungsspielräumen durch kleine Schritte nicht als nennenswerten Fortschritt anerkennen"[88].

---

[85] Dies., S. 95
[86] Vgl. Ebda.
[87] Beck-Oberdorf/ Kiltz, 1991, S. 94 (Herv. im O.)
[88] Dies., S. 86

Bei der Auseinandersetzung um den „wahren" Feminismus, um Politikansatz und Emanzipationsziel kam es auch zu zahlreichen persönlichen Kränkungen und Verletzungen, die – wie schon im Konflikt um das „Müttermanifest" – ein konstruktives Umgehen mit den unterschiedlichen politischen Standpunkten verhinderten.

Eine der Folgen war, daß die Vertreterinnen des radikalfeministischen Politikansatzes zunehmend an Einfluß verloren. In der Aufstiegsphase des Grünen Feminismus zwischen 1983 und 1986/87 war es der radikalfeministisch dominierten Bundesarbeitsgemeinschaft (BAG) Frauen gelungen, ihren Politikansatz innerhalb der Partei durchzusetzen. So gingen zum Beispiel die Quote oder der Entwurf eines Antidiskriminierungsgesetzes auf Anträge und Programmarbeit der BAG Frauen zurück.

Erstmals scheiterte die BAG Frauen mit ihrem Ansatz, als die Einrichtung der Unterarbeitsgruppe Mütterpolitik gegen ihren erklärten Willen beschlossen wurde. Von da ab wurde auch in Sachen Frauenpolitik die Strategie der Bündnispolitik für Radikalfeministinnen notwendig.

Erfahrungen damit hatten sie schon gesammelt, als es um die Wahlen zum Bundesvorstand ging. Hier reichte eine Empfehlung der BAG Frauen nicht aus, da die feministischen Bewerberinnen ohne Bündnispolitik nicht mehrheitsfähig waren.

> „Durchgesetzt haben sie sich immer über das Ticket der Linken. Anders gesagt: die Kandidatin mußte ebensosehr links wie feministisch sein, um die Unterstützung der Linken zu bekommen."[89]

1984 wurde Regina Michalik erste radikalfeministische Beisitzerin im Bundesvorstand. Ab Februar 1986 bis 1990 waren immer zwei Feministinnen im Bundesvorstand vertreten. Seit 1987 gab es eine Feministin auf der Ebene der Sprecherinnen.

Doch schon die Bundesfrauenkonferenz von 1987 stieß auf geringeres Interesse. Die Landesarbeitsgemeinschaften und die BAG Frauen verloren in den folgenden Jahren zusehends an Einfluß, was Frauen wie Regina Michalik und Verena Krieger zum Austritt aus der Partei veranlaßte.

Die Bundesdelegiertenkonferenz in Neumünster 1991 bedeutete sowohl inhaltlich als auch im Hinblick auf die Postenverteilung einen Einschnitt für die Grüne Frauenpolitik. Inhaltlich entschied sich die Mehrheit der Delegierten gegen radikalfeministische Positionen. Und was den Einfluß von Radikalfeministinnen auf die Parteipolitik betraf, so war zum ersten Mal seit 1984 keine Radikalfeministin mehr im Bundesvorstand vertreten.[90] Da nämlich inzwischen die radikale Linke der Grünen weggebrochen war, fehlte den Radikalfeministinnen in Neumünster ihr wichtigster Bündnispartner, sie konnten ihre Positionen und Kandidatinnen nicht mehr durchsetzen.

---

[89] Raschke, S. 425
[90] Vgl. Ders., S. 431

Raschke führt als Erklärung für die Krise und den Niedergang des Grünen Radikalfeminismus an, daß es den Vertreterinnen unter anderem nicht gelungen sei, ihren Politikansatz ohne ideologische Gefechte und Polarisierungen zu vertreten. Nachdem sie ihre Themen wie Quotierung, Gewalt gegen Frauen und Streichung des §218 StGB auf Parteiebene durchgesetzt hatten, waren sie gegenüber neuen Themen nicht aufgeschlossen, reagierten eher ratlos und verloren an Mobilisierungskraft.

Zwar gelang es ihnen, auf dem ersten Feministischen Ratschlag im März 1989 bundesweit ca. 60 Frauen und auf dem zweiten im November 1990 ca. 100 Frauen zusammenzubringen. Dies könne man aber nicht als Aufschwung des Radikalfeminismus innerhalb der Grünen werten, sondern nur als Ausdruck ihrer Suche nach neuen Themen und einer Strategiediskussion, die aufgrund der Ausdifferenzierung des Grünen Feminismus notwendig geworden sei.

Den Radikalfeministinnen ist es seither nicht mehr gelungen, zu ihrer ursprünglichen politischen Bedeutung innerhalb der Partei zurückzukehren. Auch die Mütterpolitikerinnen und der zugespitzte Differenz-Ansatz einiger Realo-Politikerinnen wurden nicht zu einer Hauptströmung des Grünen Feminismus.

So stellt sich die Grüne Frauenpolitik am Ende der 80er Jahre als ein Nebeneinander verschiedener Ansätze und Strömungen dar, die miteinander konkurrieren. Insgesamt hat der Grüne Feminismus an Radikalität verloren; wie in der Gesamtpartei, so ist auch die Grüne Frauenpolitik von der Strömung der Realpolitik geprägt.

Der im Jahre 1989 gegründete „Aufbruch" versuchte, in den immer stärker werdenden Flügelkämpfen zwischen Fundis und Realos die Position der Mitte einzunehmen. Im „Aufbruch" versammelten sich sowohl Teile der ehemaligen Linken, Vertreterinnen eines links-liberalen Bürgerrechts-Ansatzes sowie Reste der sogenannten „Ökolibertären".[91] Auch die Anhängerinnen der „Geschlechterpolitik", die für das Ziel der gesellschaftlichen Aufwertung und materiellen Absicherung „weiblicher" Lebensentwürfe eintreten, sind hier anzusiedeln. Den Vertreterinnen der Gleichstellungspolitik werfen sie vor, lediglich eine Anpassung „weiblicher" Bedürfnisse und Lebensmöglichkeiten an die von Männern vorgegebenen erreichen zu wollen. Dies würde aber ihrer Meinung nach weder den gelebten Widersprüchen noch den Wünschen von Frauen entsprechen.

Ich möchte diesen zentralen Streitpunkt innerhalb des Grünen Feminismus an zwei konkreten Beispielen verdeutlichen.

Als es im Herbst 1990 im Zuge des Einigungsvertrags zwischen der Bundesrepublik und der DDR um die Frage der Neuregelung des §218 StGB ging, zeichnete sich ab, daß es einen überfraktionellen, mehrheitsfähigen Antrag zur Fristenlösung geben werde. Die Grünen Radikalfeministinnen schlossen sich dem nicht an, sondern beharrten auf ihrer Forderung nach ersatzloser Streichung des §218 StGB. Sie lehnen generell eine Bevormundung und Strafandrohung für

---

[91] Vgl. Pinl, 1993, S. 104

abtreibungswillige Frauen ab, denn auch die Fristenlösung verstoße gegen das Selbstbestimmungrecht von Frauen.
Die „Geschlechterpolitikerinnen", die auch als moderate Grüne Feministinnen bezeichnet werden können, warfen ihnen vor, daß die radikalste Forderung nicht immer auch die wirksamste sei. Vor allem aber kritisierten sie, daß die Radikalfeministinnen ihre Forderung nicht an der realen Durchsetzungschance ausrichteten, sondern die anstehende Neuregelung des §218 StGB nutzten, um auf den feministischen Grundkonflikt – Systemintegration oder radikalfeministische Opposition – hinzuweisen. So sei die Fristenlösung deshalb durchsetzbar, weil sie systemintegrativ sei; die radikalfeministische Forderung nach ersatzloser Streichung des §218 StGB dagegen sei innerhalb des patriarchalischen Systems, das den Frauen das Recht auf Selbstbestimmung abspreche, chancenlos.
Die Vertreterinnen des moderateren Feminismus hielten den Radikalfeministinnen außerdem entgegen, daß es auch darum gehen müsse, die konkreten Lebensbedingungen von Frauen hier und jetzt zu verbessern. Dazu gehöre das „Aushalten oder gar Gestalten von Widersprüchen"[92], was die Radikalfeministinnen jedoch ablehnten.
Als zweites Beispiel für den Konflikt um den „wahren" Feminismus sei der Streit um subventionierte Teilzeitarbeit genannt. Die Grünen moderaten Feministinnen sahen darin einen Ansatz, die Vereinbarkeit von Beruf und Familie flexibel gestalten zu können. Im Mittelpunkt der Auseinandersetzung standen dabei nicht die verschiedenen Realisierungsmöglichkeiten reduzierter und flexibel gestalteter Arbeitszeit, sondern die Forderung der Radikalfeministinnen, daß auch Väter auf Kindererziehung verpflichtet werden sollten.
Sie betonten, daß das Vereinbarkeitsproblem nicht länger ein „Frauenproblem" sein dürfe, sondern der Mann ebenfalls auf Teilzeitarbeitsmöglichkeiten zurückgreifen müsse, da ansonsten die geschlechtsspezifische Arbeitsteilung sowohl in der Familie als auch in der Arbeitswelt fortgeschrieben werde.
Die moderaten Feministinnen jedoch wehrten sich gegen verbindliche Regelungen für beide Geschlechter, da sie darin eine Einschränkung vielfältiger Lebensentwürfe und unterschiedlicher Emanzipationsvorstellungen sahen. Sie warfen den Radikalfeministinnen vor, daß sie individuelle Vorstellungen ignorieren und alle Frauen, ohne Berücksichtigung von Unterschieden, einem Emanzipationsmodell und einer gesellschaftlichen Utopie verpflichten würden.[93] Ihre politischen Konzepte seien entsprechend rigoros und weltfremd.
Ihnen dagegen sei es wichtig, politische Forderungen daran zu messen, ob sie Frauen ihren Alltag erleichtern und ihnen größere Handlungsspielräume und Unabhängigkeit eingeräumt würden. Was Frauen dann aus diesen neu gewonnenen Möglichkeiten machen, bleibe ihnen überlassen. Ihre feministische Leitidee bestehe darin, die Autonomie einer jeder Frau zu respektieren, und das würde heißen, keiner Frau einen Emanzipationsweg vorzuschreiben.

---

[92] Beck-Oberdorf/ Kiltz, 1991, S. 89
[93] Vgl. Dies., S. 91

> „Uns geht es darum, die unterschiedlichen Interessenlagen der Geschlechter deutlich zu machen und die Handlungsmöglichkeiten der Frauen zu erweitern."[94]

Also kein Wort mehr von geschlechtsspezifischer Arbeitsteilung, Frauenunterdrückung, Patriarchat und feministischer Gesellschaftsveränderung. Und damit eine deutliche Absage an die Grundprämissen, das Frauenbild, die politischen Strategien und Emanzipationsvorstellungen des Radikalfeminismus. Stattdessen: Unterschiedliche Interessenlagen der Geschlechter, Erweiterung der Handlungsspielräume von Frauen, Selbstverwirklichung und Vielfalt der Lebensentwürfe.

Der Grüne Radikalfeminismus seinerseits hat im Laufe der Auseinandersetzungen eine Zuspitzung durch die Lesbenpolitik erfahren. Die Lesbenpolitik wurde 1988 von der Partei durch die Konstituierung einer Bundesarbeitsgemeinschaft offiziell anerkannt. Etwa 20 Frauen arbeiteten kontinuierlich in ihr mit, so daß diese BAG in den folgenden Jahren der Ort der aktivsten radikalfeministischen Politik auf Bundesebene wurde.

Auf der 3. Bundesfrauenkonferenz 1990 in Kassel unter dem Motto „Los und ledig. Gegen die Orientierung von Frauen am Mann und seinen Taten" wurde die lesbische Lebensform als die politisch konsequenteste Möglichkeit, „autonom und frei von männlicher Dominanz" zu leben, bezeichnet, denn sie sei ein Affront gegen die patriarchalische Ordnung[95].

Diese Konferenz fand kurz vor der Wahl zum ersten gesamtdeutschen Parlament statt und war angetreten mit dem Anspruch, die Macht- und Besitzstrukturen der Gesellschaft zu hinterfragen, da sowohl der private als auch der öffentliche Bereich auf der geschlechtsspezifischen Arbeitsteilung und der Geschlechterhierarchie basieren.

> „Frau konnte erfahren, daß die lesbische Lebensform ein politischer Schritt an sich sei und daß Heteros sich dem patriarchalischen Zwangssystem unterordnen."[96]

Damit fand nicht nur eine Selbstmarginalisierung eines Flügels des Radikalfeminismus statt. Damit wurden auch die zu der Zeit anstehenden Probleme und Konflikte für Frauen und Frauenpolitik im Zuge der Vereinigung beider deutscher Staaten vernachlässigt. Das so lebensfern klingende Motto „Los und ledig" hatte schon im Vorfeld unter Ost-Frauen zur Konsequenz, daß sie die Teilnahme verweigerten. Unter West-Frauen führte die Konferenz wiederum zu Grabenkämpfen um den „wahren" Feminismus.

---

[94] Dies., S. 97

[95] Zitat aus dem Faltblatt der Bundesgeschäftsstelle „Lesben, offensichtlich, offensiv". Zit. n. Raschke, S. 430, Fußnote 226

[96] Beck-Oberdorf/ Kiltz, S. 92

Im gleichen Jahr, am 22. Juni 1990, brachte die Fraktion der Grünen einen erneuten Vorschlag für ein Antidiskriminierungsgesetz (ADG) ein. In ihm waren unter anderem eine 50%-Frauenquote bei allen Arbeitsplätzen, also auch in der privaten Wirtschaft, vorgesehen. Dieser Entwurf wurde jedoch von der Mehrheit des Bundestags abgelehnt.[97]
Am erneuten Einbringen des ADG-Entwurfs zeigt sich, daß bei allen innerfeministischen Kämpfen das Frauenbild der Grünen weiterhin das der selbstbewußten Frau ist, die eine eigenständige Existenz auf der Basis von Berufstätigkeit anstrebt, ohne zugleich den Wunsch nach gleichberechtigter Partnerschaft und Kindererziehung aufzugeben.
Im Mai 1992 erklärte die Bundesdelegiertenkonferenz der Grünen die „Frauenpolitik als Priorität und Querschnittsaufgabe der gesamten Partei"[98], was bedeutet, daß Frauenpolitik nicht länger ein eigenständiger Bereich, sondern in alle Politikbereiche integriert sein solle. Der Bundesvorstand der Partei wurde weiterhin dazu aufgefordert,

> „ein Konzept zu entwickeln, das frauenpolitische Initiativen auf Bundesebene verstärkt und geeignet ist, aktive Frauen in Ost und West zu vernetzen"[99].

Auf der 4. Bundesfrauenkonferenz, die vom 6.-8. November 1992 in Kassel unter dem Motto „Jetzt oder nie!" stattfand, unterblieben die feministischen Grabenkämpfe. Stattdessen stand die Diskussion um das Frauenstatut der Satzung im Vordergrund. Die Verhandlungskommission der Bündnisverhandlungen zwischen den Grünen und Bündnis 90 hatte nämlich die Ausarbeitung eines neuen Frauenstatuts vorgeschlagen. Konkret standen sowohl die 50%-Quote als auch das Reißverschlußverfahren bei der Listenaufstellung, bei der Frauen die ungeraden Listenplätze zustanden, zur Disposition. Die Frauenkonferenz dagegen beschloß die Beibehaltung des Frauenstatuts in seiner ursprünglichen Form.
Kurz nach der Bundesfrauenkonferenz, Anfang 1993, verabschiedeten sich nacheinander die für Frauenpolitik zuständige Vorstandssprecherin Christine Weiske und die Frauenreferentin Erika Märke aus ihren Ämtern. Beide gaben für diesen Schritt inhaltliche Gründe an. Das Amt der Frauenreferentin unterlag somit in den Jahren 1990 bis Anfang 1993 insgesamt drei personellen Wechseln und blieb über mehrere Monate unbesetzt. Den verschiedenen Amtsinhaberinnen war es offensichtlich nicht gelungen, trotz ihrer jeweils unterschiedlichen Politikansätze die Frauenpolitik der Grünen zu gestalten.
In einem Interview erklärte die vormalige Frauenreferentin Erika Märke, daß sie ihr Amt vor allem deshalb aufgegeben habe, weil der Bundesvorstand und die Bundesdelegiertenkonferenz die Beschlüsse der Frauenkonferenz gänzlich

---

[97] Vgl. Meyer, 1990b, S. 27
[98] „Frauenpolitik gewinnt bei den Grünen stärkeres Gewicht." In: zweiwochendienst Frauen und Politik (im folgenden abgekürzt als zwd). Nr. 65/ 1992. S. 6
[99] Ebda.

ignoriert hatten. Besonders die Infragestellung der Quotierung und des Frauenstatuts seien für sie ein Hinweis darauf, daß es der Partei darum gehe, den feministischen Politikansatz und seinen Einfluß in der Partei zu schwächen. Dies ließe sich mit ihrem Anspruch und mit dem der Frauenkonferenz nicht vereinbaren.

> „Die Grüne Frauenkonferenz in Kassel war noch einmal der Versuch, einen frauenpolitischen Aufbruch innerhalb Der Grünen und mit Feministinnen aus allen Bereichen der autonomen Frauenbewegung zu wagen und mit einem neuen verbindenden Dialog zu gemeinsamen Utopien und Strategien für die 90er Jahre zu motivieren."[100]

Neben der Ignoranz von Seiten des Bundesvorstands und der Bundesdelegiertenkonferenz sei das von Bündnis 90-Frauen erarbeitete eigene Frauenstatut ein weiteres Problem für feministische Politik. Dieses sehe zwar eine 50%-Quote mit ergänzenden Fördermaßnahmen zu ihrer Realisierung vor, allerdings sei das Prinzip der Verteilung von Frauen auf die ungeraden Listenplätze nicht enthalten. Damit würde die vorherige „harte" Quote außer Kraft gesetzt – zum Nachteil der Frauen.
Insgesamt schätzt Märke die Entwicklung Grüner Politik in „Richtung eines ökoliberalen-reformorientierten Konzepts"[101] ein. Damit würden die Grünen ihre Vorreiterinnenrolle in der Frauenpolitik, die sich durch konsequente Gleichstellungspolitik und das Ziel eines feministischen Umbaus der Gesellschaft auszeichnete, zugunsten einer Orientierung an SPD und FDP aufgeben. Besonders die drohende Zurücknahme der ungeraden Listenplätze-Regelung für Frauen stelle ihrer Meinung nach einen Rückschritt dar, der mit weiteren Konsequenzen für Frauen verbunden sei.

> „Wenn sie [die Frauen, G.B.] aber die Mandate nicht haben, fehlt es ihnen an Einfluß, feministische Positionen wirksam einzubringen. Die Struktur ist für mich insofern eine Voraussetzung für inhaltliche Veränderungen zugunsten von Frauen."[102]

Sie plädiert daher zwar weiterhin für feministisches Engagement in den Parlamenten und für den Zugang von außerparlamentarischen Initiativen, gleichzeitig aber sei eine stärkere Zusammenarbeit und Vernetzung mit der autonomen Frauenbewegung notwendig, um auch weiterhin feministische Politik betreiben zu können.
Da im Zuge der Entwicklung Grüner Politik von der Fundamentalopposition zur Realpolitik der radikalfeministische Politikansatz zurückgedrängt wurde, hatte dies bei vielen Radikalfeministinnen zur Konsequenz, daß sie sich aus der Parlamentsarbeit zurückzogen und wieder für eine verstärkte Zusammenarbeit mit der autonomen Frauenbewegung eintraten.

---

[100] „Grüne Frauenpolitik ohne Zukunft?" In: zwd, Nr.74/ 1993, S. 14
[101] Ebda.
[102] Ebda.

Vom 1.-3. Oktober 1993 fand in Erfurt die 1. Bundesfrauenkonferenz der inzwischen vereinten Partei Bündnis 90/Die Grünen statt. Unter dem Motto „Für Selbstbestimmung und eine politische Kultur der Frauen" wurde über die künftigen Strukturen Bündnisgrüner Frauenpolitik diskutiert.[103] Die rund 100 Teilnehmerinnen waren sich darüber einig, daß Grüne Frauenpolitik wieder eine größere Rolle in der Partei spielen müsse. Das neue Frauenstatut wurde daher abgelehnt, und die Frauenkonferenz sprach sich für die Beibehaltung der ungeraden Listenplätze für Frauen und die strikte 50%-Quote aus. Allerdings hatte diese Abstimmung nur den Charakter eines Meinungsbildes, da die Frauenkonferenz keine bindenden Entscheidungen treffen kann. Befürchtet wurde außerdem, daß sich eine generelle Abschwächung der Macht basisdemokratischer Gremien wie Landes- und Bundesarbeitsgemeinschaften durch die vorgesehene Einrichtung eines sogenannten Frauenrates abzeichne. Dann hätten die Landes- und Bundesarbeitsgemeinschaften lediglich noch informierenden und vernetzenden Charakter ohne Entscheidungsmacht.

Abschließend möchte ich das Bundestagswahlprogramm 1994 von Bündnis 90/Die Grünen, „Feministische Politik für eine Emanzipierte Gesellschaft"[104], unter der Fragestellung analysieren, welcher Politikansatz sich dort niedergeschlagen hat und in welchem Verhältnis er zur aufgezeigten Tradition des feministischen Politikansatzes Grüner Frauenpolitik steht.

Als erstes Ziel Bündnisgrüner Frauenpolitik wird die Verwirklichung des Selbstbestimmungsrechts von Frauen genannt. Bündnisgrüne Politik will die an männlichen Werten orientierten gesellschaftlichen Strukturen verändern und

> „ist daher konsequent auf die Umverteilung von Arbeit, Einkommen, Status und Macht zwischen Frauen und Männern gerichtet"[105].

Frauen und Männer sollen gleiche individuelle und gesellschaftliche Gestaltungsmöglichkeiten haben.

> „Ziel bündnisgrüner Politik ist die emanzipierte Gesellschaft. Deshalb ist unsere feministische Politik eng mit der Lösung ökologischer und sozialer Fragen verbunden und zielt auf die Veränderung der gesamten Gesellschaft."[106]

Im Vordergrund steht dabei der Umbau des Erwerbssystems mit Hilfe eines Antidiskriminierungsgesetzes, das auch für die Privatwirtschaft Quotierung, Frauenförderpläne und Schutzmaßnahmen vor sexueller Belästigung vorsieht. Die

---

[103] Vgl. „Erste Bundesfrauenkonferenz von Bündnis 90/ Die Grünen." In: zwd, Nr. 83/1993. S. 15
[104] Hg. v. Bündnis 90/Die Grünen. Bornheim o.J. (1994)
[105] „Feministische Politik für eine Emanzipierte Gesellschaft." S. 2
[106] Ebda.

Forderung nach existenzsichernder Erwerbsarbeit schließt eine radikale Arbeitszeitverkürzung ein.[107]
Unter dem Stichwort „Vereinbarkeit von Beruf und Leben mit Kindern und Pflegebedürftigen" werden zwei Grundvoraussetzungen genannt, die notwendig sind, um sowohl Männern als auch Frauen die Vereinbarkeit zu ermöglichen, ohne daß Nachteile wie Verzicht auf eigenes Einkommen oder Einbußen bei Rentenansprüchen in Kauf genommen werden müssen. Dazu gehören erstens die bedarfsgerechte Kinderbetreuung für alle Altersgruppen und zweitens die Verankerung von Freistellungsansprüchen im Erwerbsbereich. Die zur Zeit gültige Regelung von Erziehungsurlaub und -geld sei dagegen unzureichend und müsse durch den Anspruch auf ein Zeitkonto von drei Jahren ersetzt werden.

> „Zwischen der Freistellung und der täglichen Arbeitszeitverkürzung kann je nach der aktuellen Lebenssituation gewählt werden, und beide Ansprüche sollen zwischen Vätern und Müttern geteilt werden."[108]

Neben der Gleichberechtigung von Frauen bei Umschulungs-, Förderungs- und Ausbildungsangeboten soll der weiblichen Armut mit einer bedarfsgerechten Grundsicherung begegnet werden.
Unter dem Titel „Für die Gleichberechtigung aller Lebensformen" fordern Bündnis 90/Die Grünen eine Neudefinition des Familienbegriffs, da er nicht mehr der gesellschaftlichen Realität entspreche und außerdem patriarchal geprägt sei.

> „Familien sind in unserem Sinn alle auf Dauer angelegten Lebensformen, in denen mindestens zwei Generationen zusammenleben."[109]

Da sie für die gleichberechtigte Anerkennung aller Lebensformen, auch von Wohngemeinschaften und homosexuellen Lebensgemeinschaften, eintreten, lehnen sie die staatliche Privilegierung der Ehe durch Steuervergünstigungen, wie zum Beispiel das Ehegattensplitting, ab.

> „Stattdessen sollen Lebensgemeinschaften mit Kindern und Hilfsbedürftigen vom Staat besonders unterstützt und gefördert werden."[110]

Unter der Überschrift „Gesellschaftliche Ächtung der Gewalt gegen Frauen" setzen sich Bündnis 90/Die Grünen generell für eine demokratische und gewaltfreie Gesellschaft ein. Die verschiedenen Formen der Gewalt gegen Frauen verletzen Artikel 2 GG, der das Grundrecht auf körperliche Unversehrtheit und Entfaltung der Persönlichkeit garantiert. Von daher stellt sexistische Gewalt eine grundlegende Diskriminierung von Frauen und die Mißachtung ihrer Würde dar.

---

[107] Vgl. Dass., S. 3
[108] Ebda.
[109] Dass., S. 4
[110] Ebda.

> „Die strafrechtliche Verfolgung von Gewalt gegen Frauen, Vergewaltigung und sexuellem Mißbrauch muß endlich auch in gleicher Weise innerhalb und außerhalb von Ehe, Familie und Bekanntenkreis gelten."[111]

Die unter Grünen Frauen länger diskutierte Frage, ob Gewalttäter grundsätzlich bestraft oder therapiert werden sollen, hat im Bundestagswahlprogramm folgende „Auflösung" gefunden:

> „Gerichtlich angeordnete 'Täterprogramme', in denen Männer sich mit ihrer Gewalttätigkeit auseinandersetzen müssen, erscheinen uns nur dann sinnvoll, wenn sie gleichzeitig in Sanktionsvorschriften eingebunden sind."[112]

Im Absatz „Die ersatzlose Streichung des §218 ist unser politisches Ziel" wird festgestellt, daß die Entscheidungen des Bundesverfassungsgerichts Ausdruck der strukturellen Gewalt gegen Frauen sind, da sie ihnen das Recht auf Selbstbestimmung absprechen. Bündnis 90/Die Grünen treten deshalb für die ersatzlose Streichung dieses Paragraphen und die Finanzierung der Abtreibung durch die Krankenkassen ein.

Unter dem Stichwort „Frauenpolitik ist überall – Frauenrechte in die Verfassung" wird konstatiert, daß Frauen in ihren Lebensbereichen anders von politischen Entscheidungen und deren gesellschaftlichen Folgen betroffen sind als Männer.

> „BÜNDNIS 90/DIE GRÜNEN setzt sich deshalb für die Verankerung von Frauenpolitik in allen Politikfeldern ein."[113]

Quotierung ist für sie nach wie vor ein wichtiges Mittel, um das Ziel der gleichberechtigten Gestaltung von und Teilhabe an allen Lebens- und Arbeitsbereichen auch für Frauen zu ermöglichen. Mit Hilfe der Quotierung sei schon jetzt innerhalb der Grünen erreicht worden, daß die „Geschlechterfrage in fast allen Politikbereichen thematisiert wird"[114]. Darüber hinaus sei Quotierung ein Mittel, die Politik auch qualitativ zu verändern. Erste Erfahrungen in dieser Hinsicht seien von Grünen Frauen bereits gemacht worden.

Auch die Verfassungsebene wird herangezogen, um dem Ziel der Gleichberechtigung näherzukommen.

> „BÜNDNIS 90/DIE GRÜNEN wird darauf beharren, die erweiterte Verankerung von Frauenrechten in der Verfassung zu fordern, z.B. die ausdrückliche Aufnahme von Frauenförderungsmaßnahmen in Art. 3, GG."[115]

---

[111] Dass., S. 5
[112] Ebda.
[113] Dass., S. 7
[114] Ebda.
[115] Ebda.

Nach Einschätzung der Bundesfrauenreferentin Anneliese Pieper stellt das Bundestagswahlprogramm die Fortentwicklung bisheriger Forderungen Grüner Frauenpolitik dar.[116] Es greife in weiten Teilen auf vorhandene Konzepte zurück, die aufgrund gesellschaftlicher Entwicklungen immer noch oder wieder aktuell seien. Hierzu zählen die Regelung des §218 StGB, die Quotierungsfrage, die Forderung nach Kinderbetreuungseinrichtungen, die Gleichberechtigung aller Lebensformen u.v.m.

Eine zentrale frauenpolitische Forderung bleibt die nach Umverteilung der Reproduktionsarbeit zwischen den Geschlechtern – und damit einhergehend die Forderung nach Umbau des Erwerbssystems. Auch die Forderung nach einem Antidiskriminierungsgesetz, in der neuen Fassung um den Sektor Privatwirtschaft erweitert, ist nicht aufgegeben worden.

Insofern kann festgehalten werden, daß das Bundestagswahlprogramm von 1994 in der Tradition des Gleichheitsansatzes des Grünen Radikalfeminismus steht. Das Ziel Bündnisgrüner Frauenpolitik bleibt die Chancengleichheit der Geschlechter, der gleiche Zugang von Frauen zur Erwerbsarbeit und das Selbstbestimmungsrecht über ihren Körper. Das langfristige politische Ziel ist die „emanzipierte Gesellschaft".

An einigen Punkten jedoch haben die Auseinandersetzungen innerhalb des Grünen Feminismus ihren Niederschlag im Bundestagswahlprogramm gefunden. Dies gilt nicht für den Mütterpolitik-Ansatz, der unter anderem eine gesellschaftliche Aufwertung und finanzielle Entlohnung der hauptsächlich von Frauen geleisteten Haus- und Erziehungsarbeit gefordert hatte, während viele der konkreten Forderungen der Mütterpolitikerinnen, wie beispielsweise Ausbau von Kinderbetreuungseinrichtungen, Schaffung von Teilzeitarbeitsplätzen und bedarfsgerechte Grundsicherung schon vorher Bestandteil Grüner Frauenpolitik waren.

Eine Abschwächung des radikalfeministischen Politikansatzes hat dagegen durch die in die Diskussion gebrachten Vorstellungen und Forderungen des Ansatzes der „Geschlechterpolitik" stattgefunden.

War ursprünglich noch von der geschlechtsspezifischen Arbeitsteilung, Geschlechterhierarchie und Frauenunterdrückung als Ausgangspunkt für feministische Politik die Rede, so heißt dies heute „Geschlechterfrage". Hinter dieser Umbenennung der scheinbar gleichen Frage verbirgt sich jedoch eine Perspektivenverschiebung von der strukturellen Frauenunterdrückung zur Wahlfreiheit hinsichtlich der Lebensentwürfe.

Das heißt selbstverständlich nicht, daß Bündnisgrüne Frauenpolitik die patriarchalischen Strukturen der Gesellschaft nicht verändern will. Aber sie ist argumentatorisch und auch gemessen an der Tragweite der Forderungen nur noch abgeschwächt radikalfeministisch.

---

[116] Vgl. „Wahlprogramm von Bündnis 90/Die Grünen." In: zwd, Nr. 88/1994. S. 16/17

Dies wird beispielsweise an dem neuen Entwurf eines Antidiskriminierungsgesetzes (ADG) deutlich, in dem es heißt, daß Väter sich durch Arbeitszeitverkürzung an der Reproduktionsarbeit beteiligen *sollen*. In der ursprünglichen Fassung des ADG von 1986 war dies eine *Muß*-Bestimmung, die mit entsprechenden Sanktionen ausgestattet war, wenn Väter ihren Anteil nicht in Anspruch nehmen. Dahinter stand die Erkenntnis, daß die wenigsten Männer freiwillig auf ein paar Jahre Beruf oder Karriere verzichten, um sich ihren Kindern zu widmen. Sie müssen daher „gezwungen" werden. Denn das Ziel war die Aufhebung der geschlechtsspezifischen Arbeitsteilung, die heute durch die Soll-Bestimmung in den Bereich der Wahlmöglichkeiten fällt. Da Frauen aber immer noch weniger verdienen als Männer, schlechtere Berufs- und Karriereaussichten haben und Männer nicht gern ihre Berufsbiographie zugunsten von Kindererziehung unterbrechen wollen, werden weiterhin Frauen die Kindererziehung leisten und alle sich daraus ergebenden Nachteile in Kauf nehmen oder ganz auf Kinder verzichten.[117]

In der eindeutigen Formulierung von Frauenpolitik als Querschnittsaufgabe der Partei, die in alle Politikbereiche eingehen muß, hat ebenfalls der Ansatz der „Geschlechterpolitik" seinen Niederschlag gefunden. Hier wird feministische Politik nicht mehr als radikale Gesellschaftskritik und -utopie formuliert, sondern ist stärker auf die Ebene der Realpolitik bezogen. Damit ist jedoch die Gefahr verbunden, daß sich die einzelnen Feministinnen in den verschiedenen Ausschüssen aufreiben und keine Zeit oder Kraft mehr finden, sich untereinander über ihr feministisches Selbstverständnis und die übergeordneten Emanzipationsstrategien zu verständigen. Dies könnte zur Folge haben, daß feministische Gesellschaftskritik und Emanzipationsziele aufgegeben würden.

Somit ist auch die Hauptveränderung Grüner Frauenpolitik benannt: nicht mehr radikalfeministische Systemkritik und -opposition, sondern frauenpolitische Forderungen, die sich stärker am Kriterium der realpolitischen Durchsetzbarkeit orientieren.

Ich habe dies sehr zugespitzt formuliert. Denn obwohl die Veränderung minimal ist, trifft sie doch den Kern des radikalfeministischen Politikansatzes. Betont werden muß, daß Grüne Frauenpolitik nach wie vor dem Emanzipationsansatz Gleichheit verpflichtet ist, jedoch an Radikalität verloren hat.

Auf organisatorischer Ebene hat es ebenfalls Veränderungen gegeben. Auf der Bundesdelegiertenkonferenz vom 4./5. Dezember 1994 in Potsdam wurden zwei ostdeutsche Frauen, darunter die gebürtige Thüringerin Christiane Ziller, als Beisitzerinnen in den Bundesvorstand gewählt. Das Frauenstatut wurde zum Bestandteil der Satzung erklärt und nicht mehr, wie bisher, im Anhang verzeichnet.

---

[117] Da Männer die gestiegenen partnerschaftlichen Ansprüche von Frauen nicht ohne weiteres teilen, verzichten sie heute häufiger auf Kinder. Vgl. die Studie „Lebensplanung ohne Kinder" von Ziebell u.a. 1992

Ebenso wurde das Bundesfrauenreferat in die Satzung aufgenommen. Die Quotierungsregelung in ihrer ursprünglichen Form blieb festgeschrieben.[118]
Außerdem wurde ein neues Gremium, der sogenannte Frauenrat, geschaffen. Dieser Frauenrat ist analog zum Bündnisgrünen Länderrat gebildet und setzt sich aus Frauen in Leitungspositionen aller Länder zusammen. Er wacht über die Einhaltung der innerparteilichen Regelungen zugunsten von Frauen, nimmt Stellung zur Frauenpolitik und kann eigene Offensiven und Kampagnen anregen.
Der Frauenrat ist nicht dem Länderrat untergeordnet, sondern vielmehr ein eigenständiges Gremium auf der gleichen Ebene und der Bundesversammlung direkt unterstellt. Entsprechend hat der Frauenrat ein eigenes Antragsrecht. Seine Vertreterinnen werden direkt von den Landesverbänden gewählt.

> „Der auf höchster Parteiebene neu installierte Frauenrat wird die Beschlüsse der Partei kritisch prüfen und kann zur Not – ein völliges Novum – ein Veto einlegen."[119]

Dieses Veto ist allerdings kein prinzipielles, sondern ein aufschiebendes. Das bedeutet, daß der Frauenrat auf der Bundesversammlung sein Veto einlegen und entsprechend des Frauenstatuts nur unter Frauen abstimmen lassen kann. Wenn unter ihnen die Mehrheit gegen den von der Bundesversammlung beschlossenen oder zu beschließenden Antrag stimmt, muß die Bundesversammlung das Veto akzeptieren. Die Bundesversammlung kann dann den Antrag an die nächste Bundesdelegiertenkonferenz, den Länderrat oder auch den Frauenrat weitergeben, der eine neue Vorlage zur Beschlußfassung ausarbeitet.
Der Frauenrat wurde im Februar 1994 kommissarisch eingerichtet, um dann im Januar 1995 in die Satzung aufgenommen zu werden und zu seiner konstituierenden Sitzung zusammenzutreten.
Zum Frauenstatut ist noch anzumerken, daß es entsprechend der Bundessatzung eine Rahmenregelung darstellt, daher auch für die Landesverbände und Kreise gilt. Darüber hinaus haben diese aber die Möglichkeit, sich eigene Statuten mit verschärften Regelungen zu geben, hinter die Bundessatzung dürfen sie jedoch nicht zurückfallen.
Inwiefern der Frauenrat zu einem wirksamen Organ Bündnisgrüner Frauenpolitik wird, bleibt abzuwarten. Sein Antrags- und Vetorecht könnten eine Möglichkeit sein, der Frauenpolitik wieder zu mehr Einfluß zu verhelfen.
Gleichzeitig bedeutet dies aber, daß sich die Frauen verstärkt in die realpolitischen Auseinandersetzungen einmischen müssen. Die Gefahr, daß damit der radikalfeministische Politikansatz mit seiner grundsätzlichen Gesellschaftskritik und seinen Utopien noch mehr in den Hintergrund gedrängt wird, ist nicht zu übersehen.

---

[118] Vgl. „Bündnis 90/Die Grünen: Frauenstatut bedeutet neue Qualität von Frauenpolitik." In: zwd, Nr. 96/1994. S. 11/12
[119] Dass., S. 11

3.2.4. Beispiele Grüner Frauenpolitik

3.2.4.1 Grüne Frauenpolitik in Hessen – Das „Hessische Aktionsprogramm für Frauen"

Bei der Neuwahl des hessischen Landtags 1983 wurde zum ersten Mal darüber nachgedacht, ob Grüne und SPD zusammenarbeiten sollten. Die hessische SPD wollte im Bundesrat ein Gegengewicht zur CDU/CSU/F.D.P.-Bundesregierung schaffen, benötigte dafür jedoch die Unterstützung der hessischen Grünen. Eine Koalition wurde zu dem Zeitpunkt noch von beiden Seiten ausgeschlossen, es kam aber zu Tolerierungsvereinbarungen.
Als es um die Festsetzung der Verhandlungspunkte ging, wurde auf der Landesversammlung der Grünen auf Vorschlag von weiblichen Delegierten der Beschluß gefaßt, mit der SPD über ein sogenanntes „Aktionsprogramm für Frauen" zu verhandeln. Dieses Schlagwort wurde von den Frauen in die Debatte geworfen, ohne daß bereits klar war, wie ein solches Programm konkret aussehen könnte. Enders-Dragässer, Kiltz und Sellach bemerken dazu:

> „Sie hatten damit unsere langen Diskussionen um frauenpolitische Forderungen in der landesweiten Frauengruppe auf den 'realpolitischen' Begriff gebracht."[120]

Enders-Dragässer, Kiltz und Sellach kamen aus der autonomen Frauenbewegung und fühlten sich ihr verbunden. Sie arbeiteten zu der Zeit in der landesweiten Frauengruppe der Grünen in Hessen mit, ohne der Partei anzugehören. Ihr Ausgangspunkt für die Zusammmenarbeit mit Grünen Frauen war die sogenannte „Netzwerkidee" von Teilen der autonomen Frauenbewegung, die sich

> „eine neue Qualität der Zusammenarbeit von Frauen quer zu den Institutionen, Zusammenschlüssen und Entscheidungszentren"[121]

zum Ziel gesetzt hatten, um die Frauenbewegung insgesamt und ihre Ideen und Forderungen zu stärken.
Da die grünen Feministinnen zu der Zeit noch kein explizit frauenpolitisches Selbstverständnis für die Partei ausgearbeitet hatten, sahen autonome Feministinnen die Möglichkeit der Mitarbeit in der landesweiten Frauengruppe der Grünen als Chance, Forderungen aus der Frauenbewegung in das Parteiprogramm und in die Parteipolitik einzubringen.
Mit ihrer Forderung nach einem „Hessischen Aktionsprogramm für Frauen" (kurz: HAF) stand die Frauengruppe nun vor dem Problem, die auf der theoretischen Ebene gewonnenen Erkenntnisse über geschlechtsspezifische Arbeitsteilung, Frauenunterdrückung usw. in konkrete, von einer Regierung und Behörden umsetzbare Maßnahmen zu übersetzen. Verschiedene Frauen äußerten ihre Skepsis

---

[120] Enders-Dragässer u.a., 1986, S. 110
[121] Dies., S. 109

und hinterfragten generell, ob ein Regierungsprogramm zum Abbau von Frauendiskriminierung geeignet sei.

Es fand sich aber eine kleine Gruppe von Frauen zusammen, die das Experiment wagen wollte. Sie kamen aus diversen Arbeits- und Tätigkeitsbereichen mit unterschiedlichem Engagement in der Frauenbewegung und/oder bei den Grünen. Die Ausarbeitung des Aktionsprogramms wurde durch die unterschiedlichen inhaltlichen Schwerpunkte der Frauen und durch Zeitmangel erschwert. Die an der Erarbeitung des Programms Beteiligten, Enders-Dragässer, Kiltz und Sellach, betonten, daß sich die Frauen trotz der genannten Schwierigkeiten über die Prinzipien einig waren, an denen sie ihre Programmarbeit ausrichteten.[122]

Das erste Prinzip bestand darin, daß politische Forderungen die Lebens- und Arbeitsbereiche von Frauen nicht nur berücksichtigen, sondern von ihnen ausgehen sollen. Die Forderungen sollen nicht auf die einzelnen Ressorts der Verwaltung zugeschnitten sein, da dadurch Lebenszusammenhänge auseinandergerissen und in unangemessener Weise Teilbereichen zugeordnet würden. Das zweite Prinzip bezog sich auf Frauenprojekte und -initiativen außerhalb traditioneller Institutionen (Kirchen, Kommunen, Wohlfahrtsverbänden) und sah deren finanzielle Absicherung vor. Zu diesen Projekten zählten zum Beispiel Notrufgruppen, autonome Frauenhäuser, Frauenbildungsprojekte, Beratungsgruppen zum §218 StGB u.a.

Das dritte Prinzip richtete sich auf Frauengruppen und -initiativen innerhalb der Institutionen (z.B. Hochschule, Schule, öffentlicher Dienst) und sah deren Unterstützung durch die Erstellung von Frauenförderplänen und durch Fortbildungsprogramme vor.

Bei der Umsetzung ist es nicht gelungen, diese Prinzipien zu integrieren, so daß das 1984 endgültig formulierte „Hessische Aktionsprogramm für Frauen" in mehrere Abschnitte zerfällt, die zum Teil eher unverbunden nebeneinander stehen. Im Folgenden soll es ausführlich vorgestellt werden, um es auf seinen Emanzipationsansatz und seine Emanzipationsziele hin untersuchen zu können.

In einer Art Präambel wird das übergeordnete Ziel folgendermaßen formuliert:

> „Ziel der Vereinbarungen ist eine breit angelegte Konzeption zur realen Verbesserung der Situation von Frauen in Hessen."[123]

Da dies von der Frauenbewegung schon seit längerem angestrebt und versucht würde,

> „müssen deutliche Akzente zur Verbesserung der Situation von Frauen gesetzt werden, die vor allem die vorhandenen innovativen Konzepte und Ansätze, auch der Frauenbewegung, aufgreifen und daran anknüpfend konkrete Forderungen und Maßnahmen enthalten"[124].

---

[122] Vgl. Dies., S. 110
[123] Hessisches Aktionsprogramm für Frauen (1984), 1986, S. 184
[124] Ebda.

Entsprechend lautet die erste Zielsetzung des Aktionsprogramms:

„Es ist die tatsächliche Gleichberechtigung von Frauen gem. Art. 3 Abs. 2 GG durch aktive Förderung und Unterstützung zu ermöglichen. Direkte und indirekte Diskriminierungen sind abzubauen, kompensatorische Normen und Maßnahmen zu entwickeln."[125]

Die zweite Zielsetzung besteht im Abbau der Diskriminierung von Frauen und der Aufhebung der Chancenungleichheit in allen gesellschaftlichen Bereichen. Um die Gleichberechtigung zu erreichen, muß der Lebenszusammenhang von Frauen – genannt werden die Bereiche Bildung, Berufs-, Erziehungs- und Hausarbeit – berücksichtigt werden.

Die dritte Zielsetzung sieht die verstärkte Förderung der Interessen und Selbstbestimmungsrechte von Frauen vor, weshalb die finanziellen Voraussetzungen vor allem für die Arbeit von Fraueninitiativen und Frauenprojekten geschaffen werden sollen.

Nach der Präambel unterteilt sich das HAF in sieben Teile. Teil I, „Gewalt gegen Frauen", beschäftigt sich mit Frauenhäusern und Notrufgruppen für vergewaltigte Frauen und fordert deren ausreichende personelle und finanzielle Ausstattung.

Teil II ist dem Bereich „Bildung" gewidmet und unterteilt sich in „Frauenbildungsarbeit", „Schule" und „Frauenforschung". Unter dem Stichwort „Frauenbildungsarbeit" geht es vor allem um die Unterstützung der Frauenbildungsprojekte, die außerinstitutionell Erwachsenenbildung betreiben und Bildungsangebote für Frauen anbieten, die auf bewußtseinsverändernde Lernprozesse abzielen. Zum Bereich „Schule" sind ausführliche Vorstellungen und Maßnahmen aufgeführt, die das Erziehungsziel Gleichberechtigung verfolgen. Lernziele, Lehrinhalte, Schulbücher und Curricula sollen daraufhin überprüft werden, inwiefern sie geschlechtsspezifisch gestaltet sind, somit dem Erziehungsziel nicht gerecht werden und sich darüber hinaus in Widerspruch zum Art. 3. Abs. 2 GG befinden. Außerdem wird eine Untersuchung des Hessischen Schulwesens in Auftrag gegeben, um herauszufinden, wie Mädchen zu mehr Chancengleichheit an den Schulen gelangen können.

Unter dem Punkt „Frauenforschung" ist die erste Forderung die nach Einrichtung einer Professur für Frauenforschung an der Universität Frankfurt. Außerdem soll an allen hessischen Hochschulen und Fachhochschulen Frauenforschung mit entsprechenden Professuren und Abteilungen institutionalisiert werden. Vorgesehen ist weiterhin eine Frauenstudie, in der die Lebenssituation von Frauen in Hessen untersucht werden soll.

Der dritte Teil zu „Frauen und Erwerbsarbeit" ist der umfassendste des HAF. Einleitend dazu heißt es:

---

[125] Ebda.

> „Wenn von 'Frauen und Erwerbsarbeit' die Rede ist, muß generell berücksichtigt werden, daß Frauen nach wie vor die Hauptverantwortung für die Haus- und Familienarbeit tragen. Verbesserungsvorschläge im Bereich der Erwerbsarbeit müssen diesen Aspekt immer einbeziehen."[126]

Es werden Frauenförderpläne gefordert, die für Frauen Verbesserungen in den Bereichen Aus- und Weiterbildung, Umschulung, berufliche Zugangsvoraussetzungen und Veränderungen der Arbeitsorganisation vorsehen. Teil drei enthält folgende Unterpunkte: „Öffentlicher Dienst", „Ausbildung, Weiterbildung, Umschulung" und „Privatwirtschaft und öffentliche Institutionen". Vom öffentlichen Dienst wird generell erwartet:

> „Das Land Hessen muß als Arbeitgeber richtungsweisend gegen die Diskriminierung von Frauen vorgehen."[127]

Da auch in den Landesbehörden und Dienststellen Frauen besonders in den leitenden Positionen unterrepräsentiert sind, soll geprüft werden, ob Frauen bevorzugt einzustellen sind. An diesem Punkt scheint es Dissens zwischen den Grünen und der SPD gegeben zu haben, da gesondert aufgeführt wird, daß die Grünen der Ansicht sind, daß die inzwischen vorliegenden Gutachten zur bevorzugten Einstellung von Frauen diese als eindeutig verfassungsmäßig bestätigen. Die aufgeführten Forderungen und Maßnahmen enthalten zum Beispiel das Verbot geschlechtsspezifischer Stellenausschreibungen, die Aufhebung der Höchstaltersgrenze für den Vorbereitungsdienst oder auch die Aufhebung der Benachteiligung von Teilzeitarbeit entsprechend der EG-Richtlinie.

Ein weiterer Dissens besteht über die Einrichtung von Kinderbetreuungsmöglichkeiten.

> „Die GRÜNEN treten für ein flexibles Angebot an Kinderbetreuungsmöglichkeiten ein, was – wenn der Wunsch der betroffenen Mütter und Väter besteht – auch ein Kinderbetreuungsangebot am Arbeitsplatz einschließt. Die SPD hingegen wendet sich strikt gegen Betriebskindergärten."[128]

Der zweite Unterpunkt „Ausbildung, Weiterbildung, Umschulung" sieht vor allem eine Förderung von Mädchen und Frauen durch ein Sonderprogramm zur beruflichen Förderung und Qualifizierung vor. Längerfristig wird das Ziel angestrebt, die geschlechtsspezifische Teilung des Arbeitsmarktes aufzuheben.

Der Punkt „Privatwirtschaft und öffentliche Institutionen" sieht vor, daß mit der Vergabe von Wirtschaftsförderungsmitteln durch die Hessische Landesregierung vorrangig die Frauenerwerbsarbeitslosigkeit zu beheben ist.

---

[126] Dass., S. 185
[127] Dass., S. 186
[128] Ebda.

Teil IV „Ausländische Frauen und andere besonders benachteiligte Frauen" will u.a. Initiativen ausländischer Frauen und binationaler Partnerschaften fördern. Außerdem soll die Arbeit mit Bewohnerinnen in sozialen Brennpunkten sichergestellt werden.

In Teil V, „§218- und Frauengesundheitsinitiativen", heißt es, daß das Land Hessen die geltende Regelung der Kostenübernahme bei Schwangerschaftsabbrüchen beibehalten will und sich gegen eine Änderung sperren wird. Zusätzliche Familienplanungszentren und die Beratungsarbeit sollen finanziell abgesichert sein.

Teil VI widmet sich den „Rahmenbedingungen für eine aktive Frauenpolitik durch das Land Hessen". Im ersten Punkt wird gefordert, daß der von den Grünen im Landtag beantragte Sonderausschuß „Arbeitssituation von Frauen in Hessen" konstituiert wird und mit seiner Arbeit beginnt.

> „Erstes Ziel muß die Vorlage eines umfassenden Konzepts zur Verbesserung der Erwerbs- und Reproduktionsarbeitssituation von Frauen in Hessen bis zum Herbst 1984 sein, damit sich daraus ergebende Konsequenzen Eingang in den Landeshaushalt 1985 finden."[129]

Im zweiten Punkt wird die Ausweitung und Stärkung der Funktionen der hessischen „Zentralstelle für Frauenfragen" gefordert, die 1979 auf Drängen von Sozialdemokratinnen eingerichtet, aber nur unzureichend finanziell und personell ausgestattet wurde.

Im abschließenden Teil VII „Bundesratsinitiativen" ist festgeschrieben, daß sich die Vertreter und Vertreterinnen des Landes Hessen im Bundesrat für Initiativen einsetzen, die zur Verbesserung der Situation von Frauen beitragen, wie z.B. die Verabschiedung eines Gleichstellungsgesetzes. Eine Einigung zwischen Grünen und SPD über die von den Grünen geforderte Bundesratsinitiative zur ersatzlosen Streichung des §218 StGB konnte nicht erzielt werden.

Wie an den Ausführungen bereits deutlich geworden ist, ist das „Hessische Aktionsprogramm für Frauen" dem Gleichheitsansatz verpflichtet. Zwar gehen die Forderungen von den Lebens- und Arbeitsverhältnissen von Frauen aus, Ziel ist jedoch nicht deren Aufwertung, sondern die Aufhebung der Frauendiskriminierung und der Chancenungleichheit zwischen den Geschlechtern. Es beruft sich in der ersten Zielsetzung ausdrücklich auf den Gleichberechtigungsgrundsatz Art. 3 Abs. 2 Grundgesetz und leitet daraus kompensatorische Maßnahmen ab.

Generell sollen die Benachteiligungen von Frauen abgebaut werden; eine gleichberechtigte Integration in den Erwerbsarbeitsbereich wird angestrebt. Gleichzeitig enthält das HAF Kritik an den Strukturen der Erwerbsarbeit hinsichtlich der Regelung der Arbeitszeit und der zugrundeliegenden geschlechtsspezifischen Arbeitsteilung, die Frauen die Hauptverantwortung für die „privat" zu leistende Reproduktionsarbeit zuschreibt. Um vor allem Frauen, aber auch Männern, die

---

[129] Dass., S. 187

Vereinbarkeit von Beruf und Familie zu erleichtern, ist der Ausbau von Kinderbetreuungsmöglichkeiten vorgesehen.

Als langfristiges Ziel ist die Aufhebung der geschlechtsspezifischen Teilung des Arbeitsmarktes formuliert. Die Forderung der Frauenbewegung nach dem Selbstbestimmungsrecht von Frauen ist in die dritte Zielsetzung eingegangen. Daraus leiten sich sowohl die verstärkte Förderung von Frauenprojekten und -initiativen ab wie die von den Grünen geforderte ersatzlose Streichung des §218 StGB.

Das „Hessische Aktionsprogramm für Frauen" bildete eine seltene Ausnahme der Zusammenarbeit von Feministinnen innerhalb und außerhalb der Institutionen, hier von Grünen und autonomen Frauen. Sie schufen damit eine frauenpolitische Grundlage für die Verhandlungen zwischen den Grünen und der SPD in Hessen nach der Landtagswahl im September 1983, bei der sie zusammen die rechnerische Mehrheit erhielten. Im Landeshaushalt 1984 wurden daraufhin für frauenpolitische Maßnahmen 7,5 Mio. DM bereitgestellt, das entspricht dem Zwanzigfachen der vorherigen Ausgaben in diesem Bereich.[130]

Trotz dieses Erfolges merken Enders-Dragässer, Kiltz und Sellach kritisch an, daß die Frauengruppe bei der Formulierung des Programms mit Problemen konfrontiert war, die sich nicht lösen ließen, sondern über das Experiment HAF hinaus generell auf das Verhältnis von feministischen Forderungen und ihre realpolitische Umsetzbarkeit hinweisen und immer wieder neu diskutiert werden müssen.

Als erstes nennen die Autorinnen das Problem der mangelnden Vermittlung.[131] Das bedeutet, das HAF betreffend, daß die wenigen Grünen Feministinnen eine eigene Frauenarbeitsgruppe bilden mußten, in der das Programm erarbeitet wurde. Diese Arbeitsgruppe lag quer zu den anderen Arbeitsgruppen, die sich mit speziellen Themen befaßten, während die Frauengruppe einen umfassenderen Anspruch verfolgte. Konkret hatte dies zur Folge, daß die Frauenforderungen nicht gleichzeitig in die anderen Arbeitsgruppen eingebracht bzw. nicht ausreichend mit deren Forderungen abgestimmt werden konnten. Damit wurden die Frauenforderungen nicht konsequent integriert und standen so zum Teil separat neben sogenannten „allgemeinen" Forderungen. Frauenpolitik bleibt auf diese Weise das „Besondere", „Nachgeordnete", „Abweichende".

Als zweites Problem des HAF erwies sich der mangelnde Konsens unter Frauen.[132] Von drei Seiten kam Kritik. Der Vorwurf von linken Parteifrauen ging in die Richtung, daß das Aktionsprogramm die besondere Situation von Arbeiterinnen nicht berücksichtigen würde und darüber hinaus die autonomen Frauen, die an der Ausarbeitung mitgewirkt hatten, nur das Interesse verfolgt hätten, die finanzielle Absicherung ihrer Pojekte zu betreiben.

---

[130] Vgl. Denecke, 1989, S. 38. Eine Auflistung der Mittel für das Aktionsprogramm im Landeshaushalt 1986 findet sich bei Haibach/Rüdiger, 1986, S. 82/83.

[131] Vgl. Enders-Dragässer u.a., S. 111/ 112

[132] Vgl. Dies., S. 112

Feministinnen aus der autonomen Frauenbewegung kritisierten den Ansatz des Programms, da sie es ablehnten, sich auf traditionelle Formen politischer Arbeit einzulassen. Auch dieser Punkt weist meiner Meinung nach auf die strukturelle Problematik hin, daß der feministische Politikansatz die herrschenden Formen und Inhalte von Politik ablehnt, gleichzeitig aber die Lebensverhältnisse von Frauen verändern will. Da dies nicht nur außerinstitutionell und in Nischen möglich ist, müssen sich Frauenpolitikerinnen mit den Formen herrschender Politik und ihren Handlungs- und Veränderungsmöglichkeiten auseinandersetzen. Der am häufigsten erhobene Vorwurf lautete, daß das HAF zu sozialdemokratisch sei. Dieser Vorwurf kam sowohl von Frauen aus der SPD, die den Grünen Frauen die Übernahme ihrer Positionen vorwarfen, als auch aus der Frauenbewegung, die die feministische Handschrift vermißten.

Das dritte Problem bestand in der mangelnden Vertretung. Da die Aushandlung des Aktionsprogramms durch die an der Erarbeitung des HAF beteiligten Frauen mit der SPD in zwei Schritten erfolgte, waren erstere nicht bis zur endgültigen Abstimmung dabei. In der ersten Runde nahmen viele Frauen aus den Projekten, aber wenige Parteifrauen teil, um ihre Positionen zu vertreten. Allerdings wurde jede Diskussion um die finanzielle Ausstattung von der SPD mit dem Argument unterbunden, daß dies Gegenstand der zweiten Runde der Verhandlungen, nämlich der Aushandlung des Haushaltsplans, sei.[133]

Da für diese Verhandlungen jedoch ein anderes Gremium zuständig war, waren die Frauen von der zweiten Runde ausgeschlossen und befürchteten, daß die SPD den finanziellen Spielraum für das „Hessische Aktionsprogramm für Frauen" so gering wie möglich gestalten würde. Da die autonomen Frauen nicht im Parlament vertreten waren, gaben sie somit die Umsetzung ihrer Forderungen aus der Hand.

Die Möglichkeit, daß autonome Frauen ihre feministischen Forderungen selbst in den Parlamenten vertreten, ist bei den Grünen durch das Prinzip der offenen Listen möglich und soll am Beispiel von Frankfurt und Hamburg verdeutlicht werden.

3.2.4.2 Das Projekt „Autonome Frauen im Römer" in Frankfurt

Die Grünen zogen 1981 erstmals in das Frankfurter Stadtparlament, den sogenannten „Römer". Nach der Kommunalwahl 1985 stellten sie acht Abgeordnete, darunter vier Frauen. Aufgrund des Rotationsprinzips wurde nach anderthalb Jahren ein Mann durch eine Frau ersetzt, so daß sich das Verhältnis zugunsten der Frauen auf fünf zu drei Männern veränderte. Von diesen fünf Frauen waren zwei autonome Feministinnen, die das Projekt „Autonome Frauen im Römer" wagen wollten. Sie gehörten der autonomen Kommunalen Frauengruppe an, die schon an der Ausarbeitung des „Hessischen Aktionsprogramms für Frauen" beteiligt gewesen war.

---

[133] Vgl. Ebda.

> „Auf der Grundlage unserer Erfahrungen mit dem *Hessischen Aktionsprogramm* für Frauen stellte sich uns die Frage, ob es nicht sinnvoller ist, unsere außerparlamentarische feministische Politik auch selbst in den Parlamenten zu vertreten, statt zu versuchen, sie über GRÜNE Frauen durchzusetzen."(Hervorh. i.O.)[134]

Daher hatten sie beschlossen, daß sie das Prinzip der offenen Listen der Grünen für BasisvertreterInnen für sich nutzen wollten, auf denen Frauen (und Männer) kandidieren können, ohne der Partei anzugehören. Auf diese Weise könnten die Frauen ihre Positionen im Parlament einbringen, ohne sich in parteiinterne Auseinandersetzungen einmischen zu müssen. Im Gegensatz zu weiblichen Parteimitgliedern müßten sie sich weniger mit Geschäftsordnungsdebatten und Abstimmungsregeln beschäftigen.

Stattdessen wollten die autonomen Feministinnen „Phantasie, Kreativität und frauenfreundliche Bedingungen in die parlamentarische Politik tragen" und „die Lebensbedingungen für Frauen in Frankfurt verändern"[135]. Ihre Vorstellungen von Frauenpolitik im „Römer" enthielten zum Beispiel Quotierungsauflagen für die städtische Verwaltung, eine frauenfreundliche Stadtplanung und die finanzielle Absicherung von Frauenprojekten.

Die autonome Frauengruppe nahm deshalb Verhandlungen über eine gemeinsame Frauenliste mit Grünen Frauen auf. Dieser erste Versuch scheiterte vor allem daran, daß der Flügelkampf zwischen Realos und Fundis auch in der Frauengruppe der Grünen geführt wurde. Eine Einigung darüber, wer auf einer gemeinsam mit den autonomen Frauen gebildeten Frauenliste kandidieren sollte, war von daher nicht möglich. Die Fundamentalpolitikerinnen befürchteten bei einem Rot-Grünen Bündnis, daß die pragmatische Politik der Realas die Oberhand gewinnen könne. Die Realpolitikerinnen dagegen lehnten die radikal systemoppositionelle – und damit unrealisierbare – Politik der Fundamentalpolitikerinnen ab.

> „Festzustellen bleibt im nachhinein, daß ein 'übergreifender feministischer Blickwinkel' die Gräben zwischen Realpolitikerinnen, Fundamentalistinnen und autonomen Frauen nicht überbrücken konnte"[136].

Es kam deshalb zu einem Kompromiß, demzufolge die autonome Frauengruppe dem gesamten Kreisverband der Grünen in Frankfurt ein Grün-Lila-Bündnis mit zwei sicheren Listenplätzen für die autonomen Frauen anbot. Dieses Bündnis zog nach der Kommunalwahl 1985 mit acht Abgeordneten in den „Römer" ein, darunter die zwei autonomen Feministinnen Margarethe Nimsch und Brigitte Sellach. Ihre hauptamtliche Mitarbeiterin wurde Elke Kiltz, ebenfalls Mitglied der Kommunalen Frauengruppe.

---

[134] Enders-Dragässer u.a., 1986, S. 113. Enders-Dragässer war Mitglied der Kommunalen Frauengruppe und hat diesen Aufsatz zusammen mit Kiltz und Sellach verfaßt.
[135] Ebda.
[136] Dies., S. 114

Die Vorstellung dieser autonomen Frauen von feministischer Politik im Parlament ähnelte sehr dem Ansatz der Grünen Feministinnen, die dem Realo-Flügel zuzurechnen sind.

„Feministische Politik im traditionellen Politikbereich eines Parlamentes, wie wir sie verstehen, soll Frauen in ihren vielfältigen Arbeits- und Lebensformen ins Blickfeld der Öffentlichkeit rücken, sie sollen zu einem zentralen Thema der politischen Öffentlichkeit in Frankfurt werden."[137]

Sie begründeten beispielsweise ihre Ablehnung einer schienenfreien Frankfurter Innenstadt mit der geschlechtsspezifischen Arbeitsteilung. Demnach orientiere sich der Ausbau des Individualverkehrs an den Bedürfnissen und Wegen von Männern. Da Frauen aber seltener als Männer über ein Auto verfügten, seien sie auf ein gut funktionierendes öffentliches Verkehrssystem angewiesen. Vor allem müßten sie aufgrund der geschlechtsspezifischen Arbeitsteilung mehrere Ziele und Personen koordinieren, so daß der geplante Wegfall der Straßenbahnen sie vor noch größere Probleme stellen würde, die täglichen Anforderungen und Wege möglichst effektiv zu bewältigen.

Innerhalb des Parlaments war das Anliegen der autonomen feministischen Stadtverordneten unter anderem auch, männliche Sprachformen zu kritisieren, die Frauen diskriminieren (z.B. der Begriff „Milchmädchenrechnung"). Dies sei noch relativ leicht leist- und durchsetzbar.

„Die Schwierigkeiten für unsere feministische Politik ergeben sich allerdings dann, wenn wir die Verbesserung der Lebensverhältnisse von Frauen auf ihrem Weg zu mehr Autonomie auf der Ebene von Maßnahmen, städtischen Verordnungen u.ä., konkretisieren müssen, die von einer Verwaltung umsetzbar sind."[138]

Die autonomen Feministinnen sahen sich durch ihre Parlamentsarbeit mit der Frage konfrontiert, ihre konkrete feministische Gesellschaftsvorstellung zu definieren und das Emanzipationsziel der Aufhebung der geschlechtsspezifischen Arbeitsteilung auf städtischer Ebene zu konkretisieren. So wurde ihnen die Lücke zwischen Realpolitik und allgemeiner feministischer Utopie bewußt.

Damit wurde es auch notwendig, erneut den Politikbegriff für sich zu klären. Von radikalen autonomen Feministinnen traf sie nämlich der Vorwurf, in ihrer Parlamentsarbeit nicht feministisch genug und zu sehr an das patriarchale System angepaßt zu sein, was sich unter anderem daran zeige, daß einige ihrer Anträge Mehrheiten gefunden hätten.

Die autonomen Stadtverordneten formulierten ihren Politikbegriff also dahingehend, daß das Private politisch ist, aber daß

---

[137] Kiltz/ Sellach, 1986, S. 41
[138] Ebda.

> „der Vielfalt an durch die neue Frauenbewegung aufgeworfenen Fragestellungen und Forderungen auch eine Vielfalt von Handlungsebenen feministischer Politik entspricht, die jeweils unterschiedliche Wege erfordern"[139].

Das Parlament stelle demnach eine Handlungsebene unter vielen dar, um feministische Politik zu betreiben. Weitere Handlungsebenen wären beispielsweise öffentliche Demonstrationen, Frauenprojekte und -initiativen sowie der private „Geschlechterkampf".

Ihr feministischer Politikansatz, bezogen auf das Parlament, betehe darin, alle Politikbereiche unter feministischem Blick zu sehen. Dieser Blick gehe von Lebensverhältnissen und Erfahrungen von Frauen im öffentlichen und privaten Bereich aus. Insbesondere die traditionell männlichen Politikfelder, wie Finanz- und Verkehrspolitik, müßten unter diesem feministischen Blick analysiert werden, um deutlich machen zu können, daß und wie Frauen von Entscheidungen und Maßnahmen anders betroffen seien als Männer. Dabei gehe es vor allem auch darum,

> „sich aus der Argumentation des Sachzwanges zu lösen und die Verantwortlichen auch als Personen zu benennen (...), als konkret handelnde Männer"[140].

Besonders unter diesem Aspekt sei die Kommunale Frauengruppe ein Ort, wo die Frauen sich über diese Themen auseinandersetzen und Distanz zum parlamentarischen Alltag gewinnen können. Die Kommunale Frauengruppe sei

> „zugleich aber auch der zentrale Ort unserer emotionalen und politischen Unterstützung. In der Regel sind es Gruppenergebnisse, die wir dann öffentlich vertreten"[141].

Da sich diese Kommunale Fauengruppe regelmäßig wöchentlich treffe und die Arbeit der autonomen Frauen im „Römer" nicht nur begleite, sondern auch trage und mitgestalte[142], kann hier von einem seltenen Fall der gelungenen Zusammenarbeit und Rückkopplung der feministischen Stadtverordneten an ihre Basis gesprochen werden.

Sie hilft den zwei autonomen Feministinnen, sowohl ihre inhaltliche Abwertung als auch persönliche Vereinzelung und Ausgrenzung im „Römer" aushalten und durch den Gruppenrückhalt konstruktiv verarbeiten zu können. Die autonome Stadtverordnete Sellach schreibt zum Problem der Diskriminierung:

> „Eine zentrale, mir bislang unbekannt gewesene Erfahrung ist (...) die persönliche Abwertung und Ausgrenzung, die mir in der Stadtverordneten-

---

[139] Dies., S. 43
[140] Ebda.
[141] Ebda.
[142] Vgl. Sellach, 1988 (1987), S. 121

versammlung ständig entgegenschlägt. Als Angehörige der GRÜNEN-Fraktion sind wir sowieso in einer Minderheitenposition (...). Mein 'Frauentick' verschärft die allgemeine Ablehnung"[143].

Was ihr von männlichen (und auch einigen weiblichen) Stadtverordneten lapidar als „Frauentick" vorgehalten wird, ist Sellachs Anspruch, die Kategorie „Geschlecht" in die Politik einzubringen und dementsprechend bei allen Themen den feministischen Blick anzuwenden, um Frauen und deren Lebensverhältnisse sichtbar zu machen.

Neben den eher obligatorischen und in den Bereich der Sozialpolitik hineinreichenden Frauenthemen wie zum Beispiel Gewalt gegen Frauen, bearbeiteten die beiden autonomen Feministinnen Sellach und Nimsch und ihre hauptamtliche Mitarbeiterin Kiltz auch Themen wie Verkehrspolitik mit dem feministischen Blick. Dabei arbeiteten sie nicht nur mit der Kommunalen Frauengruppe zusammen, sondern auch mit Graueninitiativen, die sich speziell den jeweiligen Themen widmeten.

„Wir wissen, daß die parlamentarische Arbeit von dem lebt, was sich außerparlamentarisch bewegt, und versuchen deshalb, zu einer engen Zusammenarbeit mit Initiativen, Projekten und einzelnen Fachfrauen zu kommen und ihren Argumenten in Ausschuß- und Plenarsitzungen Raum zu verschaffen."[144]

Sie beantragten jeweils Rederecht für die Graueninitiativen. Da ihnen dies regelmäßig, besonders von der CDU-Fraktion, verweigert wurde, sahen sie sich gezwungen, deren Positionen selbst vorzutragen. Die Zusammenarbeit mit der Frankfurter Frauengruppe „Huren wehren sich gemeinsam" im Zuge der neu geplanten Sperrgebietsverordnung werteten sie als ein gelungenes Beispiel dafür aus, Lebensverhältnisse und Diskriminierungen von Frauen gemeinsam mit Betroffenen öffentlich zur Sprache zu bringen.

Der feministische Blick auf den Haushaltsplan dagegen fiel ihnen weitaus schwerer. Offensichtlich war, daß männlich dominierte Vereine wie Kleintierzüchter, „Dampfbahn Rhein-Main e.V." etc. regelmäßig städtische Zuschüsse erhielten. Frauenvereine und -initiativen, zum Beispiel Frauenhäuser, dagegen wurden nicht aufgeführt, sondern mußten ihre Zuschüsse jeweils gesondert beantragen.

Nach einer eingehenderen Analyse des Haushaltsplans wurde deutlich, daß verschiedene geschlechtsunspezifisch ausgewiesene Ausgaben Frauen und Männer nicht gleichermaßen betreffen. So kämen zum Beispiel die Ausgaben für den Bereich Jugendhilfe hauptsächlich männlichen Jugendlichen zugute, da dieser Bereich wesentlich größer und ausdifferenzierter sei als die Jugendarbeit mit Mädchen. Ein anderes Beispiel sei die Sozialhilfe. Da Frauen häufiger als Männer auf sie angewiesen seien, seien sie auch stärker von den geplanten Ausgaben oder

---

[143] Dies., S. 133
[144] Kiltz/ Sellach, 1986, S. 46

Kürzungen betroffen. So kamen die autonomen Feministinnen im „Römer" hinsichtlich des Haushaltsplanes zu einer zentralen frauenpolitischen Erkenntnis:

> „Wir müssen die abstrakten Geldbeträge mit ihren in dürren Worten ausgedrückten Zweckbestimmungen im Kontext der geschlechtlichen Arbeitsteilung interpretieren und finden dann, daß sich das, was wir für die geschlechtsspezifischen Unterschiede in den einzelnen städtischen Lebensbereichen festgestellt haben, auch in dem Zahlenwerk des Haushaltsplanes wiederfindet."[145]

Als ein weiteres Problem feministischer Politik in der Stadtverordnetenversammlung stellte sich die Arbeitsweise von Parlamenten heraus.

> „Die Komplexität dessen, was wir als Frauenrealität in dieser Stadt erleben und unsere Vorstellungen von Verbesserungen wird in parlamentsgerechte Häppchen (in Anträge, Anfragen, Magistratsberichte und -vorlagen) 'zerlegt' und in Fachausschüssen 'verhackstückt'."[146]

Dies aber entspreche weder ihrem feministischen Politikansatz noch den gesellschaftlichen Lebensverhältnissen von Frauen.
Feministische Politik, die von der geschlechtsspezifischen Arbeitsteilung und der damit einhergehenden Frauendiskriminierung ausgeht, stößt hier ganz offensichtlich an die Grenzen parlamentarischer Spielregeln. Der feministische Blick, der versucht, den weiblichen Lebenszusammenhang als Ganzes zu sehen, läßt eine Zersplitterung der Lebensbereiche von Frauen in Politikbereiche wie Soziales, Verkehr, Finanzen usw. nicht zu.
Für die autonomen Stadtverordneten war der feministische Blick zwar ausschlaggebend und handlungs- und politikleitend, gleichzeitig aber wollten sie sich für realpolitisch durchsetzbare Verbesserungen für Frauen einsetzen. Sie befanden sich damit, zugespitzt formuliert, im Spannungsverhältnis zwischen langfristigen feministischen Emanzipationszielen, wie Aufhebung der geschlechtsspezifischen Arbeitsteilung, und kurzfristig durchsetzbaren frauenfreundlichen Maßnahmen, wie Förderung von Frauenprojekten und -initiativen.

> „In der Tat verbindet uns mit dem realpolitischen Flügel der Wille, jetzt entscheidend bei der Gestaltung unserer Stadt und den Rahmenbedingungen für das Leben mitzuwirken – und dafür auch Kompromisse einzugehen."[147]

An den Fundamentalpolitikerinnen dagegen störe sie am meisten deren Hang, für die Mehrheit der Bevölkerung entscheiden zu wollen, was für sie gut sei. Dieser Politikansatz sei mit dem Verständnis von Autonomie der autonomen feministischen Stadtverordneten, nämlich die Interessen, Bedürfnisse und Vorstellungen der Betroffenen selbst zu akzeptieren, nicht vereinbar.

---

[145] Dies., S. 50
[146] Enders-Drägässer u.a., S. 115
[147] Ebda.

Die Bilanz nach einem Jahr feministischer Parlamentsarbeit im „Römer" ergebe, daß feministische Politik zu einem Bestandteil der Arbeit der Grünen-Fraktion geworden sei. Gleichzeitig aber würden die autonomen Stadtverordneten einen Großteil ihrer Aufgabe darin sehen, mit Frauengruppen und Fachfrauen außerhalb der institutionalisierten Politik zusammenzuarbeiten

> „und auf diese Weise die Grenzen zwischen parlamentarischer und außerparlamentarischer Politik durchlässiger zu machen"[148].

Die Zusammenarbeit mit Frauen der anderen Fraktionen im „Römer" dagegen gestaltete sich äußerst schwierig und fand nur punktuell mit Frauen der SPD statt, als es bspw. um die Forderung nach einer Gleichstellungsstelle ging.
Auf jeden Fall wollten die autonomen Stadtverordneten ihr Projekt „Autonome Frauen im Römer" fortführen und hofften, Nachahmerinnen zu finden. Sie strebten auch weiterhin eine Interessenallianz von Frauen an, ohne ihnen aber eine Interessenhomogenität zu unterstellen oder gar die verschiedenen Arbeits-, Tätigkeits- und Politikfelder von Frauen zu hierarchisieren. Denn ihnen gehe es darum, die unterschiedlichen Ansätze feministischer Politik aufeinander zu beziehen, statt sie gegeneinander auszuspielen.

Abschließend möchte ich ihre Definition und Vorstellungen von feministischer Politik zitieren, wie sie sich nach einem Jahr Parlamentsarbeit darstellten.

> „Feministische Politik ist der Prozeß unseres politischen Handelns selbst und die Entwicklung unserer Autonomie und Solidarität im politischen Alltag. Wenn die Utopie für uns der einzige Maßstab für die Realität unserer Arbeit wäre, müßte diese immer entmutigend sein, weil es immer zu wenig bleiben wird, was wir auch machen. Der andere Maßstab dagegen, der Prozeß, die Art und Weise, wie wir zusammen mit der kommunalen Frauengruppe, den Frauen aus den Projekten und anderen Frauen Wege suchen und entwickeln und uns gemeinsam unterstützen und stärken dabei, läßt Raum für das Wahrnehmen auch kleinerer Veränderungen."[149]

Hieran zeigt sich meiner Meinung nach deutlich der Konflikt, in den der feministische Politikansatz gerät, wenn er sich institutionellen Rahmenbedingungen und Spielregeln ausgesetzt sieht. Der radikalfeministische Politikansatz erfährt dann zwangsläufig eine „realpolitische" Modifikation, wenn es darum gehen soll, Verbesserungen für Frauen durchzusetzen.

---

[148] Dies., S. 116
[149] Kiltz/ Sellach, S. 52

3.2.4.3 Die Frauenliste der Grün-Alternativen-Liste (GAL) in Hamburg

Die Idee, eine reine Frauenliste der Grün-Alternativen-Liste (GAL) in Hamburg zu bilden, entstand im Frühjahr 1984. Die sogenannten „Frechen Frauen", eine Gruppe von autonomen Frauen und weiblichen Mitgliedern der GAL in Hamburg, stellten fest, daß trotz satzungsmäßig vorgeschriebener Geschlechterparität Frauen bei der GAL nicht 50% aller Funktionen innehatten.[150] Sie forderten daher die Gesamtorganisation auf, ihre Idee einer Frauenliste zu unterstützen.

> „Wir sagten, 'treten Sie mal auf die Seite, meine Herren, wir werden weder den Marsch durch die Institutionen antreten noch den durch die Männerköpfe, wir nehmen uns das gesamte Terrain der Bürgerschaft für 4 Jahre zur Verfügung, werden dort *jedes* Politikfeld unter einem feministischen Blickwinkel beackern.'„ (Hervorh.i.O.)[151]

Die Mitinitiatorin der Frauenliste, Adrienne Goehler, begründete den Schritt der Frauen in das Parlament damit, daß hier die größtmögliche Öffentlichkeit für Grün-Alternative Politik gewährleistet sei. Die Frauen wollten sich ausdrücklich jedes Politikfeld vornehmen, da sie davon ausgingen, daß Frauen in allen gesellschaftlichen Bereichen benachteiligt würden, eine Reduktion auf die „klassische Frauenfrage" und „klassische Frauenthemen" wie Soziales, Gesundheit, Familie etc. von daher abzulehnen sei. Von der Frauenliste versprachen sie sich

> „einen Prozeß, an dessen Ende eine andere Qualität von grün-alternativer Politik und politischer Kultur stehen könnte"[152].

Um das Projekt Frauenliste durchsetzen und zum Erfolg führen zu können, erachteten die „Frechen Frauen" die Anbindung an die GAL als notwendig, um die 5%-Hürde zu überwinden. Außerdem war ihnen bewußt, daß sie die Zustimmung der Gesamtpartei bräuchten, da ansonsten der innerparteiliche und psychische Druck auf sie zu groß werden könnte.
Die Hauptvoraussetzung für das Gelingen des Projekts sahen sie im Selbstverständnis der Frauenfraktion als Kollektiv. Dieses Kollektiv sollte aus Frauen gebildet werden, die miteinander arbeiten können und wollen, um sich in der Hamburger Bürgerschaft nicht spalten, isolieren und aufreiben zu lassen.
Die Initiatorinnen erachteten daher eine homogene Frauengruppe als notwendig und wollten sich die entsprechenden Frauen selbst aussuchen. Denn ihre Vorstellung von feministischer Politik,

> „die männliche Norm, samt der mit ihr untrennbar verbundenen Leistungs-, Kompetenz- und Politikbegriffe zur Disposition zu stellen"[153],

---

[150] Vgl. Goehler, 1991, S. 26
[151] Dies., 1986, S. 33
[152] Dies., 1991, S. 27
[153] Ebda.

könne nur als Kollektiv wirksam verfolgt werden.
Ihr Vorschlag einer reinen Frauenliste wurde von der GAL angenommen, auch wenn das Projekt sowohl unter Männern als auch unter Frauen umstritten war. Die Vorstellung eines selbstgebildeten Frauenkollektivs war allerdings nicht durchsetzbar. Die zustande gekommene Liste war vielmehr eine „bunte Mischung" aus Teilen der „Frechen Frauen" sowie Frauen, die auch auf einer paritätischen Liste kandidiert hätten und auch solchen Frauen, die dem Projekt Frauenliste ablehnend gegenüberstanden.[154]
Die GAL war damit ab November 1986 in der Hamburger Bürgerschaft ausschließlich durch Frauen vertreten. Adrienne Goehler war eine dieser acht Frauen vor der ersten Rotation im Februar 1989. Nachdem die erste Frauengeneration aus dem Parlament rotiert und durch acht Nachrückerinnen ersetzt worden war, stellte Goehler fest, daß das Projekt Frauenliste *„Signalwirkung"* (Hervorh.i.O.)[155] besitze und als ein überzeugendes Modell politischer Frauen gelten könne.
In der Öffentlichkeit sei das Projekt breit diskutiert worden und hätte verschiedentlich zur Nachahmung angeregt. So zogen die Grünen 1989 in Ulm, Ravensburg und in zwei Kreisverbänden in Nordrhein-Westfalen mit Frauenlisten in die Kommunalwahlen.
In der wissenschaftlichen Auseinandersetzung um den Zusammenhang von „Frauen, Macht und Institutionen" sei mehrfach das Projekt Frauenliste zur Sprache gekommen.[156] Außerdem hätte die Frauenliste die Diskussion um die Quotierung in der SPD beeinflußt.

Einschränkend aber konstatierte sie:

> „Wie gerne hätte ich hier behauptet, daß das rebellische Erbe feministischer Theoriebildung nicht völlig in sozialdemokratischen Gleichstellungsstellen oder Visionen von Frauenministerien ersoffen ist, sondern in lebendiger grüner Praxis fortbesteht, ja, daß der Widerspruch vieler Frauen, Feministin oder grüne Politikerin zu sein, in Auflösung befindlich ist. Allein – die Realität ist eine andere."[157]

Realität ist nämlich, daß auch die Parteipolitik der Grünen von Kompromissen geprägt ist, denen radikal-feministische Positionen geopfert werden müssen. Damit kann die von Beginn an von den „Frechen Frauen" aufgeworfene Frage, ob Grüne Frauen eine andere Politik machen als Grüne Männer, hier vorerst damit beantwortet werden, daß auch Grüne Frauen und Feministinnen ihre Positionen am Kriterium der Durchsetzbarkeit zu modifizieren gezwungen sind, sobald sie sich in die institutionalisierte Politik hineinbegeben.

---

[154] Vgl. Dies., 1986, S. 38/39
[155] Dies., 1991, S. 28
[156] Vgl. Dies., 1991, S. 28/29
[157] Dies., zit. n. Kretzschmar/Fröse, 1988, S. 49

Mit ihrem ursprünglichen Politikansatz betonten die Initiatorinnen der Frauenliste neben ihren radikal-feministischen Forderungen und Zielstellungen auch die Geschlechterdifferenz. Sie gingen davon aus, daß Frauen aufgrund ihrer Sozialisation und des weiblichen Lebenszusammenhangs einen anderen Blick auf Grüne Politik werfen als Männer. Daher setzten sie in ihrem Politikansatz „gerade auch auf das Alltagswissen, die Kompetenz und Phantasie der Frauen"[158]. Es ging ihnen ausdrücklich nicht darum, daß Grüne Frauen beweisen, daß sie ebenso gut Politik machen können wie Grüne Männer, „ganz im Gegenteil, gerade den Unterschieden gilt unser Interesse"[159].

Ihr Ansatz von Frauenpolitik als ein quer zu allen Politikbereichen liegender Bereich ließe eine Zusammenarbeit mit Frauen der anderen Fraktionen theoretisch als angemessen und notwendig erscheinen. Praktisch jedoch sei sie nicht durchsetzbar gewesen, da die Frauen der anderen Fraktionen einerseits an den Fraktionszwang gebunden seien und sich andererseits prinzipiell eher mit den Männern ihrer Fraktion solidarisch erklärten, statt den Frauenthemen überfraktionell Gewicht zu verleihen.

Als Fazit ihrer Arbeit und Erfahrungen in der Hamburger Bürgerschaft zeigt Adrienne Goehler Merkmale feministischer Politik auf, die nicht nur für Frauenfraktionen, sondern für jede feministische Politik, auch außerhalb von Parlamenten, gelten würden.

Als erstes Merkmal nennt sie das „grundsätzliche Querliegen der Frauenthemen"[160]. Das zweite Merkmal sei die „Konkretheit des Vorgehens von Frauen"[161]. Damit ist gemeint, daß Frauen ihre Alltags- und Lebenserfahrungen in die Politik einbringen und so die (männliche) Trennung von Amt und Person für sich aufheben. Die hinter den vermeintlichen Sachzwängen und Sachthemen stehenden, das heißt konkret entscheidenden und handelnden Personen werden sichtbar. Daraus ergebe sich als drittes Merkmal feministischer Politik die „persönliche Verantwortung in der Politik"[162].

Wie sich gezeigt habe, würden eher unstrukturierte Abläufe und aufbrechende Strukturen das politische Engagement von Frauen begünstigen. Sie hätten hier sowohl eher die Chance als auch die Motivation, sich und ihre Anliegen einzubringen. Geschlossene und hierarchische Systeme hingegen würden Frauen eher abschrecken, da sie ihnen weniger Raum ließen und nicht ihren Bedürfnissen entsprächen.

Goehler leitet daraus das vierte Merkmal ab, bestehend aus dem „Bemühen, den Unstrukturierten (damit sind die Frauen gemeint, G.B.) Raum zu schaffen"[163]. Als fünftes und letztes Merkmal feministischer Politik nennt Goehler die „Veränderung

---

[158] Goehler, 1986, S. 37
[159] Dies., 1988, S. 73
[160] Dies., 1991, S. 34
[161] Ebda.
[162] Ebda.
[163] Ebda.

des Blickwinkels oder die Veralltäglichung der Politik"[164] dadurch, daß Frauen sich und ihre Lebenszusammenhänge in die Politik einbringen.

Anhand dieser von Goehler herausgestellten Merkmale stellt sich die Frage, welcher Politikansatz ihnen zugrunde liegt. Die Initiatorinnen der Frauenliste betonen die Differenz zwischen den Geschlechtern und daß es ihnen darum gehe, gerade diese Unterschiede auch in der Politik zum Tragen kommen zu lassen. Frauen würden aufgrund ihrer Sozialisation und des weiblichen Lebenszusammenhangs ihre Alltagserfahrungen und ihre Betroffenheit als Personen auch in die Politik einfließen lassen, wohingegen Männer sich hinter Sachzwängen und parlamentarischen Spielregeln verschanzten. Danach gefragt, ob es eine „weibliche Politik" gebe, antwortete Goehler:

> „Was ich bei Frauen deutlich anders finde, und ich würde es als Stärke und Schwäche zugleich ansehen wollen, ist, daß sie weniger die Position von der Person trennen, also daß sie sich als Person mit ins Spiel bringen, mit Stimmungen, Leidenschaften, mit Zorn. Sie lassen das persönliche Involviertsein nicht außerhalb des politischen Kontextes."[165]

Dies impliziere dann auch einen anderen Politikstil bei Frauen. Die Quote ist für Goehler eine notwendige Bedingung für einen größeren Einfluß von Frauen auf die Politik und deren Veränderung. Allerdings sei sie keine hinreichende Bedingung, da sich die politischen Strukturen allein durch die Erhöhung des Frauenanteils noch nicht veränderten. Die Quote trage zur Zeit eher noch dazu bei, Frauen in die männlich geprägten Institutionen zu integrieren, statt diese zu verändern. „Wenn ich also über weibliche Politik rede, rede ich auch immer über andere Strukturen."[166] Feministische Politik in den Parlamenten ist für sie nur möglich ohne Fraktionszwang, Parteien-, Kirchen- und Gewerkschaftsproporz – und vor allem durch mehr direkte Demokratie. „Also liegt das Veränderungspotential durch Frauen in der Politik für mich weitgehend in der Zukunft."[167]

Trotzdem müsse sich jede politische Strategie von Feministinnen schon heute daran messen lassen, ob sie lediglich die Integration von Frauen in die bestehenden männlichen Zusammenhänge anstrebe, oder

> „ob sie dem Ziel näherkomme(n), daß Frauen ihre eigenen Fragestellungen, Sichtweisen und Wertmaßstäbe in der Politik, als Subjekt ihres Handelns etablieren"[168].

---

[164] Ebda.
[165] Interview mit Adrienne Goehler. In: Volk, 1992, S. 57
[166] Interview, S. 61
[167] Interview, S. 63
[168] Goehler, 1991, S. 25

Es läßt sich festhalten, daß die Initiatorinnen der Frauenliste Hamburg, ähnlich den moderaten Grünen Feministinnen auf Bundesebene, dem Differenz-Ansatz zugeordnet werden können. Sie begreifen Frauen als die sogenannten „Unstrukturierten", die in ihrer politischen Vorgehensweise ihrem weiblichen Lebenszusammenhang verbunden sind und sich durch Konkretheit, Alltagswissen und Phantasie auszeichnen. Dieser weibliche Kontext steht konträr zu männlichen Sachzwängen und männlich geprägten parlamentarischen Spielregeln.
Schon bald nach Aufstellung und Wahl der Frauenliste in die Hamburger Bürgerschaft zeigten sich denn auch die ersten Probleme. Dadurch, daß das vorgeschlagene Frauenkollektiv von der GAL abgelehnt worden war, konnte die heterogen zusammengesetzte Frauenfraktion nicht auf ein gemeinsames Konzept von Frauenpolitik zurückgreifen.

> „Nicht nur die Konflikte zwischen den acht Frauen, auch die Tatsache, daß die GAL-Fraktionsmitarbeiterinnen selbst im Strömungsstreit mitmischten und teilweise der Frauenfraktion recht mißtrauisch gegenüberstanden, verhinderte eine offene Auseinandersetzung und konstruktive Zusammenarbeit."[169]

Das hatte für die Frauen zur Konsequenz, daß sie sich zum Teil als Einzelkämpferinnen im Parlamentsalltag aufrieben. Der Kontakt zur Parteibasis oder zu autonomen Frauenzusammenhängen war eher selten. Offene Diskussionsabende, zu denen die weiblichen Abgeordneten zu aktuellen Themen einluden, waren meist schlecht besucht.
Zwischen den Jahren 1987 und 1990 verzeichnete die GAL in Hamburg außerdem insgesamt einen rapiden weiblichen Mitgliederschwund. Auch einige der Frauen, die sich 1986 noch als Nachrückerinnen für die Frauenfraktion hatten aufstellen lassen, waren aus der Partei ausgetreten.
Auf der Hamburger Frauenwoche Anfang März 1990 stellten die Anhängerinnen der Frauenlisten-Idee Katja Leyrer, Heidi Burmeister und Adrienne Goehler einhellig fest, daß „die Frauenliste als Projekt einer gemischten, das heißt männerdominierten Partei"[170] gescheitert sei.
Dennoch ergebe die Bilanz von drei Jahren Frauenliste, daß zum Beispiel ein Quotierungsgesetz vorgelegt, eine Debatte um den „Frauenstandort Hamburg" in die Haushaltsberatungen eingebracht und eine öffentliche Anhörung über „Kinderkriegen in Hamburg" durchgeführt werden konnte. Diese Erfahrungen dürften nach Ansicht der GAL-Frauenreferentin, Heidi Burmeister, nicht verlorengehen. Vielmehr sollten sie Grundlage für ein späteres Projekt Frauenliste sein, das auf diese Erfahrungen zurückgreifen könne und somit besser fundiert wäre.

---

[169] Stratenwertl, 1990, S. 12
[170] Ebda.

In dieser Einschätzung deutete sich bereits an, daß das Ende des Projekts Frauenliste absehbar war. So geschah es auch wenig später, als die Frauenfraktion der GAL Ende März 1990 ihre Auflösung in der Hamburger Bürgerschaft bekanntgab.

3.2.5 Handlungsmöglichkeiten und Perspektiven Grüner Frauenpolitik

Nachdem in den vorangegangenen Kapiteln die Entwicklung Grüner Frauenpolitik nachgezeichnet wurde, soll hier eine Art Bilanz gezogen werden, aus der sich mögliche Perspektiven Grüner Frauenpolitik ableiten lassen.

Die Betrachtung der verschiedenen Etappen Grüner Frauenpolitik ergibt, daß sich gegen Ende der 80er Jahre eine tiefgehende Spaltung innerhalb der Gruppe der Grünen Frauen vollzogen hat. Diese Spaltungslinie verläuft, wie gezeigt, entlang der Fragen nach Emanzipationsansatz und -zielen sowie dem dahinter stehenden Frauenbild.
Die Grünen Radikalfeministinnen lassen sich eher dem Emanzipationsansatz „Gleichheit" zuordnen, während die Grünen moderateren Feministinnen stärker den „Differenz"-Ansatz vertreten. Entsprechend ist es für Grüne Feministinnen schwieriger (bis zum Teil unmöglich) geworden, eine gemeinsame Frauenpolitik zu entwickeln und zu vertreten.
Außerdem wird der Streit um eine gemeinsame Frauenpolitik immer wieder von den allgemeinen Strömungskonflikten überlagert. So lassen sich die Radikalfeministinnen eher dem linken oder fundamentalpolitischen Flügel der Grünen zuordnen, während die moderateren Feministinnen mehr zum reformorientierten oder realpolitischen Flügel der Grünen tendieren.
Claudia Pinl kommt in ihrer Bilanz von zehn Jahren Feminismus bei den Grünen zu der Einschätzung, daß der Spielraum inzwischen für feministische Ansätze, verglichen mit den Anfangsjahren, stark eingeschränkt ist.[171] Die Ursache dafür sieht sie in der zunehmenden Etablierung der Grünen als Partei, die sich heute weniger an der Basis der Bürgerinitiativen und sozialen Bewegungen orientiere als an dem Wunsch nach Regierungsbeteiligung.
Die Grünen Frauen verstehen sich nach Pinl zwar immer noch als parlamentarisches Sprachrohr der Frauenbewegung, allerdings sei der Diskussionszusammenhang schwieriger geworden, da sich die Autonomen Frauen stärker in ihre Projekte zurückgezogen hätten. Sie zieht daher aus ihren Überlegungen den Schluß:

---

[171] Vgl. Pinl in der taz-Debatte „Abschied vom Feminismus? 10 Jahre Die Grünen – Versuch einer Bilanz" vom 15.1.1990, S. 14

> „In der gegenwärtigen Situation kommen wir nur weiter, wenn wir uns wieder auf radikale Forderungen besinnen. Auf Forderungen, die den Kern patriarchaler Strukturen berühren."[172]

Regina Michalik geht in ihrer Bewertung von zehn Jahren Feminismus bei den Grünen noch einen Schritt weiter, wenn sie sagt, feministisches Engagement bei den Grünen sei zur Zeit „sinnloser Verschleiß"[173]. Sie räumt zwar ein, daß die Grünen mit ihrer Frauenpolitik die anderen Parteien unter Zugzwang gesetzt hätten, jedoch falle der reale Nutzen für Frauen, wie beispielsweise mehr Geld, Rechte und Freiräume, sehr gering aus. Außerdem hätten die Feministinnen in der Partei immer betont, daß die Schaffung von materiellen Voraussetzungen für Frauenpolitik – also Quotierung, Frauenreferate, Frauenstatut – noch keine feministische Politik sei, sondern eben nur deren notwendige Voraussetzung.

> „Der Apparat aber war schneller: Die zunächst lockeren Parteistrukturen wurden rasch zu abgesteckten Machtterrains, in die frau nur unter Beachtung der strengen Regeln informeller Hierarchien, der Nutzung von Seilschaften, des Sich-verdient-Machens eindringen konnte: Männerbünde mit verordneter Frauenquote."[174]

Die Grünen seien von daher nie eine feministische Partei gewesen, sondern hätten sich lediglich einen frauenfreundlichen Anstrich gegeben. Mit dem wachsenden Anspruch auf Regierungsbeteiligung habe die Radikalität der Grünen abgenommen, so daß die Feministinnen, statt ihre Politik weiterentwickeln zu können, um den Erhalt der erkämpften Forderungen streiten mußten. Michalik zieht daraus das Fazit:

> „Solange der grüne 'mainstream' Politik mit Parlamentspolitik und Macht mit Koalition gleichsetzt, ist linke wie feministische Politik in den Grünen Sisyphusarbeit."[175]

Die Grünen Feministinnen hätten ihrer Ansicht nach den Fehler begangen, sich an parteiinterne Sachzwänge anzupassen und ihre Tagesordnungen an der Partei zu orientieren. Die Probleme der Frauen, mit Macht und Konkurrenzverhalten umzugehen, hätten mit dazu geführt, daß keine kollektiven Diskussions-, Entscheidungs- und Handlungsstrukturen entstehen konnten. Die Politikerinnen blieben oder wurden somit zu Einzelkämpferinnen. Zwar gelang ihnen unter anderem die Durchsetzung der Quotierung, des Frauenstatuts und die Ausarbeitung eines Antidiskriminierungsgesetzes – diese „Erfolgsliste" ließe sich noch verlängern.

---

[172] Ebda.
[173] Michalik, in der taz-Debatte vom 15.1.1990, S. 14
[174] Ebda.
[175] Ebda.

„Aber den entscheidenden Schritt von der Durchsetzung frauenfreundlicher Forderungen zu feministischer Politik haben wir nicht gemacht."[176]

Michalik bezweifelt generell, ob feministische Politik in einer Partei, dazu noch in einer gemischtgeschlechtlichen, möglich ist. Sie nennt unverzichtbare Bedingungen, die dafür notwendig seien, nämlich

„kollektive Frauenstrukturen, eine politisierte, auseinandersetzungsbereite Partei, eine kritische WählerInnenschaft"[177].

Da diese Bedingungen zur Zeit bei den Grünen nicht gegeben seien, fehlten allein schon die Voraussetzungen für eine feministische Politik.

Wenige Tage nach Erscheinen der vorgestellten Artikel von Pinl und Michalik in der „taz" äußerten Beck-Oberdorf und Kiltz in einer Replik ihre Einschätzungen hinsichtlich des Feminismus bei den Grünen. Schon der Titel „Aufbruch zu neuen Ufern. Jenseits des unproduktiven Streits um den 'wahren' Feminismus gibt es eine selbstbewußte grüne Frauenpolitik"[178] deutet an, daß sie der rigorosen Absage an Grüne Frauenpolitik durch Pinl und Michalik so nicht zustimmen.
Sie beklagen stattdessen, daß der Begriff Feminismus bei den Grünen häufig strömungspolitisch mißbraucht und überstrapaziert worden sei, so daß er innerhalb der Partei an Glaubwürdigkeit verloren hätte. Außerhalb der Partei würde er den meisten Frauen sinnentleert erscheinen.

„Der Versuch, den 'wahren' Feminismus ausschließlich im linken, fundamentalistischen Lager zu verorten, reduzierte uns zu Strömungsfrauen."[179]

Der Emanzipationsbegriff Grüner Frauenpolitik, ursprünglich durch die Radikalfeministinnen geprägt, sei ebenfalls sehr lange so eng gefaßt gewesen, daß er der Vielfalt weiblicher Lebensentwürfe nicht entsprochen hätte. Statt beispielsweise anläßlich des „Müttermanifests" eine produktive Debatte um „Gleichheit" und „Differenz" und die damit verbundenen Emanzipationsstrategien zu beginnen, hätten sich die Grünen Feministinnen zerstritten und gegenseitig aus-gegrenzt.
Dem von ihnen als zu eng kritisierten Frauenbild der Radikalfeministinnen setzen Beck-Oberdorf und Kiltz ein Frauenbild entgegen, nach dem die Frau sich als eigenständige Person mit eigenen Ansprüchen und Bedürfnissen entfalte, ohne auf die Rolle als Mutter, Ehefrau, Geliebte oder berufstätige Frau festgelegt zu werden. Neben Gleichstellungsvorschriften wie Quotierung, Gleichstellungsgesetze etc. streben Beck-Oberdorf und Kiltz deshalb vor allem eine „Kulturrevolution" an, die von den Frauen selbst herbeigeführt, hauptsächlich aber „herbeigelebt"[180] werden

---

[176] Ebda.
[177] Ebda.
[178] Beck-Oberdorf/Kiltz, in der taz vom 24.1.1990, S. 13
[179] Ebda.
[180] Ebda.

soll. Zu starre und verbindliche Vorschriften würden dagegen den Wünschen und Bedürfnissen von Frauen nach Vielfalt nicht entsprechen.
Einen Erfolg Grüner Frauenpolitik sehen Beck-Oberdorf und Kiltz besonders darin, daß sich die Quote inhaltlich niedergeschlagen habe und damit die „Geschlechterfrage" auch in Bereichen wie Verkehrspolitik, Renten und Landwirtschaftspolitik thematisiert würde. Diesen Ansatz gelte es weiterzuverfolgen.

> „Ureigenste Aufgabe grüner Frauen wäre unseres Erachtens darüber hinaus, den Zusammenhang von Feminismus und Ökologie genauer herauszuarbeiten, also die Patriarchatskritik in Verbindung zu bringen mit der ökologischen Zerstörung, der Destruktivkraft von Forschung und Technologie und der Ausbeutung der Dritten Welt."[181]

Zu den eher konkreten Bedingungen feministischer Politik bei den Grünen dagegen äußert sich Verena Krieger in ihrer politisch-persönlichen Aufarbeitung von zehn Jahren Mitarbeit in der Partei.[182] Zur Quote resümiert sie, daß diese zwar den Zwang erzeuge, Frauen den Zugang zu Ämtern und Positionen zu verschaffen. Aber die Quote könne nicht die Bedingungen, unter denen die Frauen in der Politik arbeiten, verändern. Zusätzlich hätten sich die Bedingungen für Feministinnen bei den Grünen dadurch verschlechtert, oder eben auch „normalisiert", daß die Grünen zunehmend zu einer „normalen" Partei geworden wären. Das heißt:

> „Je größer die tatsächliche oder vermeintliche Relevanz politischer Ämter, je interessanter die damit verbundenen Privilegien, desto massiver werden sie heute den Frauen wieder von Männern streitig gemacht."[183]

Besonders aber gegen den informellen Machtvorsprung der Männer, zum Beispiel durch politiknahe Berufsausbildung, die bei Männern weitaus häufiger gegeben ist als bei Frauen[184], gegen ihre Männerstammtische und -seilschaften könne die Quote nichts ausrichten. Bestimmte Dimensionen feministischer Politik wurden aber auch erst später in ihrer Tragweite und ihren Konsequenzen für Grüne Frauenpolitik deutlich.

> „Grüne Frauenpolitik war zunächst nichts anderes als der Versuch, die in autonomen Zusammenhängen entwickelte Gesellschaftskritik und daraus entstandenen Lebenspraxen in Politik zu 'übersetzen'. Sie tat dies in zweierlei Hinsicht: indem sie die formale Präsenz von Frauen in der Politik sicherte und indem sie feministische Kritik mehr oder minder erfolgreich zu Parteiprogrammatik transformierte."[185]

---

[181] Ebda.
[182] Krieger, 1991
[183] Dies., S. 59
[184] Vgl. Kahlweit, 1994
[185] Krieger, S. 68

Hinter diesem Ansatz verbirgt sich nach Krieger ein reduziertes Politikverständnis, das mit den gegen Frauen wirksamen Ausgrenzungsmechanismen zusammenhängt. Frauen stützten sich demnach umso mehr auf formelle Strukturen, je stärker die informellen gegen sie wirken. Der Versuch, sich durch Formalismen wie die Quote zu schützen, habe sich als unwirksam erwiesen.

> „Die Quote schafft einen kollektiven Einstieg, einen Kollektivzusammenhang schafft sie nicht."[186]

Dieser Kollektivzusammenhang unter Frauen sei jedoch die Grundvoraussetzung für feministische Politik, er könne aber nicht formal, sondern müsse politisch hergestellt werden.

> „Und dies wiederum bedeutet nichts anderes, als daß die ursprüngliche 'privatistische' Strategie der Selbsterfahrungsgruppen nicht einfach als vermeintlich überholt abgelegt werden kann, sondern zu einer 'politischen' Strategie weiterentwickelt werden muß."[187]

Allerdings läßt Krieger offen, wie dies geschehen könnte. Als wichtigste Leistung bisheriger Grüner Frauenpolitik stellt Krieger fest, daß den Themen der Frauenbewegung eine den Regeln der Partei- und Parlamentsarbeit entsprechende Öffentlichkeit verschafft werden konnte. Das bedeutete aber auch, „sie für diese Form der Öffentlichkeit neu zuzurichten"[188] und den entsprechenden Forderungen die feministische Spitze zu nehmen. Jedoch räumt sie ein:

> „Die mit dem Transport feministischer Kritik in die Sphäre der Politik verbundene Entfremdung (von der Frauenbewegung und ihren Zielen, G.B.) ist nicht 'Verrat', sondern Zwangsläufigkeit."[189]

In den Anfangsjahren hätten die Grünen mit ihrer Frauenpolitik in bezug auf die anderen Parteien eine Katalysatorfunktion gehabt. Außerdem sei es ihnen gelungen, das Spannungsverhältnis zwischen der angeblichen Frauenfreundlichkeit der herrschenden Parteien einerseits und radikalfeministischer Gesellschaftskritik andererseits aufzuzeigen und auf diese Weise politisierend zu wirken.
Spätestens aber mit dem Müttermanifest, das für Krieger lediglich ein neu formuliertes Konzept bürgerlicher Frauenpolitik darstellt und damit kein Ansatz für feministische Politik sein könne, hätten die Grünen den Anspruch aufgegeben, dieses Spannungsverhältnis aufrechtzuerhalten. Zugespitzt kann gesagt werden, daß sie sich – zumindest frauenpolitisch – in das Spektrum der etablierten Parteien einreihten.

---

[186] Dies., S. 69
[187] Dies., S. 69/70
[188] Dies., S. 73
[189] Dies., S. 74

Die Erwartungen, die von Feministinnen ursprünglich an die Quote geknüpft waren – nämlich nicht nur den Frauenanteil zu erhöhen, sondern auch die Strukturen in der Partei und in den Parlamenten zu verändern – hätten sich nicht erfüllt.

Krieger zieht daraus den Schluß, daß sich Frauen vorerst außerhalb von Parteien und Parlamenten politisch engagieren sollten, um die Bedingungen für Politik zu verändern. Sie schlägt in erster Linie vor, den Männern die politische Gefolgschaft aufzukündigen, und daß Frauen nicht länger darauf warten sollten, daß Männer ihr politisches Rede-.und Machtverhalten ändern.

> „Deshalb brauchen wir einstweilen eine Frauenpolitik, die den Anspruch auf Autonomie in allen Politikzusammenhängen so konsequent in die Tat umsetzt, daß sie Männern Mitleid, Schmeichelei, Bestätigung und Unterordnung grundsätzlich verweigert. Vielleicht lernen wir dann endlich, uns selbst zu stärken."[190]

Dieses emotionsgeladene Plädoyer für autonome Frauenpolitik ist eine deutliche Absage an die Grüne Parteipolitik. Den Männern die Solidarität und die politische Gefolschaft aufzukündigen, ließe sich für Feministinnen noch relativ leicht bewerkstelligen. Doch welche Praxis autonomer Frauenpolitik Krieger vorschwebt, läßt sich daraus nicht ableiten.
Sollte die Frauenbewegung tatsächlich nur um die *Erfahrung* dessen reicher geworden sein, was sie theoretisch schon längst prophezeit hat? Daß nämlich feministische Politik nur außerinstitutionell, also autonom möglich ist, aber deshalb ständig Gefahr läuft, in Nischen zu existieren, ohne durchgreifende strukturelle Veränderungen auf gesellschaftlicher Ebene zu bewirken?

Claudia Pinl konstatierte bereits 1988, als sich die Krise des Grünen Feminismus als Grundsatzkonflikt abzuzeichnen begann: „Mühsame Bewegungen im patriarchalischen Sumpf."[191] Sie räumte zwar ein, daß sich das politische Klima zugunsten von Frauen verbessert habe.

> „An der faktischen Machtverteilung zwischen Männern und Frauen hat sich jedoch wenig bis nichts geändert."[192]

Vor allem dadurch, daß Grüne Programme nie umgesetzt und Grüne Forderungen sich selten in der Praxis bewähren mußten – von verschiedenen Ausnahmen und Experimenten einmal abgesehen –, würden besonders von den Grünen Radikalfeministinnen Zweifel angemeldet, ob der frauenpolitisch eingeschlagene Weg der richtige sei.
Die Grünen moderateren Feministinnen versprächen sich dagegen von weniger radikalen Forderungen und entsprechenden Anpassungen an die Zeitströmungen

---

[190] Dies., S. 93
[191] Titel des Aufsatzes. Pinl, 1988, S. 84
[192] Dies., S. 91

mehr Erfolg. Für die Grüne Frauenpolitik bedeute dies, nicht länger das patriarchalische Geschlechterverhältnis zu thematisieren, sondern den „postfeministischen" Weg der Versöhnung der Geschlechter einzuschlagen.
Pinl zog daraus 1988 das Fazit:

> „Die grüne Frauenpolitik steht an einem Scheideweg. Wenn sie sich mehrheitlich auf den postfeministischen Weg begibt, die Differenzen zwischen den Geschlechtern unhistorisch als 'Lebensvielfalt' feiert, eine angebliche Beliebigkeit weiblicher Lebensentwürfe als neue Freiheit begrüßt und voreilig einer Versöhnung der Geschlechter das Wort redet, mag sie zwar bei vielen, vor allem vielen Männern, Beifall finden. Was aber dann noch der Unterschied zu frauenpolitischen Konzepten von FDP oder CDU sein soll, dürfte immer schwieriger darzustellen sein."[193]

Daher sei es ihrer Meinung nach dringend notwendig, den Grünen Radikalfeminismus durch neue Impulse und durch die Unterstützung aus der autonomen Frauenbewegung zu stärken. Wie wir heute wissen, hat dies nicht stattgefunden.

Raschke macht dafür verschiedene Faktoren verantwortlich. Durch Einbindung der Frauen in die Partei sei ihr Kontakt zur Frauenbewegung notwendig geringer geworden, da die Parteiarbeit bei den Grünen durch einen hohen Zeitaufwand gekennzeichnet sei. Gleichzeitig erfordere die aktive Mitarbeit in der autonomen Frauenbewegung durch deren dezentralisierte Struktur ebenfalls viel Zeit. Alle Tendenzen deuteten daher auf „Entkopplung"[194] der Grünen Feministinnen von der Basis, der autonomen Frauenbewegung.
Die Quotierung hätte zur Folge gehabt, daß die Grünen Feministinnen in einen Prozeß der Selbstüberforderung geraten seien. Denn die 50%-Quote bedeute bei einem 35%-Frauenanteil an Grünen Mitgliedern, daß Frauen mehr Ämter und Positionen übernehmen müßten, als es ihr Mitgliederanteil ermögliche. Dieses Problem trete besonders bei Kreis- und Ortsvorständen, Kommunalmandaten, Beisitzerpositionen in Landesvorständen sowie für die Delegierten zu Landes- und Bundesdelegiertenkonferenzen auf. Dagegen gebe es für Positionen auf Bundes- und Landtagslisten, Kandidaturen zum Bundesvorstand oder zu den Wahlen zum Europaparlament durchaus genügend Bewerberinnen.[195]
Der seit dem Müttermanifest aufgebrochene Grundsatzkonflikt über den Grünen Feminismus zwischen den Radikal- und den moderateren Feministinnen habe mit dazu beigetragen, daß sich Teile der Grünen Frauen aus der Frauenpolitik zurückgezogen hätten.

> „Daß grüne Frauenpolitik insgesamt keine neuen, öffentlichkeitsrelevanten Themenvorschläge machen konnte, die Ost-West-Differenz bei ihnen [...] auf begrenzte Resonanz stieß, die etablierten Parteien in verwässerter Form

---

[193] Dies., S. 92
[194] Raschke, 1993, S. 428
[195] Vgl. Ders., S. 429, Fußnote 215

die alten grünen Themen okkupiert hatten, dies alles trug mit zum innerparteilichen Einflußverlust des Frauensektors bei."[196]

Den Radikalfeministinnen sei es seit Aufbrechen des Grundkonflikts nicht gelungen, der Basis Programm, Projekte und eine Praxis anzubieten, die dem Bewußtsein und vor allem der Lebensrealität von Frauen entsprochen hätten. Die moderateren Feministinnen dagegen, die das Konzept einer „Geschlechterpolitik" vertraten und mit diesem alle Politikbereiche durchdringen wollten, hätten mit diesem Ansatz ebenfalls wenig gruppenbildend wirken können.

Nach Raschke stellt sich die Gesamtsituation Grüner Frauenpolitik zur Zeit folgendermaßen dar:

> „Mobilisierende inhaltliche Debatten finden nicht mehr statt; wechselseitige Feindbilder und Selbstlähmung bei den Frauen, denen die Geschichte des grünen Feminismus noch in den Knochen steckt; der Kampf um die wenigen frauenpolitischen Ressourcen wird von verbliebenen, kleinen Aktivgruppen mit großer Verbissenheit geführt, ohne daß die jeweiligen Siegerinnen viel bewegen könnten; Impulse von außen sind schwach, der gesamtgesellschaftliche Stellenwert von Frauenpolitik ist gesunken."[197]

Sicherlich tragen die Grünen Feministinnen einen Teil der Verantwortung für die Geschichte des Grünen Feminismus, das Aufbrechen und Fortbestehen des Grundsatzkonfliktes und das Scheitern des radikalfeministischen Ansatzes. Dabei darf jedoch der strukturelle Konflikt, in den feministische Politik in Parteien und Parlamenten gerät, nicht unterschätzt werden.

Die Grüne Politikerin Marita Haibach sieht „den wesentlichen Unterschied zwischen Frauenpolitik und feministischer Politik in den Zielvorstellungen"[198].

Danach hat Frauenpolitik vorrangig zum Ziel, Diskriminierungen aufzuheben. Das Ziel feministischer Politik dagegen ist die Umstrukturierung der Gesellschaft.

Folgt man dieser Unterscheidung, so bleibt festzustellen, daß Grüne Frauenpolitik durchaus Erfolge aufzuweisen hat. Grüne Feministische Politik hingegen wird zwar dem Anspruch nach zum Teil formuliert, hat sich aber in der Partei nicht grundsätzlich durchsetzen und auf gesellschaftlicher Ebene keine Veränderungen erzielen können.

---

[196] Vgl. Ders., S. 433/434, Fußnote 251
[197] Ders., S. 434
[198] Haibach, zit. n. Damkowski, 1993, S. 78

3.3 Das Projekt „Feminismus im Bundestag" – Der Unabhängige Frauenverband (UFV)

Frauen gehörten schon vor dem Aufbruch der Bürgerbewegung in der DDR im Herbst 1989 der Oppositionsbewegung an, die sich Ende der 70er Jahre vor allem unter dem Dach der evangelischen Kirche formierte. Im Zuge der Forderungen nach Reformierung des DDR-Sozialismus im Herbst 1989 fürchteten die engagierten Frauen, daß die Frage des Geschlechterverhältnisses, das auch in der DDR patriarchalische Züge aufwies, weiterhin als „Nebensache" behandelt werden könnte.
So entstanden an vielen Orten Traueninitiativen, die die Interessenvertretung von Frauen durch die Gründung einer eigenständigen Frauenvereinigung anstrebten,

> „die die Geschlechterfrage endlich auf die politische Tagesordnung des gesellschaftlichen Wandels in der DDR setzen sollte"[199].

Ein sogenanntes „Initiativkomitee zur Gründung eines autonomen Frauenverbandes der DDR" lud die verschiedenen Traueninitiativen ein, um über die Bündelung der Frauenbewegung zu diskutieren. Der Vorschlag des Komitees lautete, am 3.12.1989 in der Volksbühne zusammenzukommen, um

> „'einen Frauenverband zu gründen, in dem sich alle unabhängigen Frauengruppen und -initiativen; Frauenvereine und -kommissionen; Frauenfraktionen der Parteien und Massenorganisationen; und jede einzelne Frau zu einer politischen Interessenvertretung zusammenschließen, ohne ihre Eigenständigkeit aufzugeben'"[200].

An der Versammlung in Berlin nahmen mehr als 1.200 Frauen teil, und das Ergebnis war die Konstituierung des Unabhängigen Frauenverbands (UFV). Diesem gelang es binnen weniger Monate, eine herausragende Stellung in der politischen Landschaft der DDR einzunehmen. Er hatte Sitz und Stimme an den Runden Tischen auf allen Ebenen, delegierte Frauen in parlamentarische und kommunale Kommissionen, stellte Kandidatinnen zu den Wahlen, sorgte für die Einrichtung von Gleichstellungsstellen und entsandte eine Ministerin in die Modrow-Regierung.
Der UFV bekannte sich öffentlich zum Feminismus. Dies hatte bis dahin keine Organisation in der DDR getan, um nicht ins politische Abseits zu geraten, da in der DDR Feminismus mit „Männerfeindlichkeit" assoziiert worden war. Im Programm des UFV vom Februar 1990 lautete die Definition von Feminismus:

> „Wir wollen das Wort Feminismus von Vorurteilen freimachen. Feminismus steht für die Interessenwahrnehmung und -vertretung von Frauen. Feministische Sicht betrachtet gesellschaftliche Verhältnisse unter dem

---

[199] Schenk/ Schindler, 1993, S. 133/134
[200] Zit. n. Behrend, 1994, S. 27

Aspekt der Stellung des weiblichen Geschlechts. Feministische Politik zielt darauf, Geschlechterverhältnisse als Rang- und Machtverhältnisse aufzuheben."[201]

Die Initiatorinnen des UFV waren vorwiegend Hoch- und Fachhochschulabsolventinnen. Die Zusammensetzung der Mitglieder dagegen war weitaus heterogener. Auch die Zusammenhänge, aus denen die Frauen kamen, waren sehr unterschiedlich, so zum Beispiel aus den oppositionellen Gruppen unter dem Dach der Kirche, aus privaten und zum Teil wissenschaftlichen Diskusssionskreisen und auch aus der SED. Darüber hinaus gelang es dem UFV, Frauen anzusprechen, die vorher nicht politisch aktiv gewesen waren.

Dem Selbstverständnis des UFV entsprach obige Definition von Feminismus. Auf dieser Grundlage sollten die Vorstellungen für die Umgestaltung der Gesellschaft entwickelt werden. Das Ziel dieser Umgestaltung war für den UFV eine Reformierung der DDR-Gesellschaft, nicht die Vereinigung mit der Bundesrepublik.

Die zukünftige Gesellschaft sollte nach dem Statut vom Februar 1990 eine humane, demokratische, ökologisch verträgliche und sozial gerechte Gesellschaft sein. Die Mitgründerinnen des UFV, Christina Schenk und Christiane Schindler, betonen, daß Feminismus damit „Patriarchatskritik und alternatives Gesellschaftskonzept zugleich"[202] darstellte.

Daraus ergaben sich zwei konkrete Zielstellungen des UFV. Die erste Zielvorstellung sah die Gleichstellung von Frauen und Männern vor. Die Frauen des UFV benutzten bewußt den Begriff Gleichstellung, da ihnen der von der westdeutschen Frauenbewegung benutzte Begriff Gleichberechtigung verkürzt und lediglich auf das Einfordern gleicher Rechte bezogen zu sein schien. Sie verstanden dagegen unter Gleichstellung eine Gleichheit der Chancen von Frauen und Männern, um eigene Lebensentwürfe entwickeln und umsetzen zu können. Aus ihrer Perspektive bedeutete dies, daß die herkömmlich patriarchalischen Werte und Normen infrage gestellt und neue entwickelt werden, die Frauen nicht diskriminieren.

Die zweite Zielvorstellung bestand darin, daß alle Lebensformen gesellschaftlich akzeptiert und weder Frauen noch Männer in ihrem Selbstbestimmungsrecht verletzt werden.

Um diese Ziele zu erreichen, machte es sich der UFV zur Aufgabe, drei Strategien gleichzeitig zu verfolgen. Die erste Strategie bestand im *„Aufbau einer außerparlamentarischen Frauen-Gegen-Kultur"*[203]. Darunter fielen Frauenprojekte, Frauenzentren, Frauenbuchläden, Frauencafés usw. – also Räume und Möglichkeiten für Frauen, um im Austausch miteinander die private Isolation aufzubrechen und zu erkennen, daß die Lebenssituation von Frauen gesellschaftliche Ursachen

---

[201] Zit. n. Schenk/ Schindler, S. 134
[202] Ebda.
[203] Schenk, 1994, S. 36

hat. Damit wurde außerdem angestrebt, daß Frauen Mut finden, sich politisch für die Verbesserung der Situation von Frauen zu betätigen. Nicht zuletzt sollte in diesen Frauenräumen ein Frauenzusammenhang hergestellt werden, der die Frauenbewegung und ihre politischen Kämpfe insgesamt stärken sollte.
Die zweite Strategie des UFV war die „*Einrichtung von Gleichstellungsstellen*"[204], um die Gleichstellungspolitik institutionell zu verankern, und zwar in den Entscheidungsebenen der Wirtschaft und in den Verwaltungsgremien von Städten, Kommunen und Gemeinden. In der Legislative fand diese Strategie ihren Ausdruck in der Forderung und Einrichtung eines Frauenministeriums.
Die dritte, gleichzeitig verfolgte Strategie sollte ein „*feministisches Engagement in den Parlamenten*"[205] sein, die auch das Projekt „Feminismus im Parlament" genannt wurde. Diese Strategie wurde deshalb verfolgt, weil die UFV-Frauen annahmen, daß die Parlamente die Orte seien, wo politische Entscheidungen getroffen würden. Sie versprachen sich von einer Mitarbeit in den Parlamenten eine Einflußnahme entsprechend der Zielsetzungen des UFV auf die gesellschaftlichen Gestaltungsprozesse.
Bereits bei der Konstituierung des Verbands im Dezember 1989 waren sich die Frauen über die politischen Strategien einig. Von Beginn an gehörte es zum politischen Selbstverständnis des Frauenverbands, daß gesellschaftliche Veränderungen zugunsten von Frauen nicht nur durch eine feministische Gegenkultur zu erreichen seien, sondern vor allem auch durch Zugang zur und Mitarbeit an institutionalisierter Politik. Auffällig ist, daß der UFV ein gleichzeitiges Nebeneinander der Strategien bevorzugte, die in der westdeutschen Frauenbewegung nacheinander folgten und heute von verschiedenen Frauengruppen unterschiedlich verfolgt werden.
Feministische Politik im Sinne des UFV ist somit umfassend und vor allem auch bezogen auf die institutionalisierte Politik. Es ging ausdrücklich nicht um die Schaffung von Frauennischen im (sub)kulturellen Bereich, um Frauenpolitik als Sonderthema oder mit sozialpolitischem Schwerpunkt. Gemeint war explizit

> „feministische Politik, die die Auflösung des hierarchischen Verhältnisses zwischen Frauen und Männern in der Gesellschaft zum Ziel hat und die daher ausnahmslos alle Bereiche der Gesellschaft durchdringen muß"[206].

Als erste politische Konsequenz dieses Ansatzes erfolgte die Mitarbeit des UFV an den zwischen Dezember 1989 und Mai 1990 eingerichteten, sogenannten Runden Tischen der DDR, um sich hier für die Frauenemanzipation zu engagieren. Auch am Zentralen Runden Tisch der DDR hatte der UFV einen Platz, um sich in alle in diesem Gremium behandelten Themen frauenpolitisch im Sinne des Selbstverständnisses und der Zielvorstellungen des UFV einzumischen.

---

[204] Ebda.
[205] Dies., S. 37
[206] Schenk, 1994, S. 38

Daran zeigt sich, daß für den UFV die Frauenpolitik nicht den Status eines Ressorts unter anderen innehatte, sondern als „Querschnittaufgabe"[207] aufgefaßt, definiert und durchzusetzen versucht wurde.

Ein Umsetzungsversuch bestand in dem Vorschlag des UFV, der Zentrale Runde Tisch solle eine Arbeitsgruppe „Gleichstellung von Frau und Mann" einrichten. Dem wurde stattgegeben, und unter der Federführung des UFV wurde ein analytischer Überblick über die Situation von Frauen in der DDR erstellt, der die Grundzüge der Diskriminierung aufzeigte. Auf seiner Basis wurden der Begriff Gleichstellung konkretisiert und politische Aufgaben formuliert. Gleichstellung wurde hier definiert als Chancengleichheit von Frauen und Männern, ihre persönliche Entwicklung und Lebensform selbst zu bestimmen und die Partizipationsmöglichkeiten in allen gesellschaftlichen Bereichen wahrnehmen zu können – also ganz im Sinne des UFV. Als Aufgaben sah des Papier der Arbeitsgruppe „Gleichstellung" vor:

> „Bemühungen um Gleichstellung setzen die Abkehr von männlich orientierten Maßstäben voraus und erfordern die Berücksichtigung der in mehrfacher Hinsicht (ökonomisch, strukturell, informell, sozialpsychisch, kulturell, politisch, sozial) grundsätzlich verschiedenen Ausgangssituationen von Frau und Mann in der Gesellschaft."[208]

Außerdem forderte die Arbeitsgruppe eine aktive Gleichstellungspolitik. Als erster Bereich einer aktiven Gleichstellungspolitik wird die ökonomische Selbständigkeit von Frau und Mann genannt. Dazu zählt als Grundwert die Vereinbarkeit von Erwerbstätigkeit, Partnerschaft und Elternschaft. Der zweite Bereich aktiver Gleichstellungspolitik umfaßt die Chancengleichheit von Frauen und Männern in Wirtschaft, Politik und Gesellschaft. Als dritter Bereich wird das Selbstbestimmungsrecht beider Geschlechter genannt. Außerdem forderte die Arbeitsgruppe ein Ministerium für die Gleichstellung von Frauen und Männern, „das mittels weitreichender Befugnisse wirksamen Einfluß auf die Regierungspolitik nehmen sollte"[209].

Wie deutlich geworden ist, deckten sich die Forderungen der Arbeitsgruppe „Gleichstellung von Frau und Mann" des Zentralen Runden Tisches mit den Forderungen und Zielvorstellungen des UFV. Insofern kann seine anfängliche politische Arbeit durchaus als erfolgreich bezeichnet werden.

Die Frauen des UFV entschlossen sich so selbstverständlich für ein Mitwirken in der institutionalisierten Politik, da sie mit dem politischen System der DDR spezifische Erfahrungen gemacht hatten.

> „Die Selbstverständlichkeit des Hineingehens in die Strukturen, in denen Macht verhandelt wird und in denen die Entscheidungsprozesse stattfinden,

---

[207] Ebda.
[208] Zit. n. Schenk, 1994, S. 39, Fußnote 2
[209] Dies., S. 39

hat ihren tiefen Grund in der Erfahrung, daß die Verhältnisse in der DDR in erster Linie das Resultat der Politik von 'oben' waren."[210]

Insofern war es naheliegend, in die Macht- und Entscheidungszentren vorzudringen, um bei der Umgestaltung der Verhältnisse in frauenpolitischer Absicht überhaupt mitwirken zu können. Außerdem war die kollektivistische politische Sozialisation in der DDR auf die Gesamtgesellschaft und ihre Institutionen ausgerichtet, die somit auch das Verhältnis der Ost-Frauen zur institutionalisierten Politik prägte.

„Zum anderen entstand im Herbst '89 plötzlich die Möglichkeit und damit die Notwendigkeit, eine Entscheidung über einen unmittelbaren Zugriff auf institutionalisierte politische Macht zu treffen."[211]

Der UFV hat seinem Anspruch nach versucht, sowohl die autonomen Frauengruppen und -projekte als auch die Frauenpolitik in institutionalisierten Zusammenhängen wie Verwaltung und Parlament in sich zu vereinbaren. Er sollte von daher einerseits basisdemokratisch organisiert sein, damit sich jede Frau einbringen könne. Andererseits mußte eine klare politische Standortbestimmung des Verbands vorgenommen werden, um einen Grundkonsens unter den Mitgliedern sicherzustellen.
Dieser Spagat stellte sich sehr bald als schwierig heraus, da die voranschreitenden Entwicklungen im Laufe des Jahres 1990 den UFV vor immer neue Entscheidungs- und Handlungserfordernisse stellten. Diese ließen sich nicht mit basisdemokratischen Prinzipien angemessen lösen.

„Es mußten Kompromisse gefunden werden, bei denen einerseits basisdemokratische Formen weitestgehend erhalten bleiben und andererseits ein Agieren in der institutionalisierten Politik möglich ist."[212]

Daraufhin wurde ein Rat der Sprecherinnen des UFV eingerichtet, der ursprünglich nicht vorgesehen war. Dieser Sprecherinnenrat erhielt die Befugnis, Entscheidungen im Namen des Verbandes zu treffen. Allerdings steht ihm dies nur in dringenden Fällen zu, die schnell entschieden werden müssen und nicht bis zu einer Zusammenkunft des Frauenkongresses oder des Landeskoordinierungsrates aufgeschoben werden können.
Diese Einrichtung allerdings birgt die Gefahr der Hierarchisierung und wurde besonders von den autonomen Frauen im UFV mit Skepsis betrachtet. Das Spannungsverhältnis zwischen den „Projektfrauen" und den „Politikfrauen", die in Gremien und Parlamenten saßen, spitzte sich damit zu.
In diesem Zusammenhang besitzt auch die Tatsache, daß der UFV bezahlte Mitarbeiterinnen hat, eine gewisse Brisanz. Zwar können sich die Mitarbeiterinnen aufgrund ihrer finanziellen Absicherung ganz der Arbeit im UFV widmen.

---

[210] Schenk/ Schindler, S. 135
[211] Dies., S. 136
[212] Schenk, 1990, S. 853

Gleichzeitig werden sie dadurch zu „Spezialistinnen" in Sachen Frauenpolitik –
und damit auch zu Hauptverantwortlichen. Das bedeutet, daß das Engagement der
anderen Frauen im Verband nachläßt und sie die Aktivitäten an die
„hauptamtlichen", da bezahlten Frauen delegieren.
Viele Frauen zogen sich, nach anfänglich großem Engagement und hohen
Erwartungen, nach und nach aus dem UFV zurück. Die im Verlauf des Jahres 1990
sich abzeichnende Vereinigung der DDR mit der Bundesrepublik zerstörte die
politische Perspektive einer reformierten DDR – und damit war das ursprüngliche
Ziel des UFV obsolet. Dies löste bei den Frauen größtenteils Resignation oder auch
Rückzug in ihre Projekte oder ins Private aus. Der Kampf um die Existenz zehrte
an den Kräften und Hoffnungen der Ost-Frauen. Die im UFV häufig geführten
Debatten um Wahlplattformen, Satzungen und mögliche politische Bündnisse
erschienen vielen Frauen als zu mühselig.

> „Dazu kam, daß sie (die Frauen, G.B.) inzwischen erfahren hatten, daß die
> für sie neuen Politikformen wie Demos, Kundgebungen, Unterschriften-
> sammlungen, Resolutionen und Briefaktionen, auf die sie so große
> Hoffnungen gesetzt hatten, die Mächtigen in keiner Weise zu einer
> Änderung ihrer Politik veranlaßten."[213]

Der Frauenverband verlor damit an Verankerung in der Frauenbewegung und
mußte einen zunehmenden Schwund von Anhängerinnen hinnehmen. Fühlten sich
noch im Herbst 1989 über 10.000 Frauen dem UFV verbunden, hatte er im Juni
1991 nur noch ca. 2.000 Anhängerinnen.[214] Dadurch erfuhr seine Politik eine
Verengung. Das heißt, daß die zweite und dritte Strategie, Arbeit in den Gleichstellungsstellen und Engagement in den Parlamenten, gegenüber der ersten Strategie,
außerparlamentarische Frauen-Gegen-Kultur, in den Vordergrund traten.
Außerdem mußte sich der Verband zwei Jahre nach seiner Konstituierung für eine
neue Organisationsform entscheiden, da die im Rahmen des Einigungsvertrags
gesicherte übergangsweise Finanzierung abgelaufen war. In diesem Zusammenhang stellte sich die Frage, ob der Verband in eine Partei umgewandelt werden
sollte. Die Mitgründerin des UFV, Christina Schenk, äußerte sich dazu kritisch:

> „Der Begriff 'Partei' weckt alle möglichen Aversionen. Bei Frauen
> sowieso, weil das nicht ihre Organisationsform ist."[215]

Auf dem außerordentlichen Kongreß des UFV Ende September 1991 in Weimar
sprach sich die Mehrheit der Teilnehmerinnen gegen die Umwandlung des Verbands in eine Partei aus. Die Begründung lautete, daß die Vergangenheit gezeigt
habe, daß „alle Versuche, in der Rechtsform Partei eine Anti-Partei zu schaffen,
fehlgeschlagen"[216] seien. Die Frauen wollten nicht ihr feministisches Selbst-

---

[213] Behrend, 1994, S. 29
[214] Vgl. „Noch kein Votum pro oder contra Partei." 1991, S. 18
[215] Ebda.
[216] „Unabhängiger Frauenverband künftig Verein." 1991, S. 2

verständnis, ihre politischen Strategien und ihre Zielvorstellungen aufgeben, um sich den Parteistrukturen anzupassen. Feministische Politik und die Rechtsform Partei, mit dem Anspruch, eine Anti-Partei zu sein, hielten sie für unvereinbar. Sie sprachen sich daher für die Rechtsform Verein aus, der jetzt auch Mitglieder aus den alten Bundesländern aufnehmen könne.[217]

Besonders die dritte Strategie des UFV, das „feministische Engagement in Parlamenten" eignet sich dafür, das Spannungsverhältnis von feministischen Zielvorstellungen und parlamentarischer Politik sowie das Verhältnis von Feministinnen zur institutionalisierten Politik aufzuzeigen.
Als sich abzeichnete, daß eine Vereinigung der DDR mit der Bundesrepublik zustande kommt, beschloß der UFV mit Mehrheit, zu den ersten gesamtdeutschen Bundestagswahlen anzutreten. Der Verband kandidierte im Rahmen der Liste Bürgerbewegungen, zusammen mit Bündnis 90 und Die Grünen. Dabei waren sich die Frauen des UFV darüber bewußt, daß sich nach Anschluß der DDR an die Bundesrepublik die Arbeit im Bundestag anders gestalten würde als die am Zentralen Runden Tisch der DDR.
Der bevorstehende Anschluß der DDR und die damit einhergehende Übernahme des westdeutschen politischen Systems zwang den UFV, sein politisches Selbstverständnis zu überdenken. Wollten die UFV-Frauen ursprünglich die gesellschaftlichen Verhältnisse in der DDR unter feministischen Gesichtspunkten umgestalten, mußten sie sich nun neuen und anderen politischen Herausforderungen stellen und ihre Forderungen daraus ableiten.

„Der UFV konnte sich nicht länger als Bewegung verstehen, deren Politikansatz sich aus der konstruktiv-gestaltenden Einmischung in den Prozeß der Gesellschaftsveränderung ableitete. Jetzt kam es darauf an, der rücksichtslosen Übertragung bundesdeutscher Verhältnisse möglichst wirksamen Widerstand entgegenzusetzen. Der UFV fand sich in der Rolle der Opposition wieder."[218]

Die Strategie „feministisches Engagement in Parlamenten" war ursprünglich unter dem Eindruck der Umbruchsituation in der DDR im Herbst 1989 entwickelt worden, wo sich konkrete Mitarbeits- und Gestaltungsmöglichkeiten ergeben hatten. Mit der Übertragung westdeutscher Politikstrukturen auf Ostdeutschland stellte sich im UFV die Frage, ob es nicht wirksamer wäre, außerparlamentarische Politik zu machen, also nur seine ersten beiden Strategien zu verfolgen.
Zwar hatte sich die Mehrheit der UFV-Frauen für die Kandidatur zur Bundestagswahl 1990 ausgesprochen. Die Frage, ob dies den Zielvorstellungen des

---

[217] Laut Satzung können Männer nicht Mitglied im UFV sein. Dieser Punkt war jedoch von Beginn an umstritten.
[218] Schenk, 1994, S. 40

Verbands entsprach und welche Konsequenzen sich daraus ergeben könnten, konnte „im Strudel der Ereignisse"[219] jedoch nicht ausreichend diskutiert werden.
Die Wahl zum ersten gesamtdeutschen Bundestag brachte dem ostdeutschen Wahlbündnis Bündnis 90/Die Grünen acht Bundestagsmandate ein, darunter ein Mandat für den UFV. Christina Schenk zog für den Verband in den Bundestag und bezeichnete sich selbst als „Einzelkämpferin", da die westdeutschen Grünen an der 5%-Hürde gescheitert waren und somit keine westdeutschen Grünen Feministinnen im Bundestag mit ihr zusammenarbeiten konnten.
Aufgrund ihres Mandats im Bundestag war Christina Schenk herausgefordert, eine neue Antwort auf das Projekt „Feminismus im Parlament" zu finden.

> „Das Grundanliegen war und blieb, patriarchale Strukturen und Mechanismen zu benennen, sie transparent zu machen und solche Gesetzentwürfe oder Anträge einzubringen, die darauf abzielen, die Eigendynamik der ständigen Reproduktion patriarchaler Verhältnisse durch die Installation von Gegenmechanismen und eine Stärkung der Position von Frauen (arbeitsmarktpolitisch, juristisch, sozial etc.) aufzubrechen."[220]

Ihrer Erfahrung nach gelingt dies am ehesten bei Themen, die das Selbstbestimmungsrecht von Frauen tangieren, wie zum Beispiel die Regelung des Schwangerschaftsabbruchs, das Sexualstrafrecht, aber auch die Arbeitsmarktpolitik.
Zu Beginn ihrer Arbeit im Bundestag wurde ihr vorgeschlagen, innerhalb der Fraktion von Bündnis 90/Die Grünen für Sozialpolitik zuständig zu sein. Sie hat diese Zuständigkeit bewußt abgelehnt, da sie den Mechanismus der automatischen Zuweisung von Sozialpolitik in den Kompetenzbereich von Frauen durchbrechen wollte. Außerdem ist sie der Meinung, daß Sozialpolitik zwar die Benachteiligung von Frauen entweder fortschreiben oder aber auch kompensieren könne, sie aber nicht die Ursache der Frauendiskriminierung in der Gesellschaft sei. Für Christina Schenk war dieses Politikfeld von daher nicht interessant. Ihr ging es auch im Bundestag um feministische Gesellschaftskritik. Nach gut drei Jahren Mandatsausübung resümiert sie, daß es durchaus „ergebnisträchtige Möglichkeiten, als Feministin im Bundestag Politik zu machen"[221] gibt, auch als Einzelne. Zu diesen Möglichkeiten gehört, daß sie feministische Ansätze und Einsichten im Bundestag zur Sprache bringt, indem sie entsprechende Anträge oder Gesetzentwürfe einbringt. Die übrigen Fraktionen werden auf diese Weise gezwungen, sich mit feministischen Positionen auseinanderzusetzen und gegebenenfalls Stellung zu beziehen.
Da Bundestagsabgeordnete leichter Zugang zur Medien-Öffentlichkeit haben, besteht darüber hinaus die Möglichkeit, die eigenen politischen – hier feministischen – Inhalte zu transportieren und die öffentliche Meinung zu

---

[219] Ebda.
[220] Dies., S. 41
[221] Dies., S. 42

beeinflussen. Ein weiterer Aspekt der Öffentlichkeitsarbeit ist die Teilnahme an verschiedenen Veranstaltungen, um dort

> „die Arbeitsweise des Bundestages transparent zu machen und als 'Multiplikatorin' Aufklärungsarbeit wider die Unkenntnis und die gutgläubigen Illusionen zu leisten"[222].

Insofern sieht Christina Schenk ihre Aufgabe und ihre Handlungsmöglichkeiten als feministische Bundestagsabgeordnete vor allem in Aufklärungsarbeit im Parlament und in der Öffentlichkeit. Reden, eingebrachte Anträge und Gesetzentwürfe können ihrer Meinung nach auch für die außerparlamentarische Arbeit genutzt werden, und zwar im Sinne von Diskussionsanregungen und Argumentationshilfen.

> „Ein gleichfalls wichtiger Teil der Arbeit im Parlament ist es, die Möglichkeiten zur Erlangung nicht-öffentlicher Informationen zur Unterstützung von außerparlamentarischen Initiativen 'vor Ort' zu nutzen."[223]

Eine weitere Möglichkeit, als Feministin im Bundestag Politik zu machen, besteht darin, die Logistik und finanziellen Ressourcen des Abgeordnetenstatus auch für politische Arbeit von Gruppen und Initiativen zur Verfügung zu stellen. So wurde zum Beispiel der FrauenStreikTag 1994 mit einem Teil der Bürokapazitäten von Christina Schenk vorbereitet.

So weit zu den Möglichkeiten. Doch welche Reichweite kann feministische Politik im Bundestag haben? Schenk, ursprünglich Mitglied der Gruppe Bündnis 90/Die Grünen, hatte diese im Mai 1994 verlassen und ihre parlamentarische Arbeit als fraktionslose Abgeordnete fortgesetzt.

> „Zu diesem Schritt haben mich die immer deutlicher werdenden Differenzen zwischen meinem politischen Ansatz und den mittlerweile nach außen hin dominierenden realpolitischen, eher liberalen Positionen von Bündnis 90/Die Grünen veranlaßt."[224]

Bei den westdeutschen Grünen zeichneten sich nach der Fusion mit Bündnis 90 eine Stärkung des realpolitischen Flügels und der Wunsch nach Regierungsbeteiligung ab. Gleichzeitig nahm damit die Bereitschaft ab, feministische Positionen in Parlamenten und in der Öffentlichkeit zu vertreten.[225] Die Stärkung des realpolitischen Flügels läuft jedoch Gefahr, sich nicht mehr für weitreichende Gesellschaftsveränderungen einzusetzen, sondern sich opportunistisch am „Machbaren" zu orientieren.

In der Opposition Realpolitik zu betreiben bedeute, auf die Impulse zu verzichten, die von emanzipatorischen Politikansätzen ausgehen könnten. Da Christina Schenk

---

[222] Dies., S. 43
[223] Ebda.
[224] Dies., S. 44
[225] Vgl. Schenk/Schindler, 1993, S. 143

als Vertreterin des UFV ein feministisches Selbst- und Politikverständnis vertrat, konnte immer seltener Konsens mit Bündnis 90/Die Grünen hergestellt werden. Denn sie nahm weiterhin die Notwendigkeit struktureller Veränderungen der Gesellschaft zum Ausgangspunkt ihrer parlamentarischen Arbeit und orientierte sich nicht am politisch Durchsetzbaren und Machbaren. Sie sagt selbst:

> „Eine konsequente feministische Politik ist unter den jetzigen, sehr konservativen und reformfeindlichen gesellschaftlichen Verhältnissen nur in der zweiten Variante (das heißt 'symbolische Politik' in der Opposition, G.B.) möglich. Das Projekt 'Feminismus im Parlament' bedeutet, feministische Positionen klar und kompromißlos zu formulieren, diese in die Debatte einzubringen und sie in den parlamentarischen Beratungen argumentatorisch offensiv zu vertreten."[226]

Daher ließe sich der Erfolg ihrer feministischen Politik auch nicht an der Zahl der durchgesetzten Anträge messen, sondern bestehe im permanenten Einbringen feministischer Positionen in die Diskussion, um einen Bewußtwerdungsprozeß in Gang zu setzen.
Christina Schenk formulierte sechs Voraussetzungen, die eine Feministin für die Arbeit im Bundestag brauche.[227] Sie alle betreffen die persönliche Stärke, wie erstens emotionale Stabilität und genügend Selbstsicherheit, um die feministischen Positionen immer wieder vorbringen zu können. Als zweite Voraussetzung nannte sie eine hohe Frustrationstoleranz und die Fähigkeit, die Isolation auszuhalten, da weder feministische Positionen noch Feministinnen im Bundestag besonders beliebt seien. Um diese Spannung aushalten zu können, müsse die Frau drittens konfliktbereit sein. Daher nütze ihr viertens eine gewisse Schlagfertigkeit, und fünftens müsse sie gegen sexistische Äußerungen möglichst resistent sein, da besonders Feministinnen sexistischen Sprüchen ausgesetzt seien. Um sich behaupten zu können, brauche die Feministin sechstens Respektlosigkeit, um sich nicht einschüchtern zu lassen.
So sinnvoll das permanente Einbringen von feministischen Positionen in die parlamentarische Debatte sein mag – es bedeutet für die einzelne Frau einen ständigen, aufreibenden Kampf ohne sichtbaren Erfolg.[228] Christina Schenk sieht in einer Erhöhung des Frauenanteils in den Parlamenten die Möglichkeit, daß sich die Atmosphäre verändern könnte. Die Chancen auf strukturelle Veränderungen durch die Erhöhung des Frauenanteils beurteilt sie dagegen sehr skeptisch.

---

[226] Schenk, S. 46

[227] In ihrem Referat „Erfahrungen und Perspektiven feministischer Politik im Bundestag" auf der Tagung „Demokratie oder Androkratie? Eine feministisch-politologische Debatte über Theorie und Praxis demokratischer Herrschaft" des Arbeitskreises „Politik und Geschlecht" in der Deutschen Vereinigung für politische Wissenschaft in Zusammenarbeit mit der Niedersächsischen Landeszentrale für politische Bildung am 10.10.1993 in Hannover.

[228] Christina Schenk hat im jetzigen Bundestag ihr Mandat über die sächsische Landesliste der PDS erhalten.

4. Die Arbeitsgemeinschaft sozialdemokratischer Frauen (AsF) im Spannungsverhältnis von Parteipolitik und Frauenpolitik

4.1 Vorbemerkung zum Forschungsstand

Der Kampf von sozialdemokratischen Frauen um Gleichstellung in Politik und Gesellschaft hat, wie im 2. Kapitel dargelegt, seine Wurzeln im 19. Jahrhundert. Die SPD kann von daher als die Partei mit der längsten frauenpolitischen Tradition[1] bezeichnet werden – auch wenn sie sich nicht immer konsequent für die Gleichberechtigung der Geschlechter eingesetzt hat.
Im Gegensatz zur gut aufgearbeiteten Geschichte der proletarischen Frauenbewegung um die Jahrhundertwende, ist die Geschichte der sozialdemokratischen Frauenpolitikerinnen seit Gründung der Bundesrepublik selten Gegenstand von Forschung gewesen.[2]

So stellt Wolfgang Pausch in seiner Dissertation von 1985 über „Die Entwicklung der Sozialdemokratischen Frauenorganisationen" fest, daß zu den SPD-Frauen in der Partei nach 1945 keine spezielle wissenschaftliche Literatur vorliegt. Seine Recherchen in Archiven der SPD-nahen Friedrich-Ebert-Stiftung und der SPD im Erich-Ollenhauer-Haus in Bonn ergaben, daß sich zu diesem Thema kaum Unterlagen finden ließen.[3]
Er ging daher 'empirisch' vor und versandte Fragebögen an Mandatsträgerinnen in Landtagen, im Bundestag und Europäischen Parlament. Als eine weitere Quelle dienten ihm Protokolle und Beschlüsse der SPD und der Arbeitsgemeinschaft sozialdemokratischer Frauen (AsF) bis einschließlich 1983.
Einen weiteren Versuch, den Kampf um die Gleichberechtigung in der SPD nachzuzeichnen, unternahm Ulrike Honnen 1988 mit ihrer Arbeit „Vom Frauenwahlrecht zur Quotierung" auf der Grundlage der SPD- und AsF-Protokolle bis einschließlich 1988.
Ich stütze mich daher, um die Geschichte der AsF bis 1988 nachzuzeichnen, vor allem auf diese beiden Werke. Zusätzlich wird die Analyse der Entwicklung des Politikbegriffs und des Emanzipationsverständnisses der AsF bis 1988 durch Zeitungsartikel und Beschlüsse der Bundesfrauenkonferenzen der AsF ergänzt.
Für die Analyse der AsF seit dem Quotenbeschluß 1988 und dessen Auswirkungen bis heute bin ich hauptsächlich auf Zeitungsartikel, Selbstdarstellungen der AsF, Beschlüsse der Bundesfrauenkonferenzen und Äußerungen von SPD-

---

1 Vgl. Meyer, 1990b, S. 16
2 Zur allgemeinen Geschichte der SPD seit 1945 vgl. Heimann, 1993
3 Vgl. Pausch, 1985, S. 4. Er bezeichnet diesen mangelhaften Forschungsstand als symptomatisch für den der AsF beigemessenen Stellenwert.

Politikerinnen angewiesen, da es bisher an einer systematischen Aufarbeitung dieser Thematik mangelt.
Generell wird die AsF im Folgenden auf Bundesebene untersucht, da Beschlüsse auf dieser Ebene für die AsF-Untergliederungen bindend sind. Vor allem läßt sich an ihnen eine kontinuierliche Frauenpolitik nachzeichnen, wohingegen die AsF-Untergliederungen zu uneinheitlich sind und eine Verallgemeinerung erschweren.
Allgemein ist zum organisatorischen Aufbau der SPD anzumerken, daß die Bezirke ihre wichtigsten Gliederungen sind (zum Beispiel Hessen-Nord, Hessen-Süd). Über den Bezirken stehen die Landesverbände. Die Bezirke gliedern sich in Unterbezirke und diese wiederum in Ortsvereine.
Die Arbeitsgemeinschaften innerhalb der SPD vertreten besondere Interessen sozialer und beruflicher Natur. Neben der Arbeitsgemeinschaft sozialdemokratischer Frauen (AsF) gibt es beispielsweise die Arbeitsgemeinschaft für Arbeitnehmerfragen (AfA) sowie die Arbeitsgemeinschaft Selbständige (AGS).
Die Arbeitsgemeinschaften sind die wichtigsten Selbstorganisationen der Partei. Sie haben eigene Vorstände und Versammlungen, sind aber an Grundsätze gebunden, die der Parteivorstand für ihre Tätigkeit beschlossen hat. Ihre Öffentlichkeitsarbeit bedarf der Zustimmung des jeweiligen SPD-Vorstands.
Was bedeutet dies im einzelnen für die AsF, ihr Politikverständnis, ihre politischen Strategien und ihr Emanzipationsziel?

4.2 Die Entwicklung des Politik- und Emanzipationsbegriffs der AsF

Vor der Gründung der AsF 1973 wurde der Frauenthematik innerhalb der SPD kein besonderer Stellenwert beigemessen. Der Parteitag in Nürnberg 1947 hatte eine sogenannte „Schutzklausel" beschlossen, nach der mindestens vier Frauen dem Parteivorstand angehören und in alle Leitungen der Partei und Delegationen Frauen gewählt werden müssen. Als bezahltes Mitglied wurden Herta Gotthelf, als unbezahlte Mitglieder Elisabeth Selbert, Louise Schröder und Lisa Albrecht gewählt.
Herta Gotthelf gab auf dem Nürnberger Parteitag folgende Grundsatzerklärung zum Selbstverständnis der sozialdemokratischen Frauenbewegung ab:

> „Die sozialdemokratischen Frauen sind nicht eine besondere Frauenbewegung, sondern ein Teil der großen sozialdemokratischen Partei. Wir betrachten es als unsere vornehmste Aufgabe, so zu arbeiten, daß wir Männer und Frauen politisch so erziehen, daß keine besondere Frauenbewegung innerhalb der Partei notwendig ist. Allerdings sind wir heute noch nicht so weit. Es ist deshalb notwendig, daß wir unsere Frauen-

gruppen, unsere Frauenorganisation, innerhalb der Partei stärken als ein Instrument der Erziehung und der Werbung zum politischen Denken."[4]

Um die Vorurteile gegen eine gleichberechtigte Mitarbeit der Frauen in der Partei abzubauen, wurde ebenfalls 1947 auf der Parteivorstandssitzung der „Zentrale Ausschuß für Frauenfragen" gebildet und mit zwölf Frauen und vier Männern besetzt.

Insgesamt war die Arbeit der sozialdemokratischen Frauengruppen bis Ende der 60er Jahre vor allem durch die Organisierung geselliger und karitativer Veranstaltungen gekennzeichnet.

Ab 1970 veränderten sich das Selbstverständnis dieser Frauengruppen sowohl durch den Einfluß der Neuen Frauenbewegung und den der Jungsozialisten als auch durch die veränderte Alters- und Berufsstruktur der SPD-Frauen.[5] Das Interesse an Politik ebenso wie die politischen Forderungen vonseiten der Frauen nahmen stark zu.

Die auf dem JUSO-Bundeskongreß 1970 aufgestellte Forderung, einen Arbeitskreis „Emanzipation" einzurichten, wurde in vielen Frauengruppen kontrovers diskutiert, sensibilisierte aber somit für die Situation von Frauen und trug wesentlich zur Politisierung der SPD-Frauenarbeit bei.

Ein Jahr später beschloß der außerordentliche SPD-Parteitag die Abschaffung der sogenannten „Schutzklausel" für Frauen. Die Initiative für ihre Abschaffung kam von den Frauen aus dem Arbeitskreis „Emanzipation", die argumentierten, daß eine Mindestfestschreibung der Anzahl von Frauen ihre gleichberechtigte Mitarbeit behindern würde. Die Partei könne sich damit nämlich im Glauben wiegen, dem Auftrag der Gleichberechtigung von Frauen entsprochen zu haben. Von der Abschaffung dieser Mindestregelung versprachen sich ihre Fürsprecherinnen eine Steigerung des Frauenanteils. Eher konservative Sozialdemokratinnen wie Annemarie Renger und Elfriede Eilers dagegen sprachen sich für die Beibehaltung dieser Regelung aus, konnten sich aber nicht durchsetzen.

Auf dem nächsten Parteitag 1973 in Hannover zeigten sich bereits die von allen Frauen nicht intendierten Folgen: In den 36köpfigen Vorstand der Partei wurden nur noch zwei statt bisher fünf Frauen gewählt (nämlich Elfriede Eilers und Vera Rüdiger).

Allerdings bot sich mit dem vom außerordentlichen Parteitag der SPD 1971 verabschiedeten veränderten Organisationsstatut den SPD-Frauen eine neue Möglichkeit für ihre Arbeit. Denn §10 des Organisationsstatuts lautet(e):

> „Für besondere Aufgaben können auf Beschluß des Parteivorstandes Arbeitsgemeinschaften gebildet werden. Die Tätigkeit der Arbeitsgemeinschaften erfolgt nach vom Parteivorstand hierfür beschlossenen Grundsätzen."[6]

---

[4] Zit. n. Pausch, 1985, S. 96
[5] Vgl. Ders., S. 149
[6] Organisationsstatut der SPD, S. 14

Am 21. Februar 1972 beschloß der Parteivorstand, daß die Arbeitsgemeinschaft für Arbeitnehmerfragen (AfA) und die Arbeitsgemeinschaft sozialdemokratischer Frauen (AsF) gebildet werden sollen. Pausch vermutet, daß sich die SPD davon vor allem erhoffte, den Einfluß der aufrührerischen JUSOs einzuschränken, wenn sich deren Sympathisanten in unterschiedlichen Arbeitsgemeinschaften organisieren würden.[7]

Eine von der Bundesfrauenkonferenz 1970 eingesetzte Kommission erarbeitete gemeinsam mit dem Bundesfrauenausschuß die „Richtlinien der Arbeitsgemeinschaft sozialdemokratischer Frauen"[8]. Sie bilden zusammen mit den „Grundsätzen für die Tätigkeit der Arbeitsgemeinschaften in der SPD" die organisatorische Grundlage der Frauenarbeit in der SPD und haben bis heute unverändert Gültigkeit. Die „Richtlinien" sollen deshalb im folgenden ausführlicher vorgestellt werden.

Unter dem Punkt Grundsätze ist unter anderem festgeschrieben: „Der AsF gehören die weiblichen Mitglieder der SPD an."[9]

Punkt „II. Ziele und Aufgaben" sieht vor: „Die Arbeitsgemeinschaft setzt sich die Integration der Frauen in Partei und Gesellschaft zum Ziel."[10]

Die sich daraus ergebenden Aufgaben lauten:

„- Frauen mit der Politik und den Zielen der Partei vertraut zu machen, zur Änderung des gesellschaftlichen Bewußtseins beizutragen und weitere Mitglieder zu gewinnen.
- Die Interessen und Forderungen der Frauen in der politischen Willensbildung der Partei zur Geltung zu bringen, und die politische Mitarbeit der Frauen in der Partei so zu verstärken, daß die politische Willensbildung der Partei gleichermaßen von Männern und Frauen getragen wird.
- Durch Kontakte zu Verbänden und Organisationen, die auf dem Boden des Grundgesetzes stehen, das Wirkungsfeld der Partei zu verbreitern."[11]

Punkt „III. Gliederung" regelt die Gliederung der AsF entsprechend den Gliederungen der Partei, also auf den Ebenen Ortsverein, Unterbezirk, Bezirk bzw. Landesverband und Bund.[12]

Die Bundesfrauenkonferenz, der Bundesvorstand und der Bundesausschuß stellen die Organe der AsF auf Bundesebene dar. Die Bundesfrauenkonferenz setzt sich aus 250 von den Bezirkskonferenzen gewählten Delegierten und dem Bundes-

---

[7] Vgl. Pausch, S. 157
[8] Richtlinien, am 24.6.1972 vom Parteivorstand beschlossen. Ich beziehe mich im folgenden auf die am 18.1.1974 ergänzte und verabschiedete Fassung.
[9] Dies., S. 1
[10] Ebda.
[11] Ebda.
[12] Vgl. Dies., S. 2

vorstand der AsF zusammen und findet alle zwei Jahre statt. Ihre Beschlüsse sind für alle AsF Gliederungen bindend.
Sie wählt im gleichen Turnus den Bundesvorstand, der aus der Vorsitzenden, zwei Stellvertreterinnen und zehn weiteren Mitgliedern besteht. Die Aufgabe des Bundesvorstands besteht darin, die Beschlüsse der Bundesfrauenkonferenz auszuführen, die AsF nach außen zu vertreten und ihre laufenden Geschäfte zu erledigen.
Der Bundesfrauenausschuß setzt sich aus den Vorsitzenden der Bezirksfrauenarbeitsgemeinschaften, den Mitgliedern des Bundesvorstands und sechs weiteren Mitgliedern als Sachverständige mit beratender Stimme zusammen.
Auf der Bezirks- und Landesebene gibt es die Bezirks- und Landesfrauenkonferenzen und den Bezirks- bzw. Landesfrauenvorstand, der sich aus der Vorsitzenden, zwei Stellvertreterinnen und weiteren Mitgliedern zusammensetzt, deren Anzahl von den Bezirks- bzw. Landesfrauenkonferenzen beschlossen werden kann.
Vor dem Hintergrund dieser „Richtlinien" muß die Entwicklung des Politik- und Emanzipationsbegriffs der AsF gesehen werden, die als unselbständige Arbeitsgemeinschaft Teil der Partei ist, somit dem Parteistatut unterliegt und in ihren Aktivitäten an die Richtlinien gebunden ist. Über das Organisatorische hinaus ist die AsF auch inhaltlich und in Bezug auf ihre Aussagen an die Partei, deren Strategien, Programme und Grundsatzbeschlüsse gebunden.

> „Innerhalb dieser Beschlüsse bleibt der AsF ein gewisser Spielraum. Somit sind die Aktivitäten, Veranstaltungen und Aussagen der AsF eine Mischung aus Eigeninitiative und vorgegebener Parteiaktivität."[13]

Der Ende der 60er Jahre einsetzende Mitgliederzuwachs besonders von jungen Frauen führte dazu, daß neue Inhalte und politische Vorstellungen, vor allem aus der Studenten- und Frauenbewegung, in die SPD-Frauengruppen hineingetragen wurden. Diese jungen Frauen versuchten später, die Grenzen des Spielraums innerhalb der AsF, aber auch innerhalb der SPD als Gesamtpartei, auszuweiten.
Vor Gründung der AsF gab es auf der Bundesfrauenkonferenz in Nürnberg 1970 eine erste überregionale Konfrontation der verschiedenen Strömungen der SPD-Frauen. Im Zuge der Auseinandersetzung initiierten ca. vierzig Frauen, die auch bei den JUSOs aktiv waren, die Einrichtung eines Arbeitskreises „Emanzipation" beim JUSO-Vorstand. Dieser wurde offiziell auf dem JUSO-Bundeskongreß im Dezember 1970 gegründet und stellte sich die

> „Analyse der gesellschaftlichen Benachteiligung der Frau, Erstellung eines Aktionsprogrammes für die Emanzipation der Frau, Entwicklung einer gemeinsamen Strategie der Jungsozialisten-Arbeitsgemeinschaften und der sozialdemokratischen Frauen"[14]

---

[13] Schild-Kreuziger, 1980, S. 40
[14] Honnen, 1988, S. 41

zur Aufgabe.

Das Ziel bestand darin, allen Parteimitgliedern der SPD deutlich zu machen, daß die Emanzipation eine zentrale Aufgabe der Partei sei. Nach der Gründung der AsF 1973 versuchten die Frauen aus dem Arbeitskreis „Emanzipation", auf die inhaltliche Ausrichtung der AsF entsprechenden Einfluß zu nehmen. 1973 fand in Ludwigshafen/Rhein die erste Bundesfrauenkonferenz nach den neuen „Grundsätzen für die Tätigkeit der Arbeitsgemeinschaften" statt. Unter dem Motto „Unser Ziel: Benachteiligungen zu überwinden" kam es unter den Teilnehmerinnen zu einer kontroversen Diskussion über das Selbstverständnis der AsF.

Diese Kontroversen entstanden aus der Anwesenheit von drei politischen Gruppierungen von Frauen, die jeweils unterschiedliche politische Ansätze vertraten und daraus entsprechend differierende Vorstellungen über die künftige Arbeit der AsF ableiteten.

Pausch kommt aufgrund seiner Analyse des Protokolls der Bundesfrauenkonferenz zu folgender Eingruppierung der Strömungen:[15]

Erstens die Vertreterinnen des konservativen Flügels der Partei, zu dem vor allem ältere Frauen gehörten, die das traditionelle Frauenbild vertraten. Ihre Wortführerin Annemarie Renger verteidigte in ihrer Eröffnungsrede und im Rechenschaftsbericht die bisherige, vor allem gesellige und karitative Frauenarbeit der SPD-Frauen.

Zweitens die Vertreterinnen des JUSO-Arbeitskreises „Emanzipation", deren Wortführerinnen, Dorothee Vorbeck und Ute Canaris, die AsF aufforderten, sich theoretisch mit der Situation von Frauen in Politik und Gesellschaft auseinanderzusetzen und eine theoretische Basis für ihre Arbeit zu schaffen. Sie stellten fest, daß Frauen innerhalb der SPD den gleichen Diskriminierungen ausgesetzt seien wie in der Gesellschaft und kamen zu dem Schluß, daß diese Diskriminierungen nur im Rahmen des „Demokratischen Sozialismus" zu beseitigen seien, der wiederum nur mit Hilfe von „antikapitalistischen Strukturreformen" verwirklicht werden könne.

Die dritte und stärkste politische Strömung auf der Bundesfrauenkonferenz gruppierte sich um Elfriede Eilers und vertrat eine vermittelnde und kompromißbereite Position. So wurde Elfriede Eilers trotz längerer Personaldebatten zur Bundesvorsitzenden gewählt. Als Aufgaben für den Bundesvorstand wurden zwei Beschlüsse gefaßt, die die Selbstverständnisdiskussion und zukünftige Frauenpolitik der AsF voranbringen sollten.

Der erste Beschluß sah die Erarbeitung einer Analyse der Situation von Familien in der Bundesrepublik vor, auf deren Grundlage die AsF ihre familienpolitischen Vorstellungen entwickeln wollte. Der zweite Beschluß bezog sich auf die Erstellung einer theoretischen Grundlage für die Ausrichtung und politische Arbeit der AsF.

---

15 Vgl. Pausch, S. 172-177

Um letzteren Auftrag durchzuführen, wählte der Bundesvorstand der AsF am 27.08.1973 eine 16köpfige Programmkommission unter Vorsitz von Ute Canaris. Deren Diskussionsvorlage „Situationsanalyse der Frauen in Partei und Gesellschaft" wurde unter Berücksichtigung etlicher Veränderungswünsche vonseiten der AsF-Bezirke als Beschlußvorlage „Grundsätze für die Arbeit sozialdemokratischer Frauen" für die Bundesfrauenkonferenz 1975 in Braunschweig vorgelegt.[16]
Dieses 21seitige Grundsatzpapier war das beherrschende Thema der Bundesfrauenkonferenz. Die Beschlußvorlage bestand aus sechs Teilen und gliederte sich wie folgt:

> „I. Ziele sozialdemokratischer Frauenpolitik
> II. Rahmenbedingungen sozialdemokratischer Frauenpolitik
> III. Strategie sozialdemokratischer Frauenpolitik
> IV. Grundforderungen und inhaltliche Teilziele von AsF-Arbeit
> V. Frauenarbeit in der SPD
> VI. Aktionsfelder sozialdemokratischer Frauenarbeit"[17].

Die Punkte I. bis III. bildeten den theoretischen, die Punkte IV. bis VI. den praktischen Teil.
Bereits im Vorfeld der Bundesfrauenkonferenz hatte es ca. 220 Abänderungsanträge gegeben, entsprechend kontrovers verliefen nun die Auseinandersetzungen. Die Befürworterinnen dieser „Grundsätze" argumentierten von einem grundsätzlichen Standpunkt aus für die Schaffung einer neuen Wirtschafts- und Sozialordnung, die Abschaffung der Klassenherrschaft und die Stärkung der sozialistischen Bewegung – unter Bezugnahme auf das Godesberger Programm und das Ziel des demokratischen Sozialismus. Die Gegnerinnen der „Grundsätze" dagegen akzeptierten diesen „Pseudo-Marxismus" nicht und warfen den Befürworterinnen eine unzulässige „Verdünnung" und Reduzierung des Godesberger Programms vor.[18]
Die Bundesfrauenkonferenz lehnte mit einer knappen Mehrheit von 129 zu 115 Stimmen die theoretischen Punkte I. bis III. ab. Die auf die politische Praxis bezogenen Punkte IV. bis VI. hingegen wurden im wesentlichen übernommen und in Form von „Grundforderungen und inhaltlichen Teilzielen von AsF-Arbeit" zur offiziellen AsF-Programmatik erklärt.
Damit war die Entscheidung darüber gefallen, wo die (knappe) Mehrheit der AsF-Delegierten ihren politischen Standpunkt sah. Sie hatte sich für eine reformerische Frauenpolitik innerhalb der bestehenden Wirtschafts- und Gesellschaftsordnung entschieden.

---

[16] Vgl. Ders, S. 178
[17] Grundsätze für die Arbeit der sozialdemokratischen Frauen. Beschlußvorlage der Programmkommission. 1975
[18] Vgl. Gegenüberstellung von Redeauszügen in Pausch, S. 185-191

Auch bei den Wahlen zum AsF-Vorstand erlangten die Reformerinnen die Mehrheit, woraufhin sich die Vertreterinnen des Arbeitskreises „Emanzipation" aus der AsF zurückzogen, da sie keine Möglichkeiten der Einflußnahme mehr sahen. Elfriede Eilers wurde erneut zur Bundesvorsitzenden gewählt.
Margret Meyer nannte im sozialdemokratischen Magazin „Vorwärts" diese Bundesfrauenkonferenz einen „Kongreß für den Papierkorb" und schloß ihren Artikel mit den bedauernden Worten:

> „Mit dem zweifelhaften Ruhm dieser denkwürdigen Konferenz haben sich beide Fraktionen im ASF-Lager bekleckert. Die einen haben mit linken Kraftakten nach Juso-Art unnötig verschreckt, die anderen haben sich unnötig verschrecken lassen. Eine dicke Chance, die Frauenproblematik endlich in die Gesamtpartei einzubringen, ist vorerst vertan. Die ASF wird also im stillen, separaten Gärtlein weiterarbeiten wie gehabt – unbeachtet und freischwebend."[19]

Immerhin gelang es der AsF 1977 auf der Grundlage der Analyse der Situation von Familien in der Bundesrepublik, daß sich die SPD offiziell vom tradierten bürgerlichen Familienbegriff lossagte, und auf dem Hamburger Parteitag 1977 ein verbindlicher Programmsatz für alle SozialdemokratInnen mit folgendem Wortlaut beschlossen wurde: „'Familien sind auf Dauer angelegte Lebensgemeinschaften eines oder mehrerer Erwachsener mit einem oder mehreren Kindern.'"[20]

Die Bundesfrauenkonferenz 1977 in Siegen stand unter dem Motto „Frauen in die Politik – Mut zur Macht". Aufgrund der enttäuschenden Feststellung, daß trotz der Erfolge der Frauen im Wahlkampf und dem weiter zunehmenden weiblichen Mitgliederanteil Frauen bei der Vergabe von Mandaten und Funktionen immer noch benachteiligt würden, schlug der AsF-Bundesvorstand vor, die Frage der Quotierung zu diskutieren.
Er plädierte für ein Quotenverfahren, nach dem Frauen entsprechend des weiblichen Mitgliederanteils in der SPD (ca. 23%) berücksichtigt werden sollten.[21] Diese Forderung wurde mit knapper 2/3-Mehrheit von der Bundesfrauenkonferenz mit der Begründung abgelehnt, daß die Quotierung den Minderheitenstatus der Frauen weiter festschreiben würde und zur Folge haben könnte, daß Frauen nicht mehr als die von der Quote festgeschriebenen Ämter und Mandate bekommen würden. Die Frauen erwarteten dagegen von der Partei eine Gleichstellung der Frauen auch ohne Quotierung.
Die AsF konnte sich allerdings darauf einigen, den Parteivorstand noch im gleichen Jahr dazu zu bewegen, eine Arbeitsgruppe „Gleichstellung der Frauen in der Partei" einzurichten. Diese paritätisch mit Mitgliedern des Parteivorstands und

---

[19] Meyer, M., in: Vorwärts vom 29.5.1975
[20] Zit. n. Pausch, S. 202
[21] Vgl. Ders., S. 209

des AsF-Bundesvorstands besetzte Arbeitsgruppe sollte ein detailliertes Frauenförderprogramm für die Partei ausarbeiten.[22]
Große Einigkeit erzielte der ebenfalls behandelte Diskussionspunkt „Recht auf Arbeit" mit den Forderungen nach Verkürzung der täglichen Arbeitszeit, mehr Mitbestimmung auf allen betrieblichen Ebenen und der Abschaffung von Akkord- und Prämienarbeit.[23] Da der Bereich Frauenerwerbsarbeit von jeher ein traditioneller Bereich sozialdemokratischer Frauenpolitik gewesen ist, fiel es den Genossinnen auch nicht schwer, sich auf gemeinsame Forderungen zu einigen.
Elfriede Hoffmann wurde zur AsF-Bundesvorsitzenden gewählt, ihre Stellvertreterinnen wurden Inge Wettig-Danielmeier und Ursula Pausch-Gruber.

Seit 1978 versuchte die AsF, Berührungsängste mit autonomen Feministinnen abzubauen und Kontakt aufzunehmen. Am 20.4.1978 fand das erste Treffen zwischen dem AsF-Bundesvorstand und Vertreterinnen von ca. vierzig Gruppen der Frauenbewegung in Bonn-Bad Godesberg statt. Eine feministische Teilnehmerin aus Köln formulierte das Verhältnis der autonomen Frauenbewegung zur AsF folgendermaßen:

„'Als Frauen akzeptieren wir Euch (von der AsF) ja, aber vor Euch sehen wir erst einmal die SPD.'"[24]

Der Versuch, die Fragen zu klären, ob es einen gemeinsamen kleinen Nenner zwischen AsF-Frauen und Feministinnen gäbe, und ob Feministinnen die SPD wählen könnten bzw. würden, stieß immer wieder auf generelle Vorbehalte der Feministinnen gegenüber der Frauenorganisation in der Partei.[25]
Die Feministinnen argumentierten beispielsweise, daß die Frauen ihre Energien unnötig in den bestehenden Hierarchien verschleißen würden, da sie keine strukturellen Veränderungen innerhalb der von Männern geprägten Organisationen bewirken könnten. Trotz der unterschiedlichen Politikstrategien von AsF und autonomen Feministinnen erklärten aber beide Seiten, daß sie in Zukunft versuchen wollten, Gemeinsamkeiten zu finden und nach außen zum Teil gemeinsam zu agieren.

Wie tief die Gräben zwischen AsF und autonomen Feministinnen auf struktureller Ebene tatsächlich waren (und teilweise auch heute noch sind), wird an Alice Schwarzers Kennzeichnung der Neuen Frauenbewegung deutlich:

„Die Frauenbewegung war parteikritisch eingestellt, hatte alle traditionellen Organisationsformen und Kommunikationswege in Frage

---

[22] Vgl. Honnen, S. 75/76
[23] Vgl. „Frauen demonstrieren Mut zur Macht". In: Vorwärts vom 9.6.1977
[24] Zit. n. Hempel-Soos, 1980, S. 111
[25] Vgl. Runge, 1978

gestellt, und war in ihrem harten feministischen Kern antiautoritär, antihierarchisch und eher anarchistisch."[26]

Trotzdem kam es im November 1979 zu einem zweiten Treffen, auf dem sich allerdings zeigte, daß die Vorbehalte der Feministinnen gegenüber der SPD als männerdominierter Partei eher noch zugenommen hatten.[27] Die Wahlkampfphase 1980 machte die Bemühungen um eine Annäherung zunichte[28], da Alice Schwarzers Aufruf zum Wahlboykott der Frauen aus Sicht der AsF die sozialdemokratischen Frauen in der Politik schwächen würde. Außerdem würde ein Frauenwahlboykott die CDU/CSU stärken, da Frauen inzwischen häufiger die SPD als die CDU wählen würden.

Auf der Bundesfrauenkonferenz 1979 in Erlangen wurde das Schwerpunktthema „Frauen für den Frieden – Frauen für Europa" verhandelt und ein Bekenntnis der AsF zur Friedensbewegung beschlossen.
Der Rechenschaftsbericht des Bundesvorstands machte deutlich, daß frauenpolitisch in der Partei wenig hatte erreicht werden können. Dies rief eine insgesamt aggressive Stimmung unter den Delegierten besonders gegen die Männer der Partei hervor.[29]
Doch trotz der Unzufriedenheit über die mangelnde Repräsentanz von Frauen in Ämtern und Funktionen der SPD und dem Wunsch nach Beteiligung, sprach sich die Mehrheit der Delegierten wiederum gegen ein Quotenverfahren aus. Denn die Frauen erwarteten von ihrer Partei:

> „Auch ohne Quote müsse man zu einer angemessenen Beteiligung der Frauen in den Gremien der Partei und bei den Mandats-Verteilungen kommen."[30]

Elfriede Hoffmann wurde als Vorsitzende wiedergewählt, allerdings nur mit knapper Mehrheit gegenüber ihrer Konkurrentin Karin Junker. Dieses knappe Ergebnis wurde allgemein als Signal für die zunehmende Politisierung der AsF gewertet.
Der Bundesparteitag der SPD 1979 in Essen brachte der AsF kleine Erfolge ein. Es gelang ihr, daß einige ihrer Vorstellungen über die „Gleichstellung der Frauen in der SPD" in die Parteiprogrammatik aufgenommen und am 18./19. Mai 1981 als „Grundsätze für die Gleichstellung der Frauen in der SPD" beschlossen wurden. Sie basierten auf der Einsicht, daß eine gesellschaftspolitische Forderung der SPD nach Aufhebung der Frauenbenachteiligung nur glaubwürdig sein könne, wenn die

---

[26] Schwarzer, 1983, S. 35/36
[27] Vgl. Hempel-Soos, S. 111
[28] Vgl. Pausch, S. 223. In diesem Zusammenhang kam es auch zu persönlichen Angriffen („Schlammschlacht"). Vgl. Voss, in: Frankfurter Rundschau vom 20.9.1980
[29] Vgl. Pausch, S. 219
[30] Japs, in: Vorwärts vom 24.5.1979

Partei in ihren eigenen Reihen für Gleichstellung sorge.[31] Die „Grundsätze" enthielten daher die Zielvorstellung, die Repräsentanz und den Einfluß von Frauen auf allen politischen Ebenen zu erhöhen.
Um dies zu erreichen, waren Maßnahmen wie beispielsweise die Einrichtung von paritätisch besetzten Arbeitsgruppen zur „Gleichstellung der Frau" auf allen Parteiebenen, ein Bericht über die Repräsentanz von Frauen auf den verschiedenen Ebenen und die bevorzugte Einstellung von Frauen in hauptamtliche Mitarbeiterstellen der Partei vorgesehen.
Dagegen waren Frauenforderungen wie die Behandlung frauenspezifischer Themen auf den Parteitagen, die Beteiligung der AsF an Programmen, Kandidaturen und Vorbereitung der Parteitage, ein Antragsrecht der AsF zu Parteitagen und ein Fonds für politische Frauenarbeit auf Bundesebene von Parteivorstand und Parteirat abgelehnt worden.[32]
Zur abgelehnten Forderung nach Festschreibung einer Quote in Übereinstimmung mit der Bundesfrauenkonferenz, ist zu vermuten, daß zwar die Mehrheit der Bundesfrauenkonferenz sich bisher ablehnend zu einem Quotenverfahren verhalten hatte, der AsF-Bundesvorstand dagegen an einer Quotierung interessiert war und über die neuen „Grundsätze" versuchte, sie in die Parteiprogrammatik einzubringen.
Die Bundesfrauenkonferenz 1981 in Bonn-Bad Godesberg hatte die „Vereinbarkeit von Beruf und Familie" zum Thema. Da der Bundesvorstand darauf verzichtet hatte, Thesenpapiere oder Leitanträge vorzugeben, um Vorschläge von der „Basis" zu hören, verlief der Versuch, ein einheitliches Konzept zu erstellen, enttäuschend, denn der Diskussionsstand der Delegierten erwies sich als zu uneinheitlich.
Trotzdem wurden rund einhundert Beschlüsse, Anträge und Resolutionen gefaßt, die dokumentieren sollten, daß die „Vereinbarkeit von Beruf und Familie" für die AsF ein Schwerpunktthema bleiben und sie der konservativen Familienideologie auch trotz steigender Arbeitslosigkeit entgegengetreten werde.
Zum Bereich Arbeitswelt wurden beispielsweise die Forderungen nach einem Sechs-Stunden-Tag bei vollem Lohnausgleich sowie nach einem Frauenförderplan für den öffentlichen Dienst erhoben.[33] Für die Bereiche Bildung, soziale Sicherung etc. wurde unter anderem gefordert: Rollenverhalten durch die Institution „Erziehung" in Kindergärten und Schulen ändern; Einrichtung einer Gleichstellungsstelle beim Bundeskanzler; Umwandlung des Mutterschaftsurlaubs in Elternurlaub bis zu drei Jahren.[34]
Als Vorsitzende wurden Inge Wettig-Danielmeier, als ihre Stellvertreterinnen Ursula Pausch-Gruber und Christine Schmarsow gewählt.

---

[31] Vgl. Pausch, S. 229
[32] Vgl. Ebda.
[33] Vgl. Ders., S. 235
[34] Vgl. Ders., S. 236

Der Rechenschaftsbericht des AsF-Bundesvorstands für die Jahre 1979 bis 1981 enthielt auch eine Art Selbsteinschätzung der AsF, die die Grundlage für den auf der Bundesfrauenkonferenz verabschiedeten Antrag „Zur Lage und Strategie der AsF" bildete. Danach haben sich sowohl das Selbstverständnis der AsF als auch Inhalte und Schwerpunkte ihrer Arbeit in den letzten Jahren so verändert, daß sozialdemokratische Frauenarbeit nicht mehr ohne weiteres an ihre Traditionen anknüpfen könne. Sowohl die Inhalte und Schwerpunkte als auch die Wege, Methoden und Mittel sozialdemokratischer Frauenarbeit müßten daher neu bestimmt werden. Die AsF sollte sich daher in den kommenden Jahren über zentrale politische und strategische Ansatzpunkte verständigen, die sie dann konsequent vertreten sollte.

Die bisherige Erfahrung habe gezeigt, daß die Männer der Partei die Frauenforderungen kaum unterstützten. Von daher sei es notwendig, Bündnispartnerinnen stärker in den Gewerkschaften, traditionellen Frauenorganisationen und auch wieder in autonomen Frauengruppen zu suchen. Außerdem forderte die Bundesfrauenkonferenz die Partei auf, auf allen Ebenen die organisatorischen, personellen und finanziellen Voraussetzugen zu schaffen, so daß die politischen Ziele der AsF wirksam vermittelt werden könnten.[35]

Der Münchner SPD-Parteitag 1982 brachte der AsF wiederum kleine Erfolge ein, da die von ihr initiierten Anträge zur Vereinbarkeit von Beruf und Familie, zur Arbeitsmarktproblematik und Verbesserung der Arbeitssituation besonders auch von Frauen sowie zu einem Gleichstellungsgesetz im wesentlichen angenommen wurden. Darunter befanden sich beispielsweise die Forderungen nach Verkürzung der täglichen Arbeitszeit, Elternurlaub, Anpassung der Öffnungszeiten von Kindergärten und Schulen an die Bedürfnisse der Eltern und Programme zur Wiedereingliederung von Frauen in den Arbeitsmarkt.

Doch über diese Zugeständnisse hinsichtlich der Forderungen der AsF hinaus waren die Männer der Partei nicht bereit, auf ihre Machtpositionen zu verzichten. Der erste Bericht über die Gleichstellung der Frauen in der Partei zeigte nämlich, daß sich an der Unterrepräsentanz von Frauen nichts geändert hatte. Das bedeutet, daß die Männer der SPD die Arbeit und Forderungen der AsF zwar zum Teil auf programmatischer Ebene zur Kenntnis nahmen, jedoch ohne sich damit ernsthaft auseinanderzusetzen und ein Interesse an deren Umsetzung zu haben.

Die von der AsF daraus gezogene Konsequenz läßt sich am Motto ihrer Bundesfrauenkonferenz 1983 in Bonn-Bad Godesberg ablesen, das lautete: „Gleichheit jetzt". Das Grundsatzpapier des AsF-Bundesvorstands zur Situation der Frauen in der SPD und zur politischen Lage der AsF fiel trotzdem sehr verhalten aus und basierte immer noch auf der Vorstellung, daß die Partei von sich aus bereit sei, die Inhalte und Forderungen der AsF mitzutragen. Ein Grund für diese Hoffnung mochte darin gelegen haben, daß sich die AsF von der neuen Parteiführung unter Hans-Jochen Vogel frauenpolitische Veränderungen erhoffte, die unter Helmut Schmidt nicht möglich gewesen waren.

---

[35] Vgl. Ders., S. 238

Da die AsF auf dieser Bundesfrauenkonferenz ihr zehnjähriges Bestehen feiern konnte, wurde dies zum Anlaß für ein Resümee genommen.[36] Die AsF habe es geschafft, von einem Kaffeekränzchen zu einer politisch ernstzunehmenden Arbeitsgemeinschaft zu werden. Viele ihrer Forderungen seien in die Parteiprogrammatik aufgenommen worden. Gleichzeitig sei aber auch festzuhalten, daß der Kampf der sozialdemokratischen Frauen für die Gleichberechtigung von Frauen und Männern in Politik und Gesellschaft von den Männern der SPD nicht ausreichend mitgetragen werde.

> „Zwischen Übervaterpartei (und Ärger mit der Parteiorganisation) und der Frauenbewegung sucht sie [die AsF, G.B.] ihren glaubwürdigen Standort. Die Bilanz nach zehn Jahren weist nicht nur Positiva auf. Aber ein ernst zu nehmender Partner ist die AsF allemal, auch wenn die Männer den Ernst der Lage noch nicht so richtig begriffen haben."[37]

Dieses widersprüchliche Verhalten der SPD läßt sich nach Pausch auf zwei Ursachen zurückführen. Erstens sei die SPD eine Männerpartei mit tradiertem Rollenverständnis. Zweitens sei die angemessene Beteiligung von Frauen an Mandaten und Funktionen eine „Machtfrage zwischen den Geschlechtern"[38]. Beiden Einschätzungen ist zuzustimmen. Zwar fordern Frauen die gleichberechtigte Teilhabe an Politik und Gesellschaft und sind nicht länger bereit, beispielsweise in der Politik nur die sozialen Bereiche zu besetzen. Entsprechend ist die Gleichstellung der Frau im Arbeitsleben die zentrale Forderung der AsF, da sie sich davon Auswirkungen auf die Stellung der Frau in anderen gesellschaftlichen und privaten Bereichen verspricht.[39] Doch findet vonseiten der Männer keine entsprechende Veränderung ihres bisherigen Verhaltens oder eine Akzeptanz der Forderungen der Frauen nach Gleichberechtigung statt.
Da es bei der Verteilung von Mandaten und Funktionen vor allem auch um Einfluß und Macht geht, sind die Männer nicht bereit, ihre Positionen zu räumen. Frauen verfügen nicht über entsprechende Machtpositionen, die Gleichberechtigung durchzusetzen. Daher wird die Machtfrage immer wieder zugunsten der Männer entschieden.
Inge Wettig-Danielmeier wurde als AsF-Bundesvorsitzende wiedergewählt. In ihrer Bilanz von zehn Jahren AsF kommt sie zu dem Schluß, daß sich zwei zentrale Fragen wie ein roter Faden durch die Geschichte der sozialdemokratischen Frauenbewegung ziehen. Beide betreffen den Kern des Selbstverständnisses der sozialdemokratischen Frauenorganisation.

> „Es geht hierbei zum einen um den Stellenwert, der der Erwerbstätigkeit von Frauen für deren Gleichstellung zugemessen wird. Zum anderen geht es

---

[36] Vgl. Ders., S. 251/252
[37] Hempel-Soos, in: Vorwärts vom 9.6.1983
[38] Pausch, S. 261
[39] Vgl. Spoo, In: Frankfurter Rundschau vom 22.1.1982

um die Frage der Organisation der Frauenarbeit in der Partei, mit der Partei oder auch gegen die Partei."[40]

Die Vereinbarkeit von Beruf und Familie sei von Beginn an eine zentrale Forderung der AsF gewesen. Sie würde sich nicht nur auf die Gleichstellung der Frauen im Arbeitsleben beziehen, sondern eine Umverteilung der Erwerbs- und Hausarbeit zwischen den Geschlechtern anstreben. Daher fordere die AsF seit 1977 die 30-Stunden-Woche für alle Arbeitnehmer.

Die Frage der Organisation sozialdemokratischer Frauenarbeit habe im Laufe der Geschichte der sozialdemokratischen Frauenbewegung unterschiedliche Antworten gefunden, die von den gesellschaftlichen Verhältnissen und der jeweiligen Programmatik der SPD geprägt gewesen seien. Mitte der 80er Jahre stelle sich das Problem folgendermaßen:

> „Sozialdemokratische Politik war stets auf die Veränderung der tatsächlichen Lebenslage der Menschen ausgerichtet. Nachdem die Partei ihr Ziel aber auch theoretisch nicht mehr in der grundlegenden revolutionären Veränderung der Gesellschaft, sondern in kleinen Reformschritten zu einer menschenwürdigen Gesellschaft sieht, bestehen die Frauen darauf, daß jeder Schritt die Fraueninteressen einschließt."[41]

Es hatte sich aber gezeigt, daß die Männer der Partei nicht bereit waren, sich für die Fraueninteressen und die Gleichstellung der Frauen in Politik und Gesellschaft einzusetzen. Um dies aber durchsetzen zu können, rückte auch für die Mehrheit der AsF ein Quotenverfahren in den Bereich des (übergangsweise) Notwendigen.

4.3 Erweiterung der Handlungs- und Einflußmöglichkeiten durch die Einführung der Quote?

Auf der Bundesfrauenkonferenz 1985 in Hannover zeigte sich, daß die Frauen aufgrund der enttäuschenden Erfahrungen bei ihren Bemühungen um die Gleichstellung innerhalb der SPD zu einer veränderten Grundhaltung gegenüber einem Quotenverfahren gekommen waren. Unter dem Motto „Schwestern, zur Sonne, zur Gleichheit" sah ein Punkt der Tagesordnung die Quotierung vor.[42]

Die Mehrheit der Delegierten forderte, nun endlich zumindest in der Partei die Gleichberechtigung mit Hilfe einer Statutenänderung voranzutreiben. Ihre Vorstellung bestand in einer 40%-Quote für alle Parteiämter und Mandate für Frauen. Außerdem verlangte die AsF-Bundeskonferenz, daß der SPD-Vorstand Richtlinien

---

[40] Wettig-Danielmeier, 1984, S. 168
[41] Dies., S. 173
[42] Vgl. Honnen, 1988, S. 84

erlasse, in denen Sanktionen für den Fall vorgesehen sind, daß Beschlüsse der Partei gegen das Gleichstellungsgebot verstoßen.[43]
Die Wahlkampfkommission für die Bundestagswahl 1987 sollte ihrer Meinung nach zur Hälfte mit Frauen besetzt werden. Der Vorschlag, eine Frau als Spitzenkandidatin für die Bundestagswahl vorzuschlagen, war dagegen nicht mehrheitsfähig.
Die wiedergewählte Bundesvorsitzende der AsF, Wettig-Danielmeier betonte, daß die Quote und die AsF als Organisation für Fraueninteressen lediglich ein Durchgangsstadium zur vollen Gleichberechtigung der Frauen in der SPD seien.

> „'Wenn wir erst die 50 Prozent erreicht haben [...], brauchen wir keine AsF mehr. Dann können wir uns ganz der Parteiarbeit widmen.'"[44]

Bis dahin jedoch seien frauenfördernde Maßnahmen notwendig. Zwar zogen die Gegnerinnen der Quote eine politische gegenüber einer organisatorischen Lösung des Problems der Unterrepräsentanz der Frauen in der SPD vor. Mehr als zwei Drittel der Delegierten votierten aber für eine Satzungsänderung, da sie sich auf Selbstverpflichtungen und Versprechen der Partei nicht länger verlassen wollten. Ein Beschluß der Bundesfrauenkonferenz lautete demzufolge:

> „In das Organisationsstatut wird die Bestimmung aufgenommen, daß in allen Entscheidungsgremien sowie bei der Besetzung aller Funktionen und Mandate mindestens 40 Prozent eines jeden Geschlechts vertreten sein müssen."[45]

Maßnahmen, die alle Ebenen der Partei und alle Wahlen betreffen, sind stufenweise anzuwenden, um das Ziel der Gleichstellung der Frauen in der SPD zu erreichen. So soll beispielsweise der Mandatsanteil der Frauen bei der Bundestagswahl 1987 mindestens 30 Prozent betragen. Für die darauffolgenden Bundestagswahlen soll er jeweils um 10 Prozent gesteigert werden, um am Ende 50 Prozent Frauenanteil bei den Mandaten zu erreichen.[46]
Der gleiche Stufenplan soll für die Kommunal-, Landtags- und Europawahlen gelten. Außerdem fordert die AsF ein Vorschlagsrecht und einen festen Etatsatz zur eigenständigen Disponierung für alle AsF-Gliederungen.[47]
Bei Bildungsveranstaltungen und politischen Aktionen der Partei sind Frauen besonders zur Mitarbeit anzuregen. Weiterhin wird die Partei aufgefordert, folgende Themen stärker als bisher in den Vordergrund zu stellen und zu diskutieren: §218, Scheidungsrecht/ Familienrechtsreform, eigenständige soziale Sicherung der Frau, Situation der Frauen in Familie und Beruf sowie Kommunal-

---

[43] Vgl. Japs, in: Vorwärts vom 12.10.1985
[44] Zit. n. Löhöffel, in: Frankfurter Rundschau vom 7.10.1985
[45] Beschlüsse der Bundeskonferenz der AsF, 1985. Auszüge in: Jansen, M. (Hg.), 1986, S. 175
[46] Vgl. Dies., S. 176
[47] Vgl. Dies., S. 177/178

politik aus dem Blickwinkel von Frauen (z.B. Wohnsituation, Nahverkehr, Bildungsstätten, Einkaufsmöglichkeiten).
Dieser Themenkatalog macht deutlich, daß sich die AsF für die Aufhebung der Frauendiskriminierung in Politik und Gesellschaft und für die Gleichstellung der Frauen einsetzt. Für den Politikbereich fordert sie zusätzlich die Einrichtung von Gleichstellungskommissionen auf Bundes-, Landes- und Kreis- bzw. Bezirks- und Unterbezirksebene. Sie sollen paritätisch besetzt sein und die Beschlüsse der SPD zur Gleichstellung der Frauen in der Partei durchführen und überwachen.
Unter dem Titel „Besser arbeiten – besser leben" stellt die AsF fest, daß es für die SPD trotz Massenarbeitslosigkeit und einer verstärkten ideologischen Offensive der Konservativen unstrittig bleiben müsse,

> „daß zur gesellschaftlichen Emanzipation der Menschen das Recht auf Arbeit und damit die ökonomische Unabhängigkeit beider Geschlechter gehört"[48].

Daher sei es unverzichtbar, Voraussetzungen für die Vereinbarkeit von Familie und Erwerbsarbeit zu schaffen. Die zentralen politischen Forderungen der AsF – bezogen auf den Arbeitsmarkt – umfassen die ausreichende Schaffung und Quotierung von Ausbildungs- und Arbeitsplätzen, die Umverteilung der Arbeit durch die Einführung des Sechs-Stunden-Tages sowie die humane Umgestaltung der Arbeitsplätze, indem die technologischen Möglichkeiten genutzt und die Arbeitsbelastungen reduziert werden. „Dies kann nur durch eine veränderte Wirtschafts- und Sozialordnung erreicht werden."[49]
Die AsF ist somit dem Gleichheitsansatz verpflichtet und fordert die humane Umgestaltung der Lebens- und Arbeitswelt für beide Geschlechter mit dem Ziel der Gleichstellung und Emanzipation.

Auf dem Bundesparteitag der SPD in Nürnberg 1986 wurden die von der AsF gestellten organisationspolitischen Änderungsanträge bezüglich der Gleichstellung der Frauen in der Partei kaum kontrovers dikutiert. Die einzige strittige Frage war, ob die Quotierungsforderung als Muß- oder Soll-Bestimmung in die Satzung aufgenommen werden sollte.[50]
Der vom Parteivorstand Ende Oktober 1987 vorgelegte Quotierungsvorschlag sah vor, daß die 40%-Quote für beide Geschlechter als Muß-Bestimmung in das Organisationsstatut Eingang findet. Diese Zielvorgabe soll in zwei Schritten erreicht werden: Ab 1988 gilt eine Beteiligung der Frauen mit einem Drittel, ab 1994 gilt die 40%-Quote.[51] Eine ähnliche Regelung wurde für alle Kandidatenlisten für Parlamentswahlen vorgesehen, die besonders auch die sicheren Listen-

---

[48] Dies., S. 175/176
[49] Dies., S. 176
[50] Vgl. Honnen, S. 91
[51] Vgl. Dies., S. 93

plätze einschließt, um zu vermeiden, daß der Großteil der Frauen auf unsicheren Listenplätzen landet und somit wiederum keine Mandate erhält.

Der Münsteraner SPD-Bundesparteitag brachte den endgültigen Durchbruch für die Quote. Der vom Parteivorstand vorgelegte „Gleichstellungsbericht" enthielt außer einem Resümee der bisherigen Gleichstellungsbemühungen konkrete Änderungsvorschläge für das Organisationsstatut, die die Aufnahme der 40%-Quote als Muß-Bestimmung vorsahen.[52]
Unter dem Gliederungspunkt „Gleichstellungsarbeit der SPD" wird festgestellt, daß sich die SPD für Demokratie und Gleichstellung der Frauen in Politik und Gesellschaft einsetzt.

> „Die Gleichstellung der Frauen auch in den eigenen Reihen vollständig zu verwirklichen, ist für die SPD eine Frage der Glaubwürdigkeit."[53]

Die innerparteiliche Gleichstellung sollte durch die Änderung des Organisationsstatuts und der Wahlordnung verpflichtend gemacht werden. Folgende Satzungsänderungen wurden vom Parteivorstand vorgeschlagen und vom Parteitag beschlossen:
In „§11-Parteiämter" des Organisationsstatuts wurde der Satz

> „In den Funktionen und Mandaten der Partei müssen nach Maßgabe dieses Statuts und der Wahlordnung Frauen und Männer mindestens zu je 40% vertreten sein."

eingefügt mit der Erläuterung:

> „Durch die Änderung des §11 wird die Quotierung für alle Funktionen und Mandate der Partei zwingend vorgeschrieben. Die Regelung verpflichtet alle Gliederungen und Sonderorganisationen der Partei, bei der Besetzung von Mehrpersonengremien, wie Vorständen und Delegationen, jedes Geschlecht zu mindestens 40% zu berücksichtigen. Die Pflicht richtet sich an das wählende oder entsendende Gremium."[54]

Sanktionsregelungen dagegen, wie sie die AsF gefordert hatte, wurden mit der Begründung abgelehnt, daß das Wahlverfahren[55] die Einhaltung der Quotierung ausreichend garantiere.[56]
Die nächste Änderung des Organisationsstatuts betraf „§15-Parteitag". Hier wurde hinzugefügt, daß bei der Nominierung der Delegierten zum Parteitag sicherzustel-

---

[52] Vgl. Gleichstellungsbericht des SPD-Parteivorstandes, 1988, S. 875 ff.
[53] Gleichstellungsbericht, S. 877
[54] Organisationsstatut der SPD, §11. S. 15 f.
[55] Vgl. Wahlordnung, §8 Abs. 1a. S. 45
[56] Vgl. Organisationsstatut, §11. S. 15

len sei, „daß Frauen und Männer in der Delegation eines jeden Bezirkes mindestens zu je 40% vertreten sind"[57].

„§23-Parteivorstand" erhielt eine Fassung, in die die männliche und weibliche Bezeichnung der Funktionen aufgenommen worden waren. Zusätzlich heißt es:

> „Unter den Mitgliedern des Parteivorstandes insgesamt müssen Männer und Frauen mindestens zu je 40% vertreten sein."[58]

Für das Präsidium gilt die gleiche Regelung. „§41-Schlußbestimmung" schreibt den bereits vorgestellten Stufenplan der Quotierung detailliert und das Ende des Quotierungsverfahrens für den 31. Dezember 2013 fest.[59] Die Änderungen der Wahlordnung sehen ebenfalls eine 40%-Quote vor.[60]

Die damalige AsF-Bundesvorsitzende Wettig-Danielmeier betonte in ihrer Rede zu „70 Jahre Frauenwahlrecht" 1988, daß die Quote nicht das Ziel, sondern ein Mittel sei, die Gleichstellung zu verwirklichen.[61] Darüber hinaus forderte sie, die männlichen Maßstäbe unserer Gesellschaft, die sich lediglich an Erfolg, Durchsetzungsvermögen und Ausbeutung von Menschen orientieren würden, zu verändern.

> „Wir haben die Quote nicht erstritten, um uns von weiblichen Rollenzwängen zu befreien und statt dessen die alten männlichen Rollenzwänge für uns anzunehmen. Wir wollen nicht die besseren Männer sein. Wir wollen, daß endlich Männer und Frauen alle ihre Eigenschaften, Neigungen und Fähigkeiten leben können."[62]

Das bedeutet, daß sich die AsF von der Durchsetzung der Quote über die angemessene Beteiligung von Frauen hinaus auch eine Veränderung von Politik und Gesellschaft versprach.

Cornelie Sonntag beispielsweise erhoffte sich von der Quote eine andere Politik als die bisher in der SPD vorherrschende. Frauen würden nicht beanspruchen, „besser" als Männer zu sein und würden ebenfalls Fehler begehen. Aber durch eine höhere Repräsentanz von Frauen würden neue Fragen und andere Schwerpunkte thematisiert, die darauf hinauslaufen könnten, daß der bisher abgetrennte Bereich des „Häuslich-Privaten" stärker mit den Themen des „öffentlichen" Bereichs verzahnt würde.

---

[57] Organisationsstatut, §15. S. 18/19
[58] Organisationsstatut, §23. S. 22
[59] Vgl. Organisationsstatut, §41, Abs. 9. S. 34. Es wird wohl davon ausgegangen, daß die Gleichstellung der Geschlechter innerhalb der SPD bis 2013 erreicht sein wird, und es dann keiner Quote mehr bedarf.
[60] Vgl. Wahlordnung, S. 41-52
[61] Vgl. Wettig-Danielmeier, in: zweiwochendienst Frauen und Politik, 26/1988. S. 20
[62] Ebda.

> „Vermutlich wird auch die strenge Orientierung an den sogenannten 'Sachzwängen' aufgeweicht, möglicherweise hören wir in Zukunft mehr Argumente, die mit persönlicher Erfahrung und Betroffenheit unterfüttert sind."[63]

Aus ihren Worten spricht deutlich der Wunsch nach mehr „Menschlichkeit" im Umgang miteinander, in Politik und Gesellschaft, in der Behandlung von Themen wie Soziales, Kultur und Familie. Diese Hoffnung wird an Frauen in der Politik geknüpft, da Männer bisher auf diesem Gebiet einer anderen Logik mit zerstörerischen Konsequenzen gefolgt wären.

Inwiefern sich die von Frauen mit der Quote verbundenen Wünsche und Vorstellungen erfüllt haben, wird im folgenden noch näher zu untersuchen sein. Bereits ein Jahr nach Einführung der Quote in der SPD zog die AsF-Bundesvorsitzende Wettig-Danielmeier eine positive Bilanz dahingehend, daß bereits 1988 in fast allen Parteigremien die Quote erfüllt sei.[64] Allerdings habe sich gezeigt, daß in Bundesländern mit vielen Direktwahlkreisen Frauen immer noch stärker unterrepräsentiert sind als in Bundesländern mit Verhältniswahlen. Sie forderte deshalb zum Nachdenken über frauenfreundliche Wahlsysteme auf.
Die stellvertretende SPD-Bundesvorsitzende Herta Däubler-Gmelin stellte fest, daß seit Einführung der Quote innerhalb eines Jahres mehr als 10.000 Frauen der SPD beigetreten seien und die weibliche Mitgliederzahl mit 25.000 damit weit höher sei als die der anderen Parteien. Dies wertete sie als einen Erfolg der Quote.[65]
Mittels Quotierung ist es also relativ schnell gelungen, die Attraktivität der SPD für Frauen und deren Repräsentanz auf allen Ebenen der Partei zu steigern.
Doch mit der Quote waren, zumindest vonseiten der AsF, auch inhaltliche Veränderungen verbunden, denn eine zahlenmäßige Erhöhung des Frauenanteils bei Funktionen und Mandaten sollte lediglich ein Schritt sein, um längerfristig die Politikformen und -inhalte zu verändern.
Unter der Fragestellung, inwiefern die Quote auch dazu beigetragen hat, die Inhalte der SPD-Programmatik zu verändern, soll im folgenden das Protokoll des Programm-Parteitags der SPD 1989 in Berlin analysiert werden.
Unter dem Punkt „IV. Die freie, gerechte und soziale Gesellschaft: Eine neue Kultur des Zusammenlebens und Zusammenwirkens" schreibt sich die SPD ins Programm:

> „Wir wollen eine Gesellschaft, in der Frauen und Männer gleich, frei und solidarisch miteinander leben."[66]

---

[63] Sonntag, 1989, S. 45
[64] Vgl. „SPD-Frauen wollen günstigere Wahlsysteme". In: Süddeutsche Zeitung vom 1.9.1989
[65] Vgl. Ebda.
[66] Protokoll vom Programm-Parteitag, 1989. S. 17

Das bedeutet, daß Personen beiderlei Geschlechts frei wählen können, in welchen Bereichen der Gesellschaft sie zu welchen Anteilen wirken wollen. Die Spaltung in Menschen mit „angeblich weiblichen und angeblich männlichen Denk- und Verhaltensweisen"[67] soll überwunden werden und die Erziehung nicht mehr darauf hinwirken, daß die eine Hälfte der Menschheit dominiert und die andere sich unterordnet. Außerdem soll die hochbewertete Erwerbsarbeit nicht mehr Männern zugeordnet und die unterbewertete Haus- und Familienarbeit nicht mehr Frauen überlassen werden.

Zwar sei die herrschende Kultur immer noch männlich geprägt und das Verfassungsgebot der Gleichheit von Männern und Frauen nicht verwirklicht, woraus die SPD einen Katalog von Diskriminierungen von Frauen abzuleiten weiß, doch sei das Ziel der SPD, diese Spaltung zu überwinden und für die Gleichstellung der Frauen einzutreten. In ihren eigenen Reihen habe sie in Form der Quotierung damit begonnen.

> „Der rechtlichen Gleichstellung muß die gesellschaftliche folgen. Dies bedeutet nicht die Integration der Frau in eine Männerwelt, sondern die Umgestaltung der Gesellschaft."[68]

Dafür sei es notwendig, Haus- und Erwerbsarbeit neu zu bewerten und gerecht umzuverteilen. Dies müsse begleitet werden von einer Verkürzung der täglichen Arbeitszeit, einem Gleichstellungsgesetz, dem Ende der Lohndiskriminierung, Wiedereingliederungsmaßnahmen in den Beruf, Kindertagesstätten und Ganztagsschulen und vieles mehr.

> „Zur Gleichstellung in der Politik kann es notwendig werden, Wahlsysteme in Bund, Ländern und Gemeinden zu ändern."[69]

Mit dieser Formulierung ist, entsprechend der oben vorgestellten Kritik von Wettig-Danielmeier, zur Kenntnis genommen worden, daß Frauen nach dem System von Direktwahlkreisen benachteiligt werden.

Ein geradezu feministisch anmutender Slogan mag hier als Quintessenz des Programm-Parteitags von 1989 gelten: „Wer die menschliche Gesellschaft will, muß die männliche überwinden."[70]

In weiteren Passagen finden sich Äußerungen beispielsweise dazu, daß die SPD alle Formen von Lebensgemeinschaften für schutzwürdig hält und mit Anspruch auf Rechtssicherheit ohne Diskriminierungen anerkennt. Weiterhin bekennt sie sich zum Selbstbestimmungsrecht der Frau bei einer ungewollten Schwangerschaft.

---

[67] Ebda.
[68] Protokoll, S. 18
[69] Ebda.
[70] Dass., S. 19

„Wir wollen werdendes Leben schützen. Das kann nur mit dem Willen, nicht gegen den Willen der Frau geschehen. Deshalb erkennen wir die Verantwortung und das Selbstbestimmungsrecht der Frau an."[71]

Diese Beispiele auf programmatischer Ebene 1989 mögen genügen, um festzustellen, daß sich die SPD nicht nur für eine zahlenmäßige Gleichstellung der Frauen innerhalb der Partei einsetzt, sondern politische Frauenforderungen, Gesellschafts- und Politikkritik besonders auch von Frauen in ihre Programmatik aufgenommen hat.

Da aber gerade die programmatische Ebene vom Alltagshandeln der Parteien abweicht, soll im folgenden die Quote in ihren Auswirkungen auf die Repräsentanz von Frauen bei Parteifunktionen und Mandaten im Mittelpunkt der Analyse stehen.

Auf dem ersten gesamtdeutschen SPD-Bundesparteitag 1991 in Bremen wurde der Gleichstellungsbericht der Gleichstellungskommission und des Parteivorstands mit den Worten vorgelegt: „Alles in allem zeigt sich: Der Quotenbeschluß war richtig"[72]. Die Zeit des sogenannten „Gruppenbilds mit Dame" sei zwar vorbei, doch übte Wettig-Danielmeier wiederum Kritik an KandidatInnenaufstellungen bei Wahlen, nach denen Frauen die unsicheren Wahlkreise bekämen.

In den Bundesländern Bremen, Berlin, Schleswig-Holstein, Hamburg und im Saarland konnte die erste Quotenetappe von 25% Frauenanteil in den Landtagsfraktionen der SPD erreicht und zum Teil bereits überschritten werden. Die Landtagsfraktionen der SPD in Rheinland-Pfalz, Niedersachsen, Sachsen-Anhalt und Hessen verfügten über einen Frauenanteil von rund 20%. In Nordrhein-Westfalen, Bayern und Brandenburg kamen die Frauen gerade mal auf ca. 15%, und in Baden-Württemberg waren sie mit lediglich 11,9% vertreten.[73] Wettig-Danielmeier wies auf dem Bundesparteitag in diesem Zusammenhang darauf hin, daß sich die SPD Gedanken zu einer Wahlrechtsreform machen solle. Es habe sich nämlich gezeigt, daß sich die Quote am besten bei der Europawahl mit reinem Verhältniswahlrecht mit Listenwahlen durchsetzen lasse.

Trotz dieser Kritik zog sie eine insgesamt positive Bilanz der Gleichstellungspolitik der SPD, denn inzwischen wären die Frauen zu 36% im Parteivorstand, zu 38% im Präsidium, zu 37% im Parteirat und zu rund 40% in den Bezirksvorständen vertreten. Auf dem Parteitag seien 44% der Delegierten Frauen. Auf einigen politischen Ebenen bestehe allerdings noch Ungleichheit. So bevorzugten Frauen beispielsweise innerparteiliche Schulungsseminare für Büroorganisation, während Männer häufiger politisch inhaltliche Seminare oder Management- und Führungskurse belegten.

---

[71] Ebda.

[72] SPD-Gleichstellungsbericht, Mai 1990, S. 7. Ich beziehe mich im folgenden auf die Auszüge und Kommentare in zweiwochendienst (zwd) Frauen und Politik. 54/1991. S. 7-14

[73] Vgl. Tabelle zu weiblichen Abgeordneten in den SPD-Fraktionen der Länderparlamente. In: Ebda.

Daran wird meiner Meinung nach deutlich, daß sich die Parteiorganisation im hauptamtlichen Bereich noch nicht von der ursprünglichen Rollen- und Arbeitsverteilung zwischen den Geschlechtern verabschiedet hat. Dies zeigt sich auch an der Verteilung von Frauen und Männern bei den hauptamtlichen MitarbeiterInnen des SPD-Parteivorstands. Zwar beträgt der Anteil der Frauen 1990 bei den AbteilungsleiterInnen, PressesprecherInnen, BüroleiterInnen und Persönlichen ReferentInnen insgesamt 43,75%, bei den ReferentInnen nur 25,35%, bei den Sekretärinnen dagegen 100% und bei den SachbearbeiterInnen 60,42%.[74]
Deshalb sind eine andere Personalpolitik, Bildungsmaßnahmen und Trainingsprogramme für Spitzenpositionen für Frauen nötig, die sich auf Stabsstellen der Partei und politische Spitzenpositionen beziehen müssen, da Frauen hier stark unterrepräsentiert sind.
Die Statistik zur Beschäftigungsstruktur der SPD-Bundestagsfraktion weist insgesamt einen Frauenanteil von 57,75% an den MitarbeiterInnen auf. Die Aufschlüsselung nach Positionen zeigt aber, daß sie bei den SachbearbeiterInnen mit 78,12%, bei den SekretärInnen mit 99,12% und bei den Teilzeitbeschäftigten mit 96,43% vertreten sind, wohingegen die Ebene der ReferentInnen nur einen Frauenanteil von 25% aufweist.[75]
Auch hier zeigt sich also wieder die klassische Verteilung. Der insgesamt hohe Frauenanteil unter den Beschäftigten und hauptamtlichen MitarbeiterInnen kann nicht darüber hinwegtäuschen, daß Frauen vorrangig auf den niedrig angesiedelten Positionen innerhalb der Hierarchie vertreten sind.

Die für 1992 nominierte AsF-Bundesvorsitzende Karin Junker plädierte dafür, auch Funktionen wie RepräsentantInnen der SPD in Rundfunkräten, Aufsichtsräten und anderen Gremien zu quotieren, um den Einfluß von Frauen zu steigern.[76]

> „Nach Durchsetzung der Quote als Satzungsverpflichtung für die Partei steht jetzt die Umsetzung ganz oben auf der Tagesordnung, nicht nur für die von der Partei zu vergebenden Funktionen und Parlamentsmandate. Frauen müssen überall, wo politische und gesellschaftliche Macht ausgeübt wird, paritätisch beteiligt werden"[77].

Auf der AsF-Bundeskonferenz 1992 in Berlin wurde Karin Junker zur neuen Bundesvorsitzenden gewählt.[78] Die Konferenz, die unter dem Motto „Frau Macht Zukunft" stattfand, beschäftigte sich mit einer Vielzahl von Anträgen des AsF-

---

[74] Vgl. Tabelle Hauptamtliche Mitarbeiter und Mitarbeiterinnen beim SPD-Parteivorstand in: Gleichstellungsbericht, S. 11

[75] Vgl. Tabelle Statistik zur Beschäftigungsstruktur der SPD-Bundestagsfraktion, in: Gleichstellungsbericht, S. 14

[76] Vgl. „Wir müssen die Quote flächendeckend umsetzen". In: zwd, 62/1991, S. 5

[77] „Die Umsetzung der Quote steht ganz oben auf der Tagesordnung". Interview mit Karin Junker. In: zwd, 66/1992, S. 3

[78] Vgl. Interview mit Karin Junker, in: Vorwärts, 7/1992, S. 29

Bundesvorstands.[79] In allen Anträgen wird der Grundsatz der AsF deutlich, daß die Erwerbstätigkeit einen hohen Stellenwert für ihre Frauenpolitik hat und verschiedene Wege eingeschlagen werden sollen, um das Emanzipationsziel der gleichberechtigten Teilhabe von Frauen am wirtschaftlichen und gesellschaftlichen Leben zu erreichen.

Der auf der Konferenz gefaßte Beschluß zur Vereinbarkeit von Familie und Beruf basiert auf dem Bestreben der AsF, eine kontinuierliche Erwerbstätigkeit für Frauen sicherzustellen. Sie fordert daher Reformen, die sich an Grundsätzen wie partnerschaftliche Arbeitsteilung, familienergänzende Einrichtungen zur Kinderbetreuung und Abbau von Benachteiligungen für Eltern und Alleinerziehende orientieren.[80] Zentral bleibt die Forderung nach Verkürzung der täglichen Arbeitszeit. Für Erziehungszeiten ist ein flexibles Zeitbudget für Mütter und Väter vorgesehen.

Im Beschluß zur Verfassung plädiert die AsF für eine Verfassungsreform,

> „die den Wertvorstellungen der Frauen Rechnung trägt und den bestehenden gesellschaftlichen Verhältnissen von Diskriminierung, Unterdrückung und Gewalt entgegentritt"[81].

Darunter fällt beispielsweise das Selbstbestimmungsrecht der Frau bei einer Schwangerschaft, die Verpflichtung des Staates, auf die Gleichstellung der Frauen mittels Quoten und Frauenförderplänen hinzuwirken sowie die quotierte Zusammensetzung von Bundesgerichten.

In einem Beschluß zur Lesbenpolitik stellt die AsF fest, daß Lesbenpolitik ein Bestandteil von Frauenpolitik ist, der lange Zeit auch von ihnen vernachlässigt worden ist, nun aber auf allen Ebenen in die Frauenpolitik einbezogen werden müsse.

Im Beschluß zu rechtlichen Regelungen von Lebensgemeinschaften werden die Privilegien der Ehe kritisiert, da damit andere Formen von Lebensgemeinschaften diskriminiert würden. Die AsF lehnt es ab, daß die Ehe die einzige vom Staat abgesicherte Lebensform ist. Dafür führt sie neben steuerrechtlichen auch emanzipatorische Gründe an.

> „Die Funktion der durch den Staat rechtlich abgesicherten Ehe ist also auch eine ideologische. [...] Sie bindet in der Regel die Frau an den Mann und verlängert ihre soziale und gleichzeitig ökonomische Abhängigkeit von ihm. Es ist an der Zeit, diese 'Bastion' des Patriarchats zu brechen, damit Frauen zu jeder Zeit wirklich frei über ihr Leben und ihre Lebensweise entscheiden können."[82]

---

[79] Vgl. „Mehr Frauen in Schlüsselpositionen zu bringen, ist nicht Karrierethema, sondern Gleichberechtigungsgebot". In: zwd, 66/1992, S. 4/5
[80] Vgl. „Beschlüsse der 10. Ordentlichen AsF-Bundeskonferenz". In: zwd, 69/1992, S. 12
[81] Dies., S. 13
[82] Dies., S. 16

Die AsF fordert daher, nicht die Ehe als Institution unter den Schutz des Staates zu stellen, sondern alle Lebensgemeinschaften rechtlich gleichzustellen. Entsprechend sieht der AsF-Beschluß zur Familienpolitik vor:

> „Jede Politik für die Familie muß sich auf die tatsächlich geleistete und gesellschaftlich notwendige Familienarbeit beziehen. Sie darf kein bestimmtes Modell oder eine bestimmte Rechtsform einseitig begünstigen."[83]

Als Grundsatzpositionen der AsF werden unter anderem die Aufhebung der geschlechtsspezifischen Arbeitsteilung, die eigenständige ökonomische Sicherung aller Menschen, die Vereinbarkeit von Familie und Beruf und das Recht auf Kinderbetreuungseinrichtungen festgeschrieben. In anderen Politikbereichen, wie beispielsweise Wohnungsbau-, Verkehrs- und Bildungspolitik, sollte eine kinder- und familienfreundliche Politik verwirklicht werden.

> „Eine tatsächlich an den Interessen der Familien orientierte Politik fördert eine menschenfreundliche Umwelt, die allen zugute kommt."[84]

Insbesondere die Vorstellungen der AsF zum Bereich Frauenerwerbstätigkeit finden sich im SPD-Entwurf zum Gleichstellungsgesetz auf Bundesebene wieder.[85] Dazu gehören zum Beispiel die Quote, Frauenbeauftragte in Behörden und Betrieben, Frauenförderpläne und Sanktionsmaßnahmen bei Verstößen gegen das Gleichstellungsgebot.

In „Parteiarbeit Frauen. Handbuch für sozialdemokratische Ortsvereine" stellt sich die AsF mit folgenden Worten vor, die ihr Politikverständnis deutlich werden lassen:

> „Die Aufgabe der ASF heißt: Politik für Frauen und von Frauen. Aber nicht ausschließlich Frauenpolitik. ASF-Arbeit beschäftigt sich mit kommunalen Problemen ebenso wie mit landes-, bundes-, europapolitischen und internationalen Themen. Dabei orientiert sie sich allerdings vor allem an den Problemen und Bedürfnissen von Frauen. Denn es gibt keine politische Entscheidung, von der Frauen nicht betroffen wären."[86]

Ihr Begriff von Frauenpolitik orientiert sich also an den Bedürfnissen und der gesellschaftlichen Situation von Frauen, ohne sich auf spezifische Frauenthemen wie §218 StGB, Gewalt gegen Frauen oder ähnliches zu beschränken. Frauenpolitik ist für die AsF vielmehr allumfassend, da die Belange von Frauen in allen Politikbereichen berührt werden.

---

[83] Dies., S. 18
[84] Ebda. Der Begriff Familie steht in diesem Zusammenhang stellvertretend für Lebensgemeinschaften mit Kindern.
[85] Vgl. Steinmeister, in: zwd, 83/1993, S. 7-14
[86] Parteiarbeit Frauen. Bonn o.J. (1990), S. 8

Ihr Frauenbild orientiert sich an der ökonomischen Unabhängigkeit der Frau durch Erwerbstätigkeit. Die AsF lehnt daher die Privilegierung der Ehe ab. Als Grundvoraussetzung für ihre Forderung nach Vereinbarkeit von Beruf und Familie für beide Geschlechter gilt ihr die Verkürzung der täglichen Arbeitszeit und die Aufhebung der geschlechtsspezifischen Arbeitsteilung.
Ihr Emanzipationsziel ist die Gleichstellung der Frauen in allen Bereichen in einer sozialverträglichen, humanen Gesellschaft. Daraus leitet sie die bereits vorgestellten konkreten Forderungen ab. Weitergehende Forderungen beinhalten zum Beispiel „einen ökologischen Umbau unserer Gesellschaft" und „die Beendigung der Diskriminierung der Frauen in der 3. Welt"[87].
Ein zentrales Thema der AsF bleibt die innerparteiliche Gleichstellung der Frauen in der SPD.

Am Beispiel der Diskussion über den Entwurf des Regierungsprogramms der SPD zur Bundestagswahl 1994 soll abschließend untersucht werden, ob die frauenpolitischen Forderungen der AsF inzwischen zur offiziellen SPD-Programmatik gehören und wie sich die AsF zu diesem Programm stellt.
Die Vorsitzende der Querschnittsarbeitsgruppe Frauen in der SPD-Bundestagsfraktion, Ulla Schmidt, die gleichzeitig in der Programmkommission für Frauenpolitik zuständig war, äußerte sich wie folgt:

> „Frauenpolitik soll kein isolierter Bestandteil im Regierungsprogramm sein, sondern sich in allen seinen Teilen wiederfinden."[88]

Der rote Faden, der sich durch das Programm ziehe, sei die eigenständige Existenzsicherung von Frauen als ein zentrales Anliegen der SPD-Frauenpolitik. Weitere Anliegen seien ein Gleichstellungsgesetz für den öffentlichen Dienst und die Privatwirtschaft auf Bundesebene, die Vereinbarkeit von Familie und Beruf, die Bekämpfung der Frauen-Altersarmut, die Förderung von Frauen in Bildung und Wissenschaft sowie das Selbstbestimmungsrecht von Frauen bei einer Schwangerschaft.
Im Entwurf des SPD-Regierungsprogramms liest es sich dann folgendermaßen:

> „Die ungleichen Chancen von Frauen und Männern sind eine von Politik miterzeugte und damit auch veränderbare Entwicklung. Wir Sozialdemokratinnen und Sozialdemokraten wollen mit einer konsequenten Gleichstellungspolitik einen Reformprozeß einleiten, in dem Frauen und Männer gleichberechtigt ihre Erfahrungen und Qualifikationen einbringen können. Dieser Reformprozeß mündet in eine partnerschaftliche Gesellschaft, in der

---

[87] Ebda.

[88] „Wir wollen die eigenständige Existenzsicherung für Frauen". Ulla Schmidt zum Regierungsprogramm der SPD. In: zwd, 87/1994, S. 9

sich nicht nur die Beziehungen in der Arbeitswelt, sondern im gesamten gesellschaftlichen Umfeld verändern werden.'"[89]

Auf ihrer 11. Ordentlichen Bundesfrauenkonferenz 1994 in Nürnberg stellte die AsF fest, daß sie nur am Rande am Entwurf des SPD-Regierungsprogramms beteiligt worden war. Die wiedergewählte AsF-Bundesvorsitzende, Karin Junker, faßte den Unmut der Delegierten darüber zusammen:

> „'Es hat uns getroffen, bei der Ausarbeitung nicht um Rat gefragt worden zu sein, [...] als habe es die frauenpolitische Kompetenz und die avantgardistische Kraft der AsF nicht gegeben – und als sei die AsF nicht weiterhin eine frauenpolitische Ideenschmiede.'"[90]

Außerdem betonte sie, daß die SPD mit ihrem Programm gerade mal einen Teil der AsF-Forderungen von vor zehn Jahren nachvollzogen habe.[91] An dieser Kritik wird – zum wiederholten Male – deutlich, daß der Einfluß der AsF auf die Frauenpolitik und Programmatik der SPD als eher gering eingeschätzt werden muß, und die Partei nicht bereit ist, den frauenpolitischen Forderungen aus den eigenen Reihen zügig und in vollem Umfang nachzukommen.

Entsprechend fällt die innerparteiliche Gleichstellung der Frauen sechs Jahre nach dem Quotenbeschluß aus: Zwar gibt es inzwischen auf allen Ebenen Stellvertreterinnen, doch sind die Fraktions- und Parteivorsitzenden immer noch zu fast 100% männlichen Geschlechts.

Vor diesem Hintergrund stellt sich die Frage nach den realen Handlungsmöglichkeiten und Perspektiven der Frauenpolitik der AsF, die immer wieder an die von der Partei gesteckten Grenzen stößt.

4.4 Perspektiven der AsF-Frauenpolitik

Die AsF-Bundesfrauenkonferenz 1994 in Nürnberg verabschiedete ein Manifest, in dem einerseits Bilanz gezogen und andererseits Vorstellungen über die künftige AsF-Frauenpolitik entwickelt wurden.

Danach ist die Quote weder Garantie für die Erhöhung der Repräsentanz von Frauen noch das alleinige Instrument zu deren Durchsetzung. Aber sie bleibe so lange ein unverzichtbares Mittel zur Gleichstellung der Frauen, bis ein geeigneteres gefunden wäre.[92]

---

[89] Aus dem Entwurf zum SPD-Regierungsprogramm. In: zwd, 87/1994, S. 9. Vgl. ausführlicher: Die Frauen im Regierungsprogramm der SPD. (o.J.) (1994)
[90] Zit. in: „Frauen fordern Parität auch in den SPD-Spitzenfunktionen". In: zwd, 90/1994. S. 3
[91] Vgl. Ebda.
[92] Vgl. „Nach der Quote: Frauenzukunft und die neuen Aufgaben der ASF". In: zwd, 90/1994, S. 5

Wettig-Danielmeier, inzwischen Schatzmeisterin der SPD, sprach entsprechend die Warnung aus, sich nicht allein auf die Quote zu verlassen. Vielmehr müßten Frauenseilschaften nach dem Vorbild der Männerseilschaften gebildet werden, um auch diejenigen Frauen für Delegationen zu nominieren oder bei Kandidaturen durchzusetzen, die die Interessen der AsF vertreten würden. Diese Frauen würden nämlich bislang von der Partei mit Mißtrauen betrachtet, und die Quote erfüllten hauptsächlich Frauen, die sich nicht explizit den Zielen der AsF verbunden fühlten, sondern eher den Interessen von Männern entgegenkämen. Daran würde deutlich, so die AsF in ihrem Manifest, daß sich die innerparteilichen Machtverhältnisse immer noch zugunsten von Männern und ihren Interessen gestalteten.

> „Politisch engagierte Frauen müssen nach wie vor mit der Erfahrung umgehen, daß sie auch in der SPD von der 'Gerechtigkeit der Geschlechter' weit entfernt sind – trotz Quote."[93]

Gleichstellungspolitik verkomme somit trotz ihrer Festschreibung in der Parteiprogrammatik oft zu einer Attitüde und liege im jeweiligen Ermessen der Männer. Hinzu komme ein Phänomen, das auch durch die Quote nicht so leicht einzudämmen sei:

> „Haben Frauen Positionen in Parlamenten und Wirtschaft erreicht, haben sie nicht selten mit einer informellen Verlagerung der Machtzentren zu kämpfen."[94]

Daraus leitet die AsF ihre künftige Aufgabe ab, noch mehr als bisher politisch interessierte und engagierte Frauen zu bestärken und zu unterstützen. Die AsF will auch weiterhin darüber wachen, daß die Quote erfüllt wird und plädiert nochmals dafür, über Sanktionsmaßnahmen nachzudenken. Politische Strategien, um Frauen an der Macht zu beteiligen, sollten gezielt geplant werden. Weiterhin will sie „frauenpolitische Ideenschmiede" sein, für Öffentlichkeit sorgen, Nachwuchsförderung und Mitgliederwerbung betreiben. Darüber hinaus sieht das Manifest vor, den Kontakt zu Fraueninitiativen und gesellschaftlichen Gruppen zu intensivieren und ein frauenpolitisches Netzwerk aufzubauen. Die AsF versteht sich außerdem als Koordinierungsstelle für Frauenpolitik in Fraktionen und Parteigliederungen und strebt an, Auswahlkriterien für Personalentscheidungen zu erarbeiten.

Wie schon mehrfach deutlich geworden ist, gerät die AsF in Widersprüche: Auf der einen Seite ist sie von ihrer Organisationsstruktur her eine unselbständige Arbeitsgemeinschaft innerhalb der SPD, auf der anderen Seite unterscheiden sich ihre frauenpolitischen Forderungen in weiten Teilen kaum von der gesellschaftlichen Analyse und den politischen Forderungen der autonomen Feministinnen.

---

[93] Ebda.
[94] Ebda.

Hempel-Soos brachte dies schon wenige Jahre nach Gründung der AsF auf den Punkt:

> „'Die Integration der Frau in Partei und Gesellschaft' (Richtlinien des SPD-Parteivorstandes für die AsF-Arbeit) zu erreichen, ist also Zielvorstellung und Zustandsbeschreibung des Unvollkommenen zugleich."[95]

Sie vermutet, daß die Zielvorstellungen der AsF in der politischen Praxis deshalb so oft über die Richtlinien der Partei hinausgingen, weil die Mehrheit der AsF-Frauen eine Integration in die Partei ohne grundlegende Veränderungen ablehne. Schild-Kreuziger bezeichnet dieses Phänomen als „Zielkonflikt", der im organisatorischen „Widerspruch zwischen frauenspezifischer Eigendynamik und vorgegebener Strukturen" begründet liege.[96]

Frauenpolitik innerhalb einer männerdominierten Organisation versucht demzufolge die Quadratur des Kreises. Dies gilt sicherlich für sämtliche Frauenpolitiken innerhalb männerdominierter Organisationen. Für die AsF kommt erschwerend hinzu, daß ihre politische Tätigkeit an die Absprache mit den jeweiligen SPD-Vorständen gebunden und eine eigenständige Politik deshalb nicht möglich ist.

Hoecker stellt für die AsF ein innerparteiliches Problem fest, das in folgender doppelter Sonderstellung bestehe:

> „[O]rganisatorisch wie inhaltlich bewegen sich die weiblichen Mitglieder innerhalb von Politikreservaten. Konflikte zwischen Gesamtpartei und Frauenorganisation sowie zwischen den weiblichen Mitgliedern sind damit vorprogrammiert"[97].

Die AsF – eine frauenpolitische Spielwiese innerhalb der SPD? Diese Einschätzung ist sicherlich nicht vollständig zurückzuweisen. Trotzdem kann auch festgehalten werden, daß die AsF an der Thematisierung und Formulierung von frauenpolitischen Anliegen und Forderungen sowohl innerhalb der SPD als auch in der Öffentlichkeit einen entscheidenden Anteil hat.

Nach wie vor ist ihr zentrales Anliegen die Vereinbarkeit von Familie und Beruf, verbunden mit der Forderung nach Verkürzung der täglichen Arbeitszeit für alle. Sie strebt die eigenständige ökonomische Absicherung von Frauen, die Vereinbarkeit von Beruf und Familie und die gleichberechtigte Teilhabe an gesellschaftlichen (und politischen) Machtpositionen an.

Damit vertritt die AsF ein Frauenbild, das den veränderten gesellschaftlichen Bedingungen von Frauen – höheres Bildungsniveau, verstärkte Berufsneigung bei gleichzeitigem Wunsch nach einem Leben mit Kindern – entspricht. Darüber hinaus ist es problemorientiert und hat „die Arbeitnehmerin, zwischen Familien- und Berufspflichten, den Unwägbarkeiten des Marktes ausgeliefert"[98], im Blick.

---

[95] Hempel-Soos, 1980, S. 113
[96] Schild-Kreuziger, 1980, S. 41
[97] Hoecker, 1987, S. 124
[98] Meyer, 1990b, S. 26

Ihre Emanzipationsstrategie ist die Gleichstellungspolitik mithilfe von Quoten, Frauenförderplänen und Gleichstellungsgesetzen auf allen Ebenen, die jedoch nicht nur eine reine Anpassung an die Männer anstrebt, sondern gleichzeitig Reformen beispielsweise im Arbeits- und Steuerrecht vorsieht. Denn ihr Emanzipationsziel ist eine humane und gleichberechtigte Gesellschaft, in der die Umverteilung der gesellschaftlich notwendigen Arbeit – also der Reproduktions- ebenso wie der Erwerbsarbeit – Frauen und Männern die gleichberechtigte Teilhabe in allen Bereichen ermöglicht.

Innerhalb der SPD sind jedoch sowohl die politischen Strategien als auch das Emanzipationsziel der AsF nicht durchgängig Konsens. So ist die Partei beispielsweise nicht bereit, die Forderung der AsF nach Umverteilung der Familienarbeit, die vor allem die Männer miteinbeziehen soll, durch entsprechende arbeitsmarktpolitische Alternativen zu unterstützen.
Auf der Ebene der Absichtserklärungen mag es noch größeren Konsens der SPD mit AsF-Forderungen geben. Die Ebene der politischen Umsetzung dagegen weicht davon zum Teil erheblich ab.

> „So bewegt sich die Frauenpolitik der SPD zwischen dem kompensatorischen Versuch, Frauen für erfahrene Diskriminierungen zu entschädigen und der Absicht, mit ihnen gemeinsam Strukturen und Inhalte der Politik innovativ zu verändern."[99]

Der AsF sind damit schon von ihrer Organisationsform her zum Teil enge Grenzen in bezug auf ihre Handlungsmöglichkeiten gesteckt. Zusätzlich ist sie an die inhaltlichen Vorgaben und Ziele der Gesamtpartei gebunden, die zum Teil weit hinter die frauenpolitischen Vorstellungen und Forderungen der AsF zurückfallen. Ein wesentlicher Teil ihrer Arbeit besteht damit notwendig aus Überzeugungsarbeit innerhalb der SPD – vor allem bei den Männern, aber auch bei den Frauen. Innerhalb der SPD AsF-Frauenpolitik zu betreiben, ist daher ein langer und mühsamer Weg, manchmal gekrönt von kleineren Erfolgen wie zum Beispiel der Durchsetzung der Quotierung, die aber in der politischen Praxis auch immer wieder ausgehebelt wird.

---

[99] Dies, S. 28

5. Fazit: Zum Zusammenhang von Politikverständnis und Emanzipationsstrategien

5.1 Zusammenfassende Bemerkungen zur ersten und zweiten Frauenbewegung

Resümierend seien hier die wesentlichen Charakteristika bezüglich des Politikverständnisses, der Emanzipationsstrategien und -ziele der autonomen Frauenbewegung, der veschiedenen Gruppierungen der Grünen Frauen und der Arbeitsgemeinschaft sozialdemokratischer Frauen (AsF) zusammengefaßt.

Die autonome Frauenbewegung zeichnet sich von Beginn an dadurch aus, daß sie formale Organisationsstrukturen und die Mitarbeit in politischen Organisationen, speziell Parteien, ablehnt. Besonders für den *radikal*-autonomen Flügel stellt das Autonomieprinzip ein wesentliches Strukturelement seiner Politikstrategie dar. Der Slogan „Das Private ist politisch" verdeutlicht, daß ihre Vertreterinnen die Trennung zwischen „privat" und „öffentlich" bzw. „politisch" aufheben wollen, denn sie begreifen alle Bereiche menschlichen Lebens bis hin zu Sexualität und Fortpflanzung als von Politik determinierte.

Ihre politischen Strategien haben im Laufe der 80er Jahre eine Wandlung von radikaler Autonomie zu größerem Pragmatismus erfahren, so daß die Frauenbewegung insgesamt heute kompensatorischen Maßnahmen wie Quotierung, Frauenförderung und einer generellen Gleichstellungspolitik nicht mehr radikal ablehnend gegenübersteht.

Das Emanzipationsziel ist trotz der veränderten Politikstrategien die Abschaffung des „Patriarchats" geblieben. Das bedeutet Aufhebung der geschlechtsspezifischen Arbeitsteilung in allen Bereichen des Lebens, insbesondere die Abschaffung von Frauenunterdrückung in den Bereichen Sexualität und Fortpflanzung sowie Gewalt gegen Frauen.

Über die anzustrebende Gesellschaftsform jedoch konnte in der Frauenbewegung kein Konsens hergestellt werden: Die Vorstellungen reich(t)en beispielsweise von Matriarchat über sozialistische Vergesellschaftungsformen bis hin zu einer „androgynen Gesellschaft", in der die Dualität der Geschlechterkonzeptionen aufgehoben sein soll.

Verallgemeinernd kann festgehalten werden, daß sich in der autonomen Frauenbewegung der Differenz-Ansatz in seinen verschiedensten biologistischen, sozialen und politischen Ausformungen größerer Beliebtheit erfreut als zum Beispiel bei Grünen Frauen und der AsF.

Bei den Grünen Frauen hingegen finden sich sowohl Vertreterinnen des Differenz- als auch des Gleichheits-Ansatzes. Der Streit um einen gemeinsamen Ansatz Grüner Frauenpolitik wird zudem noch von Strömungskonflikten überlagert, so daß allgemeine Aussagen über Grüne Frauengruppen nun schwer zu treffen sind.

Die Betrachtung der verschiedenen Etappen Grüner Frauenpolitik hat gezeigt, daß Spielraum und Einfluß des radikalfeministischen Ansatzes Grüner Frauen im Laufe der 80er Jahre stark zurückgingen. Spätestens mit dem „Müttermanifest" 1987 ist der Konflikt darüber, welche Politikstrategien und Emanzipationsziele innerhalb der Partei die Frauenpolitik auf programmatischer Ebene gestalten sollen, unter Grünen Frauen offen ausgebrochen.

Die Grünen Frauen fühlten sich insgesamt von Beginn an stark der Gleichstellungspolitik verpflichtet und haben zum Beispiel für Quotierung gekämpft. Im Zuge der Etablierung der Grünen als an Opposition oder Regierung beteiligte Partei jedoch konnten sich Feministinnen und feministische Positionen innerhalb der Organisation nicht mehr durchsetzen. Befürchtet wurde nämlich – explizit von den Realos und Realas –, daß durch feministische Positionen die Politik- und Regierungsfähigkeit der gesamten Partei in Mißkredit geraten und aufs Spiel gesetzt werden könnte.

Die moderateren Feministinnen, die sich stark dem realpolitischen Flügel der Partei zugehörig fühlen, konnten mit ihrem „postfeministischen" Ansatz der Versöhnung der Geschlechter die Mehrheit vor allem auch der Männer hinter sich bringen. Dadurch verlor der radikal-feministische Ansatz, der das patriarchalische Geschlechterverhältnis thematisiert, seine dominierende Stimme im Chor Grüner Ansätze – welche er ohnehin nur in den Anfangsjahren, in diesen aber unüberhörbar innehatte. Viele Radikalfeministinnen haben inzwischen die Grüne Partei verlassen oder plädieren für die Wiederaufnahme dieses Ansatzes, um der Grünen Frauenpolitik wieder ein deutlicheres feministisches Profil zu verleihen.

Deutlich geworden ist aber auch, daß die Gleichstellungspolitik in weiten Teilen immer Konsens unter Grünen Frauen war, von wenigen exponierten Differenz-Anhängerinnen einmal abgesehen. Die Grüne Gleichstellungspolitik als Politikstrategie strebt über die Gleichstellung der Geschlechter stets auch die Umgestaltung der Gesellschaft in allen Bereichen – privat, öffentlich, wirtschaftlich und politisch – an. Erklärtes Emanzipationsziel war und ist die Abschaffung des patriarchalischen Geschlechterverhältnisses und der Frauenunterdrückung.

In diesem Punkt gibt es Übereinstimmungen mit der autonomen Frauenbewegung, aber auch mit der AsF. Im Gegensatz zur AsF kann die Gleichstellungspolitik der Grünen Frauen jedoch als „radikale Gleichstellungspolitik" bezeichnet werden, da sie in einigen Bereichen über die Vorstellungen der AsF über eine zukünftige Gesellschaft und das Geschlechterverhältnis hinausgeht.

So plädieren Grüne Feministinnen beispielsweise weitaus stärker für die Beteiligung der Männer an Haus- und Erziehungsarbeit und fordern Sanktionen bei Unterlassen ihrer Pflichten. Diese Unterschiede lassen sich u.a. an den Entwürfen zu Gleichstellungsgesetzen ablesen, die in den einzelnen Kapiteln ausführlich vorgestellt worden sind.

Die radikalste Form der Gleichstellungspolitik kann an der Satzung und den Forderungen des Unabhängigen Frauenverbandes (UFV) abgelesen werden. Seine Vertreterin im Bundestag, Christina Schenk, fand jedoch bei den Grünen keine

Mehrheit für ihre Positionen. Insgesamt war ihr nur eine Außenseiterinnenposition beschieden, aus der heraus sie zwar für Öffentlichkeit und Auseinandersetzung mit feministischen Positionen sorgen konnte, auf der Ebene der Durchsetzung ihrer Forderungen aber hatte sie nur geringe Möglichkeiten.

Die AsF dagegen konnte mit ihrem Ansatz der Gleichstellungspolitik zwar erreichen, daß auch in der SPD die Quote eingeführt wurde. Auf der Ebene der Durchsetzung frauenpolitischer Forderungen sind aber auch ihr enge Grenzen gesteckt. Dies liegt weniger darin begründet, daß die AsF eine radikale Minderheitenposition innerhalb der SPD vertritt – wie sie Christina Schenk vom UFV innerhalb der Grünen vertreten hatte – als vielmehr in ihrer Organisationsstruktur.
Als unselbständige Arbeitsgruppe innerhalb der Partei ist sie den Parteistatuten und Programmen verpflichtet. Ihre frauenpolitischen Forderungen bedürfen daher des Konsenses der Partei, d.h. vor allem der Männer, aber auch vieler Frauen, die sich nicht den Zielsetzungen der AsF verbunden fühlen.
Ihre Strategie, innerhalb der Partei in Form einer unselbständigen Arbeitsgruppe die Frauenpolitik voranzutreiben, ist daher bereits auf der strukturellen Ebene Einschränkungen ausgesetzt. Ihre Emanzipationsstrategie der Gleichstellungspolitik umfaßt vor allem Quoten, Frauenförderpläne, Frauenbeauftragte und Gleichstellungsgesetze. Darüberhinaus aber ist ihr Emanzipationsziel die Umgestaltung der Gesellschaft in eine humane, sozial verträgliche, in der Frauen und Männer gleichberechtigt an allen Bereichen des Lebens teilhaben.

Sowohl bei den Grünen, besonders aber auch bei der SPD ist deutlich geworden, daß die programmatische Ebene sehr viel mehr und weitgehendere frauenpolitische Forderungen enthält als auf der Ebene der politischen Durchsetzung zum Tragen kommen.

Meine Hauptthese, daß das Verhältnis von Frauen zu Politik und ihren Organisationsformen, Inhalten und Präsentationsweisen davon geprägt ist, von welchem Emanzipationskonzept die jeweilige Frauengruppe ausgeht, hat sich im Verlauf der Arbeit als zutreffend erwiesen. Ergänzend allerdings muß hinzugefügt werden, daß Frauen sich generell „fremd" in der Politik fühlen und auch als „Fremde" gelten.[1]
Das sogenannte „Gruppenbild mit Dame" ist auch heute noch die Regel.

Dieses Phänomen wird vor dem Hintergrund der Herausbildung der Politiksphäre in der bürgerlichen Gesellschaft, wie im ersten Kapitel gezeigt, verständlich.
Mehr noch: Es ist deutlich geworden, daß sich das Verhältnis von Frauen zur etablierten Politik nicht zufällig oder gar aufgrund einer „weiblichen Natur" als ein „fremdes" und distanziertes entwickelt hat, sondern gesellschaftlich bedingt und (von Männern) intendiert ist. Denn die bürgerliche Politiksphäre hat sich historisch

---

[1] Die verschiedenen Formen und Grade dieses „Fremdseins" hat Schöler-Macher, 1992; 1994, ausführlich beschrieben.

als eine Männersphäre konstituiert und sich als solche – trotz Wahlrecht für Frauen und der Einführung von Quoten bei SPD und Die Grünen – bis in die Gegenwart strukturell erhalten. Das heißt, die Identifikation des Politischen mit Mann/Männlichkeit, die sowohl historisch-gesellschaftlich als auch ideologisch in die Konzeption von Politik eingegangen ist, wirkt bis heute fort – und trägt wesentlich dazu bei, den Herrschaftsanspruch der Männer auf die Gestaltung von Politik und Gesellschaft zu legitimieren und zu sichern.

Von den Frauen der ersten Frauenbewegung, unter ihnen besonders die Radikalen, die sich für das Frauenwahlrecht eingesetzt hatten, wurde, wie in Kapitel 2 gezeigt, der patriarchalische Charakter der Politiksphäre unterschätzt. Ansätze einer entsprechenden „Kulturkritik" formulierten damals die bürgerlich-gemäßigten Frauen. Allerdings betonten sie die besondere „Natur" der Frau, die in der „Mütterlichkeit" liege und dem männlichen Prinzip ergänzend zur Seite zu stellen sei. Diese Form der Differenz-Politik hatte zur Folge, daß ihre Anhängerinnen nicht wie die Männer an der öffentlichen Sphäre partizipieren wollten, sondern die Frauen in die private Sphäre, allenfalls in die karitativ-sozialarbeiterische Fürsorge verwiesen.

Die zweite Frauenbewegung Anfang der 70er Jahre unseres Jahrhunderts wandte sich von den etablierten Politikformen ab. Stärker als in der ersten Frauenbewegung wurde hier von Beginn an „Patriarchatskritik" geübt, die alle Bereiche einschloß. Der Slogan „Das Private ist politisch" verdeutlicht den Ansatz, *sämtliche* Lebensbereiche als von männlicher Vorherrschaft – und damit struktureller Frauenunterdrückung – gekennzeichnet zu begreifen. Wie in Kapitel 3 aufgezeigt, hat die Frauenbewegung seither verschiedene Phasen durchlaufen.

Kontos gelangt zu der Einschätzung, daß sich seit Mitte der 80er Jahre ein „Parteien- und Verbandsfeminismus"[2] entwickelt habe, der zwischen autonomer Frauenbewegung auf der einen und Parteien, Gewerkschaften, Verbänden auf der anderen Seite angesiedelt sei. Damit habe die autonome Frauenbewegung ihr Monopol auf feministische Politik verloren und sehe sich stattdessen mit parteipolitischen Varianten konfrontiert. Diese jedoch könnten nicht einfach als Partei- oder Verbandspolitik abgetan werden, sondern würden

> „eine *intermediäre Ebene von Frauenpolitik* konstituieren, die zwischen autonomer Frauenpolitik und traditionellen Politikfeldern und Organisationen vermittelt"[3].

Diese vielfältigen Formen innerparteilicher Frauenpolitik – mit größerer Nähe oder auch größerer Distanz zur autonomen Frauenbewegung – habe ich in Kapitel 3 ausführlich an den Grünen-Frauen, dem UFV (Unabhängiger Frauenverband) und

---

[2] Kontos, 1994, S. 37
[3] Ebda., Herv. im O.

in Kapitel 4 an der AsF (Arbeitsgemeinschaft sozialdemokratischer Frauen) herausgearbeitet.
Trotz der aufgezeigten Unterschiede im Frauenbild und in den Politikstrategien besteht zwischen ihnen aber ein abstrakter Konsens über das *Emanzipationsziel*: Dem „männlichen Prinzip" in Politik und Gesellschaft kritiklos nachzueifern, kann deshalb nicht erstrebenswert sein, weil es von den menschlichen Existenzbedingungen – der Reproduktion im weitesten Sinne – abstrahiert.
Konsens besteht auch darin, daß das Geschlechterverhältnis strukturell zugunsten von Männern in der geschlechtlichen Arbeitsteilung verankert ist – und dies keineswegs so bleiben soll.
Strittig sind dagegen einerseits die *Bewertung* der „weiblichen" Eigenschaften, des „weiblichen Lebenszusammenhangs" oder des „weiblichen Prinzips" und andererseits die daraus abgeleiteten *Politikstrategien* auf der praktisch-politischen, aber auch auf wissenschaftlicher Ebene, wie im Laufe der Arbeit deutlich geworden ist.

5.2   „Gleichheit" und „Differenz" in der feministischen Diskussion

Der *Gleichheits-Ansatz* gerät leicht in den Verdacht, eine reine Anpassung der Frauen an die Männer anzustreben. Dies war jedoch nie die Intention des Gleichheits-Ansatzes in seinen verschiedenen Formen, wie sie in den vorangegangenen Kapiteln behandelt worden sind. Immer ging es über das Einfordern gleicher Rechte und Chancen für Frauen auch um eine Umgestaltung der patriarchalischen Gesellschaft und das Einlösen der Versprechen der Aufklärung.[4]
Berechtigt und vor allem für die feministische Politik und Theorie bedenkenswert jedoch ist der Einwand von Mechthild Jansen:

> „So reproduziert sich auch im Konzept der radikalen Gleichstellungspolitik der patriarchale Vorrang des Öffentlichen und die Nachrangigkeit des Privaten, und hinterrücks wird schon wieder der Schein der Gleichheit im kapitalistischen Patriarchat bestätigt."[5]

Das Problem des Gleichheits-Ansatzes besteht in der Tat darin, daß seine Vertreterinnen dazu tendieren, die private Sphäre zu vernachlässigen bzw. mit der Forderung nach Gleichstellung im öffentlichen Leben die Erwartung zu verknüpfen, daß es damit zu einer Gleichberechtigung auch in der privaten Sphäre kommen werde.

Der *Differenz-Ansatz* dagegen betont gerade den privaten Bereich und die Zuständigkeit der Frauen für die Reproduktion. Seine Hauptvertreterinnen entwickeln nach Cornelia Klinger aber keine feministische Theorie, sondern eine

---

[4]   Vgl. Klinger, 1990a
[5]   Jansen, 1994, S. 150

Theorie der Weiblichkeit.[6] Während die feministische Theorie das Geschlechterverhältnis als Herrschaftsverhältnis analysiert, um dieses abzuschaffen, läuft eine Theorie der Weiblichkeit Gefahr, in der Tradition der patriarchalischen Geschlechterphilosophie zu stehen.
Von der Differenz zu sprechen ist demnach nur sinnvoll, um deutlich zu machen, daß Frauen aufgrund ihres *Geschlechts* dem patriarchalischen Herrschaftsverhältnis unterworfen sind. Aus der Zuordnung der Frauen zum Reproduktionsbereich sollte daher m.E. auch kein *anderes Politikverständnis* abgeleitet werden, so wie es beispielsweise Carol Hagemann-White mit ihrem Konstrukt der „mütterlichen Praxis"[7] tat. Danach ergebe sich die „mütterliche Praxis" aus der sozialen Erfindung der „Mutter" und habe zur Folge, erstens daß Frauen eine spezifische Beziehung zum Handeln in der Gestalt des indirekten Agierens ausbildeten. Daraus folge zweitens eine eigenständige Konzeption von Macht in Form eines Geflechts von Beziehungen, strukturiert wie ein Netz mit mehreren Zentren. Aus der „mütterlichen Praxis" folge drittens eine ihr angemessene Art des Wissens und der Sprache, gebunden an Erfahrung, Situation und Zeit. Diese so konstruierte „mütterliche Praxis" könne sich in der Politik als „weibliche Politik" auswirken. Der neueste Ansatz einer „mütterlichen Politik", geprägt von Fürsorge, beschützender Liebe und Gewaltlosigkeit, wurde von Sara Ruddick vorgelegt.[8]

Gleichgültig, ob diese „weiblichen" Eigenschaften und Praxen aufgrund der sozialen Zuordnung zum Reproduktionsbereich, wie bei Hagemann-White, oder aufgrund der Erfahrung des Gebärens, wie bei Ruddick, entstehen, sie verlassen nicht das *dualistische Menschenbild*. Im Gegenteil: Gerade daraus leiten sie ein sogenanntes „weibliches" oder „anderes Politikverständnis" ab.

Wie Birgit Meyer[9] feststellt, liegt das Problem aber häufig darin, daß ein „weibliches Politikverständnis" zugleich gesucht und unterstellt wird. Ich stimme ihr zu, daß dieses „andere Politikverständnis" in seinen Ursachen und Folgewirkungen näher bestimmt und weiter untersucht werden muß, bevor davon ausgegangen werden kann, daß ein solches existiert.

Nach Eva Kreisky meint dieses „andere Politikverständnis" von Frauen eine *Kritik* an „männerbündischen" Strukturen, Ritualen, Institutionen und Logiken der Politik.[10]
So ergaben beispielsweise Interviews mit Politikerinnen zu der Frage nach einer „weiblichen Politik"[11], daß die Mehrheit der Politikerinnen davon überzeugt war,

---

6   Vgl. Klinger, 1990b, S. 116
7   Hagemann-White, 1987
8   Ruddick, 1993
9   Vgl. Meyer, 1992a, S. 9
10   Vgl. Kreisky, 1994
11   Vgl. Volk, 1992

daß sich Frauen in der Politik anders verhalten als Männer und sich stärker für soziale Themen interessieren. Zu ähnlichen Ergebnissen kam auch die Untersuchung von Schaeffer-Hegel über den sogenannnten Berliner Frauensenat von 1989 bis 1990, der unter dem Regierenden Bürgermeister Walter Momper eine Frauenmehrheit versammelte:

> „Zusammenfassend läßt sich sagen, daß wir Ansätze zur Veränderung der politischen Kultur durch die Präsenz von gleichzeitig acht Senatorinnen in der Berliner Stadtregierung durchaus haben ermitteln können: im Hinblick auf frauenspezifische Inhalte, die u.a. im Frauensenat entwickelt wurden, im Hinblick auf den Führungsstil der von uns untersuchten Ressort-Chefinnen sowie im Umgang mit Macht und bei neuartigen Vernetzungsstrategien und Organisationsansätzen der Senatorinnen."[12]

Ich denke jedoch, daß in diesem Zusammenhang nicht von einer „weiblichen Politik" oder einem „weiblichen Politikverständnis" gesprochen werden sollte. Dieser Terminus ist verwirrend und greift vor allem den patriarchalen Dualismus erneut auf, auch wenn er ihn anders bewertet.
Ich plädiere daher dafür, die Veränderungen durch Frauen in der Politik als mögliche Ergebnisse der Quotierung bzw. einer geschlechtsspezifischen Interessenpolitik anzusehen, ohne Frauen gleichzeitig „wesensgemäß" auf das festlegen zu müssen, was sich Männer für sie schon vor über 200 Jahren ausgedacht haben.
Die Geschlechterdifferenz allerdings gänzlich zu leugnen, würde heißen, den öffentliche Bereich als frei von patriarchalischen Strukturen anzuerkennen. Dies ist er aber nachgewiesenermaßen nicht. Deshalb würde eine Gleichstellungspolitik, die die Geschlechterdifferenz nicht berücksichtigte, im öffentlichen Bereich lediglich die Anpassung der Frauen an die Männer anstreben und im privaten Bereich die geschlechtsspezifische Arbeitsteilung fortschreiben.

Die Problematik des Entweder-Oder – Gleichheit *oder* Differenz – liegt darin, daß sowohl *Differenz ohne Gleichheit* als auch *Gleichheit ohne Differenz* verkürzte Emanzipationsstrategien sind.
Das Mensch-Sein (Gleichheit) zu betonen bedeutet, das Strukturell-Spezifische des Frau-Seins in der bürgerlichen Gesellschaft zu vernachlässigen. Das Frau-Sein (Differenz) hervorzuheben bedeutet, die patriarchalen Zuschreibungen zwar aufzuwerten, damit aber nicht das Geschlechterverhältnis als Herrschaftsverhältnis zu verändern.
Am Beispiel der ersten Frauenbewegung hat Bärbel Clemens herausgearbeitet, daß das Dilemma des bürgerlichen Flügels darin bestand, entweder das Mensch-Sein (Ansatz der Bürgerlich-Radikalen) oder das Frau-Sein (Ansatz der Bürgerlich-Gemäßigten) zum Zentrum seiner Politik gemacht zu haben. Sie plädiert daher für

---

[12] Schaeffer-Hegel, 1993, S. 13

das „Zulassen von Unterschieden", verbunden mit „einem 'Sprung aus der Symmetrie',, und dem Verlassen der „androzentrischen Denkkategorien".[13]

Den Streit um Gleichheit *oder* Differenz aufzulösen ist seit einiger Zeit das Anliegen verschiedener Frauenforscherinnen. Ute Gerhard beispielsweise plädiert für eine „Gleichheit in der Differenz", da es um Rechtsforderungen auf unterschiedlichen Ebenen gehe.

> „Die Forderung nach *Gleichheit* bezieht sich auf Teilbares, die Verteilung von Gütern, Rechtsgütern, auf Distribution und Partizipation an materiellen Gütern, an Ökonomie, Arbeit, an Öffentlichkeit und Politik."[14]

Die Forderung nach Differenz dagegen stelle vor allem aber die besondere Lebenssituation der Frau, ihre Würde und besondere Verletzbarkeit in den Vordergrund.[15] Gleichheit und Differenz müßten sich daher ergänzen.

Von einem Spannungsverhältnis von Gleichheit und Differenz geht auch Silvia Kontos bei ihrer Bestimmung von feministischer Politik aus, wenn sie sagt, daß beide Elemente wechselseitig aufeinander bezogen seien und übereinander hinausweisen würden.[16] Die Bedeutung dieser Elemente ergebe sich jedoch aus der gesellschaftlichen und politischen Konstellation. Beide könnten nämlich dafür herangezogen werden, Hierarchie und Dominanz zu legitimieren. Die erste Frauenbewegung habe es nicht vermocht, das Konzept der kulturellen Differenz mit einem Programm zur Gleichstellung der Frau zu verbinden. Deshalb sei es für die „neue" Frauenbewegung wichtig, den gesellschaftlichen Kontext zu reflektieren, in dem eine Gleichheits- oder Differenzposition formuliert würde.

5.3 Ein egalitärer Differenzbegriff

Annedore Prengel nennt die Debatte um Gleichheit *oder* Differenz eine „falsche Alternative im feministischen Diskurs"[17] und plädiert für das Zusammendenken beider Elemente. Sie entwickelt – thesenartig – einen „demokratischen" oder auch „egalitären Differenzbegriff", der meines Erachtens für eine zukünftige feministische Politik und Theorie bestimmend sein sollte.

Ihr demokratischer Differenzbegriff wendet sich gegen Hierarchien. Das bedeutet, daß Differenzen nicht zur Legitimation von Unterdrückung, Ausbeutung und Entwertung herangezogen werden. Die Geschlechterdifferenz sei eine strukturell-

---

13 Clemens, 1988, S. 129
14 Gerhard, 1992, S. 49, Herv. im O.
15 Vgl. Dies., S. 50. Auf die Debatte, inwiefern dafür ein anderes Recht(ssystem) notwendig wäre, soll hier nicht näher eingegangen werden. Vgl. dazu Maihofer 1990 und 1992
16 Vgl. Kontos, 1994, S. 45
17 Prengel, 1990

kulturelle Differenz, historisch gewachsen zugunsten der männlichen Lebensweise. Es gelte daher, die Entwertung von Frauen und ihrer Potentiale aufzuheben und ihnen das Recht auf Gleichheit und Differenz zuzugestehen. Das heißt, daß Gleichheit die *„Bedingung der Möglichkeit von Differenz"*[18] ist, da Differenz ohne Gleichheit Hierarchie bedeute. Für feministische Politik ergibt sich daraus die notwendige Klärung der Frage, *„welche* Gleichheiten und *welche* Differenzen sie will"[19].

Heutzutage gelte es nach wie vor, Gleichheit anzustreben, damit auch Frauen über materielle Ressourcen und gesellschaftliche Einflußmöglichkeiten verfügen könnten. Auf der Ebene der Verteilung von Gütern und Chancen besteht also die Forderung nach Gleichheit.

Dagegen gelte es, auf der Basis der Gleichheit Differenzen in den *„Lebens-, Arbeits-, Denk- und Kommunikationsweisen"*[20] zu entfalten und anzuerkennen, da eine Orientierung an Einheitsleitbildern als Maßstab undemokratisch sei und den Potentialen und Wünschen von Frauen nicht entspreche. Prengels Fazit kann vor dem Hintergrund meiner Ergebnisse zugestimmt werden:

> *„Die feministische Kontroverse Gleichheit versus Differenz enthält eine falsche Alternative, da Gleichheit nicht ohne die Akzeptanz von Differenz eingelöst werden kann, und Differenz nicht ohne die Basis gleicher Rechte Wertschätzung erfahren kann."*[21]

Obwohl Prengel (wie auch Kontos) stärker den Differenzaspekt betont, deckt sich ihre Einschätzung in der Konsequenz mit der von Ute Gerhard, die jedoch stärker dem Gleichheits-Ansatz zuzuordnen ist.

Zum Differenz-Ansatz bleibt zu sagen, daß er stärker als der Gleichheits-Ansatz Kritik an den patriarchalen Gesellschafts- und Politikverhältnissen ermöglicht. Denn seine radikalen Vertreterinnen gehen auf Distanz zu patriarchalen Institutionen und „entgehen" damit eher der Gefahr, vereinnahmt und „blind" gegenüber den Strukturen zu werden.

Auf die Frage der *Organisationsform* bezogen läßt sich daraus folgern, daß sowohl ein institutionelles (hier: „Parteien- und Verbandsfeminismus") als auch ein autonomes Vorgehen (durch die autonome Frauenbewegung) notwendig sind. Zu betonen aber ist dabei meiner Meinung nach der autonome Aspekt, da innovative Impulse für Veränderungen nur von „außen" kommen können. Diese autonom formulierte Differenz-Politik sollte der Orientierungsmaßstab für feministische Politik *innerhalb* von Organisationen und Parteien sein.

---

[18] Dies., S. 124, Herv. im O.
[19] Ebda., Herv. im O.
[20] Dies., S. 125, Herv. im O.
[21] Ebda., Herv. im O.

Auf der *inhaltlichen Ebene* ist eine gemeinsame Utopie die Voraussetzung dafür, daß die unterschiedlichen Interessen und Flügel der ausdifferenzierten Frauenbewegung zusammengehalten werden. Das abstrakt leicht zu formulierende Ziel der Aufhebung des patriarchalischen Geschlechterverhältnisses bildet mit Sicherheit den Kern einer feministischen Gesellschaftsutopie. Über die näheren Bestimmungen allerdings sollte weiter diskutiert und gestritten werden – jedoch nicht mehr unter der falschen Alternative Gleichheit *oder* Differenz.

Für die feministische Forschung bleibt die Kategorie „Geschlecht" vorerst zentral. Am Beispiel der „Autonomen Frauen im Römer" konnte gezeigt werden, wie sich politische Inhalte und Problemstellungen verändern, wenn „Geschlecht" (gender) als Kategorie, die Gesellschaft und Politik strukturiert, berücksichtigt und thematisiert wird.

Aber Frauen und ihr politisches Verhalten werden auch heute noch häufig als defizitär analysiert und bewertet, da weder die patriarchale Struktur der Öffentlichkeit noch der Androzentrismus in der Wissenschaft reflektiert werden. Birgit Sauer exemplifiziert dies an der Partizipationsforschung und zeigt auf, daß der Mythos von der „unpolitischen Frau" auf männlichen Verzerrungen des Partizipationskonzepts basiert.[22]

Eva Kreisky spricht daher auch von einem folgenreichen männlichen Schulterschluß zwischen politischer Praxis und politischer Wissenschaft. Das heißt, daß die Paradigmen in ihrem Kern „männlich" sind.

> „Die zentralen Begriffe der Politikwissenschaft (Staat, Öffentlichkeit, Politik, Macht, Institutionen, Interessen, Entscheidungen, Konflikte, Partizipation usw.) reflektieren eine männlich gestaltete und männlich beherrschte Welt."[23]

Diesen „männlichen bias" oder auch „Androzentrismus" in der Wissenschaft gilt es weiter aufzudecken und zu berücksichtigen. Die Kategorie „Geschlecht" (gender) ist *die* Kategorie, die den Blick auf die patriarchalischen Strukturen in der Gesellschaft und in der Wissenschaft öffnet.

Es ist daher dringend an der Zeit, diese Kategorie auch auf der Ebene der *politischen Theorie* als soziale *Strukturkategorie* – und das bedeutet nicht additiv – ernst zu nehmen. Die zukünftige Aufgabe feministischer Forschung besteht somit darin, eine politische Theorie zu entwerfen, die die Frage des Geschlechterverhältnisses als eines der grundlegendsten gesellschaftlichen Verhältnisse verstehen und beschreiben, vor allem aber Wege zur Veränderung aufzeigen kann.

---

[22] Vgl. Sauer, 1994b
[23] Kreisky, 1994, S. 14/15

Literatur

Alder, Doris (1990): Freiheit, Gleichheit ... und die „Natur" der Frau. In: Gerhard, Ute u.a. (Hg.): Differenz und Gleichheit. Menschenrechte haben (k)ein Geschlecht. Frankfurt/M., S. 211-216

Dies. (1992): Die Wurzel der Polaritäten. Geschlechtertheorie zwischen Naturrecht und Natur der Frau. Frankfurt/M., New York

Annerl, Charlotte (1991): Das neuzeitliche Geschlechterverhältnis. Eine philosophische Analyse. Frankfurt/M., New York

Antidiskriminierungsgesetz (1986). Vorläufiger Entwurf der Bundes-AG Frauen der GRÜNEN. September 1985. In: Jansen, Mechthild (Hg.): Halbe-Halbe. Der Streit um die Quotierung. Berlin, Dokumente S. 171-174

Appelt, Erna (1994): Bürgerrechte – Feministische Revisionen eines politischen Projekts. In: Dies./ Neyer, Gerda (Hg.): Feministische Politikwissenschaft. Wien, S. 97-117

Aus dem Entwurf zum SPD-Regierungsprogramm. (1994). In: zweiwochendienst Frauen und Politik. Nr. 87. S. 9

Baader, Ottilie (1908) (1981b): Ein Vorschlag zur Organisation der Frauen in der SPD. In: Niggemann, Heinz (Hg.): Frauenemanzipation und Sozialdemokratie. Frankfurt/M., S. 140-143

Badinter, Elisabeth (1981): Die Mutterliebe. Geschichte eines Gefühls vom 17. Jahrhundert bis heute. München

Ballhausen, Anne u.a. (1986): Zwischen traditionellem Engagement und neuem Selbstverständnis – weibliche Präsenz in der Öffentlichkeit. Eine empirische Untersuchung zur politischen und sozialen Partizipation von Frauen. Bielefeld

Beck, Ulrich (1991): Politik in der Risikogesellschaft. Essays und Analysen. Frankfurt/M.

Beck-Gernsheim, Elisabeth (1989): Das halbierte Leben. Männerwelt Beruf, Frauenwelt Familie. Frankfurt/M. 1980

Beck-Oberdorf, Marieluise/ Kiltz, Elke (1990): Aufbruch zu neuen Ufern. Jenseits des unproduktiven Streits um den 'wahren' Feminismus gibt es eine selbstbewußte grüne Frauenpolitik. In: taz vom 24.1., S. 13

Diess. (1991): Dogmatismus macht nicht stark. Warum die Grünen das Frauenthema an die Etablierten verlieren. In: Fücks, Ralf (Hg.): Sind die Grünen noch zu retten? Reinbek, S. 84-97

Behrend, Hanna (1994): Apathie und Widerstand frauenbewegter Frauen in Ostdeutschland. In: Xanthippe. Feministische Streitschrift. H.6. Marburg, S. 27-30

Bennent, Heidemarie (1985): Galanterie und Verachtung. Eine philosophiegeschichtliche Untersuchung zur Stellung der Frau in Gesellschaft und Kultur. Frankfurt/M., New York

Beschluß des Parteitags der GRÜNEN, 19. Mai 1986 in Hannover. In: Jansen, Mechthild (Hg.): Halbe-Halbe. Der Streit um die Quotierung. Berlin. Dokumente S. 174/175

Beschlüsse der Bundeskonferenz der Arbeitsgemeinschaft sozialdemokratischer Frauen. (1985). Hannover 4.-6. Oktober (Auszug). In: Jansen, Mechthild (Hg.): Halbe-Halbe. Der Streit um die Quotierung. Berlin. Dokumente S. 175-179

Beschlüsse der 10. Ordentlichen AsF-Bundeskonferenz. (1992). In: zweiwochendienst Frauen und Politik. Nr. 69. S. 3-18

v. Beyme, Klaus (1991): Feministische Theorie der Politik zwischen Moderne und Postmoderne. In: Leviathan 2. S. 208-228

Biester, Elke u.a. (Hg.) (1992): Staat aus feministischer Sicht. Berlin

Bock, Gisela/ Duden, Barbara (1977): Arbeit aus Liebe – Liebe als Arbeit: Zur Entstehung der Hausarbeit im Kapitalismus. In: Frauen und Wissenschaft. Beiträge zur Berliner Sommeruniversität für Frauen – Juli 1976. Berlin, S. 118-199

Böttger, Barbara (1991): Gleichberechtigung – ein uneingelöstes Versprechen. In: Feministische Studien. Sonderheft. S. 25-30

Böttger, Barbara/ Lütkes, Anne/ Möller, Carola (1985): Grüne Parlamentarierinnen – Macht für Frauen? In: beiträge zur feministischen theorie und praxis. Bd. 13, S. 131-144

Brüssow, Gaby (1993): „Das Private ist politisch" – Mütter in Bewegung zwischen konservativer Ideologie und der Suche nach einem neuen Selbstverständnis. In: Rausch, Renate (Hg.): Frauen, Sexualität und Mutterschaft in der Ersten und Dritten Welt. Marburg, S. 9-21

Bündnis 90/Die Grünen (1994): Frauenstatut bedeutet neue Qualität von Frauenpolitik. In: zweiwochendienst Frauen und Politik. Nr. 96. S. 11/12

Bussemer, Herrad-Ulrike (1979): Bürgerliche und proletarische Frauenbewegung (1865-1914). In: Kuhn, Annette/ Schneider, Gerhard (Hg.): Frauen in der Geschichte. Frauenrechte und die gesellschaftliche Arbeit der Frauen im Wandel. Düsseldorf, S. 34-55

Cavarero, Adriana (1990): Die Perspektive der Geschlechterdifferenz. In: Gerhard, Ute u.a. (Hg.): Differenz und Gleichheit. Menschenrechte haben (k)ein Geschlecht. Frankfurt, S. 95-111

Clemens, Bärbel (1985): Bürgerin im Staat oder Mutter in der Gemeinde? Zum Politik- und Staatsverständnis der bürgerlichen Frauenbewegung. In: beiträge zur feministischen theorie und praxis. Bd. 13, S. 49-57

Dies. (1988): „Menschenrechte haben kein Geschlecht!" Zum Politikverständnis der bürgerlichen Frauenbewegung. Pfaffenweiler

Dies. (1990a): Der Kampf um des Frauenstimmrecht in Deutschland. In: Wickert, Christl (Hg.): „Heraus mit dem Frauenwahlrecht". Pfaffenweiler, S. 51-131

Dies. (1990b): Die bürgerliche Frauenbewegung im Deutschen Kaiserreich. Vater Staat und die Forderung nach Gleichberechtigung der Geschlechter. In: Schaeffer-Hegel, Barbara (Hg.): Vater Staat und seine Frauen. Bd. 1. Pfaffenweiler, S. 11-20

Condorcet, Jean Antoine de (1979b): Über die Zulassung der Frauen zum Bürgerrecht. In: Schröder, Hannelore (Hg.): Die Frau ist frei geboren. Texte zur Frauenemanzipation. Bd. 1. München. S. 55-63 (Original Paris 1789)

Cornelißen, Waltraud (1988): Gleichheitsvorstellungen in Gleichstellungskonzepten. In: ifg: Frauenforschung. H. 3. S. 1-11

Damkowski, Christa (1993): Die Entzauberung der Politik. Frauen erobern – langsam – das politische Parkett. In: Nuber, Ursula (Hg.): Wir wollten alles ... was haben wir nun? Eine Zwischenbilanz der Frauenbewegung. Zürich. S. 73-79

Dann, Otto (1980): Gleichheit und Gleichberechtigung. Das Gleichheitspostulat in der alteuropäischen Tradition und in Deutschland bis zum ausgehenden 19. Jahrhundert. Historische Forschungen. Bd.16. Berlin

Denecke, Anne (1989): Die Frauenpolitik bei den Grünen. Eine empirische Untersuchung. Unv. Ms., Frankfurt/M

Die Frauen im Regierungsprogramm der SPD. (1994). Hg. v. SPD-Parteivorstand, Frauenreferat. Bonn (o.J.)

Die Grünen im Bundestag/ AK Frauenpolitik (Hg.) (1987): Frauen & Ökologie. Gegen den Machbarkeitswahn. Köln

Die Umsetzung der Quote steht ganz oben auf der Tagesordnung. Interview mit Karin Junker. (1992). In: zweiwochendienst Frauen und Politik. Nr. 66. S. 3

Duden, Barbara (1977): Das schöne Eigentum. Zur Herausbildung des bürgerlichen Frauenbildes an der Wende vom 18. zum 19. Jahrhundert. In: Kursbuch 47, Frauen. Berlin. S. 125-140

Enders-Dragässer, Uta/ Kiltz, Elke/ Sellach, Brigitte (1986): Lila Politik mit den GRÜNEN. In: Feministische Studien. H.2. S. 109-117

Erler, Gisela Anna (1985): Frauenzimmer. Für eine Politik des Unterschieds. Berlin

Erste Bundesfrauenkonferenz von Bündnis 90/Die Grünen. (1993). In: zweiwochendienst Frauen und Politik. Nr. 83. S. 15

Evans, Richard J. (1979): Sozialdemokratie und Frauenemanzipation im deutschen Kaiserreich. Berlin, Bonn

Faludi, Susan (1993): Die Männer schlagen zurück. Wie die Siege des Feminismus sich in Niederlagen verwandeln und was Frauen dagegen tun können. Reinbek

Feist, Ursula (1991): Die Unterrepräsentanz von Frauen im politischen System der Bundesrepublik. Gründe und Strategien zur Veränderung. In: Schaeffer-Hegel, Barbara/ Kopp-Degethoff, Heidi (Hg.): Vater Staat und seine Frauen. Bd. 2. Pfaffenweiler. S. 9-24

Feministische Politik für eine Emanzipierte Gesellschaft. (1994): Bundestagswahlprogramm. Bündnis 90/ Die Grünen. Bornheim (o.J.)

Frauen demonstrieren Mut zur Macht. (1977). In: Vorwärts vom 9. Juni

Frauen fordern Parität auch in SPD-Spitzenfunktionen. AsF-Bundeskonferenz in Nürnberg. (1994). In: zweiwochendienst Frauen und Politik. Nr. 90. S. 3/4

Frauenpolitik gewinnt bei Grünen stärkeres Gewicht. (1992). In: zweiwochendienst Frauen und Politik. Nr. 65. S. 6

Gerhard, Ute (1978): Verhältnisse und Verhinderungen. Frauenarbeit, Familie und Rechte der Frauen im 19. Jahrhundert. Frankfurt/M

Dies. (1983): Über die Anfänge der deutschen Frauenbewegung um 1848. Frauenpresse, Frauenpolitik und Frauenvereine. In: Hausen, Karin (Hg.): Frauen suchen ihre Geschichte. München, S. 196-220

Dies. (1989): Alte und neue Frauenbewegung. Vergleich und Perspektiven. In: Wasmuth, Ulrike C. (Hg.): Alternativen zur alten Politik? Neue soziale Bewegungen in der Diskussion. Darmstadt, S. 64-81

Dies. (1990): Bürgerliches Recht und Patriarchat. In: Dies. u.a. (Hg.): Differenz und Gleichheit. Menschenrechte haben (k)ein Geschlecht. Frankfurt/M., S. 188-204

Dies. (1990a): Unerhört. Die Geschichte der deutschen Frauenbewegung. Unter Mitarbeit von Ulla Wischermann. Reinbek

Dies. (1991): Maßstäbe eines anderen Rechts: Über Freiheit, Gleichheit und die Würde der Frauen. In: Leviathan 2. S. 175-191

Dies. (1992): Westdeutsche Frauenbewegung: Zwischen Autonomie und dem Recht auf Gleichheit. In: Feministische Studien. H.2. S. 35-55

Dies. (1994a): Frauenforschung und Frauenbewegung. Skizze ihrer theoretischen Diskurse. In: Deutsche Forschungsgemeinschaft: Sozialwissenschaftliche Frauenforschung in der Bundesrepublik Deutschland. Hg. von der Senatskommission für Frauenforschung. Berlin, S. 12-28

Dies. (1994b): Frauenbewegung als soziale Bewegung. In: Deutsche Forschungsgemeinschaft: Sozialwissenschaftliche Frauenforschung in der Bundesrepublik Deutschland. Hg. von der Senatskommission für Frauenforschung. Berlin, S. 145-156

Giese, Cornelia (1990): Gleichheit und Differenz. Vom dualistischen Denken zur polaren Weltsicht. München (1989)

Gleichstellungsbericht des SPD-Parteivorstandes. (1988). In: Protokoll vom Parteitag der SPD in Münster, 30.8.-2.9. S. 875 ff.

Goehler, Adrienne (1986): Kein Wunderland für Frauen. In: beiträge zur feministischen theorie und praxis. Bd. 18, S. 31-39

Dies. (1988): Kein Wunderland für Frauen. In: Fröse, Marlies (Hg.): Utopos – Kein Ort. Mary Daly's Patriarchatskritik und feministische Politik. Bielefeld, S. 63-78

Dies. (1991): Feminat und Frauenfraktion. Veränderung der Politik durch Grüne und alternative Frauen in den Parlamenten. In: Schaeffer-Hegel, Barbara/ Kopp-Degethoff, Heidi (Hg.): Vater Staat und seine Frauen. Bd. 2. Pfaffenweiler, S. 25-34

Dies. (1992): Interview. In: Volk, Inge: Gibt es eine weibliche Politik? Gespräche mit Politikerinnen. Weinheim, Berlin, S. 53-63

Gouges, Olympe de (1979b): Erklärung der Rechte der Frau und Bürgerin. In: Schröder, Hannelore (Hg.): Die Frau ist frei geboren. Texte zur Frauenemanzipation. Bd. 1. München, S. 36-40 (Original Paris 1791)

Gould, Carol C. (1989): Private Rechte und öffentliche Tugenden: Frauen, Familie und Demokratie. In: List, Elisabeth/ Studer, Herlinde (Hg.): Denkverhältnisse. Feminismus und Kritik. Frankfurt/M., S. 66-85

Grüne Feministinnen müssen um das Frauenstatut kämpfen. In: zweiwochendienst Frauen und Politik. Nr. 72/1992. S. 13/14

Grüne Frauenpolitik ohne Zukunft? (1993). In: zweiwochendienst Frauen und Politik. Nr. 74. S. 14

Grundsätze für die Arbeit der Sozialdemokratischen Frauen. (1985) In: Pausch, Wolfgang: Die Entwicklung der sozialdemokratischen Frauenorganisationen. Anspruch und Wirklichkeit innerparteilicher Gleichberechtigungsstrategien in der Sozialdemokratischen Partei Deutschlands, aufgezeigt am Beispiel der Arbeitsgemeinschaft sozialdemokratischer Frauen. Phil. Diss., Frankfurt/M.

Habermas, Jürgen (1990): Strukturwandel der Öffentlichkeit. Untersuchungen zu einer Kategorie der bürgerlichen Gesellschaft. Mit einem Vorwort zur Neuauflage. Frankfurt/M. (1962)

Hagemann-White, Carol (1985): Zum Verhältnis von Geschlechtsunterschieden und Politik. In: Kulke, Christine (Hg.): Rationalität und sinnliche Vernunft. Frauen in der patriarchalischen Realität. Berlin, S. 146-153

Dies. (1986): Hat die neue Frauenbewegung die politischen Partizipationsformen und Wirkungsmöglichkeiten von Frauen verändert? In: ifg: Frauenforschung. H. 4. S. 38-50

Dies. (1987): Können Frauen die Politik verändern? In: Aus Politik und Zeitgeschichte. Beilage zur Wochenzeitung Das Parlament. B. 9-10. S. 29-37

Haibach, Marita/ Rüdiger, Vera (1986): Hessen: Von der Zentralstelle für Frauenfragen zur Bevollmächtigten für Frauenangelegenheiten. In: Haibach, Marita u.a. (Hg.): Frauen sind nicht zweite Klasse. Frauenpolitik für Gleichstellung. Hamburg, S. 73-88

Hausen, Karin (1978): Die Polarisierung der „Geschlechtscharaktere" – Eine Spiegelung der Dissoziation von Erwerbs- und Familienleben. In: Rosenbaum, Heidi (Hg.): Seminar: Familie und Gesellschaftsstruktur. Frankfurt/M., S. 161-191

Dies. (1990): Überlegungen zum geschlechtsspezifischen Strukturwandel der Öffentlichkeit. In: Gerhard, Ute u.a. (Hg.): Differenz und Gleichheit. Menschenrechte haben (k)ein Geschlecht. Frankfurt/M., S. 268-282

Dies. (1992): Öffentlichkeit und Privatheit. Gesellschaftspolitische Konstruktionen und die Geschichte der Geschlechterbeziehungen. In: Dies./ Wunder, Heide (Hg.): Frauengeschichte – Geschlechtergeschichte. Frankfurt/M., New York, S. 81-88

Heimann, Siegfried (1993): Die Sozialdemokratie: Forschungsstand und offene Fragen. In: Niedermayer, Oskar/ Stöss, Richard (Hg.): Stand und Perspektiven der Parteienforschung in Deutschland. Opladen, S. 147-186

Hempel-Soos, Karin (1980): Die AsF zwischen SPD und Frauenbewegung. In: Die Neue Gesellschaft. H.2. S. 111-114

Dies. (1983): Die AsF wird zehn Jahre alt. Zwischen „Übervaterpartei" und Frauenbewegung. In: Vorwärts vom 9.6.

Hermes Handlexikon (1983): Geschichte der Frauenemanzipation in Deutschland und Österreich. Biographien – Programme – Organisationen. Von Daniela Weiland. Düsseldorf

Hervé, Florence (Hg.) (1990[4]): Geschichte der deutschen Frauenbewegung. Köln

Hessisches Aktionsprogramm für Frauen (1986). In: Jansen, Mechthild (Hg.): Halbe-Halbe. Der Streit um die Quotierung. Dokumente S. 184-187. Berlin

Hippel, Theodor Gottlieb von (1979b): Über die bürgerliche Verbesserung der Weiber. (Auszüge) In: Schröder, Hannelore (Hg.): Die Frau ist frei geboren. Texte zur Frauenemanzipation. Bd. 1. München, S. 146-151 (Original 1792)

Hoecker, Beate (1987a): Frauen in der Politik. Eine soziologische Studie. Opladen

Dies. (1987b): Politik: Noch immer kein Beruf für Frauen? In: Aus Politik und Zeitgeschichte. Beilage zur Wochenzeitung Das Parlament. B. 9-10, S. 3-14

Hofmann-Göttig, Joachim (1986): Emanzipation mit dem Stimmzettel. 70 Jahre Frauenwahlrecht in Deutschland. Bonn

Holland-Cunz, Barbara (1990): Perspektiven der Ent-Institutionalisierung. Überlegungen zur feministischen Praxis. In: Gerhard, Ute u.a. (Hg.): Differenz und Gleichheit. Menschenrechte haben (k)ein Geschlecht. Frankfurt/M., S. 304-310

Dies. (1994): Öffentlichkeit und Intimität – demokratietheoretische Überlegungen. In: Biester, Elke u.a. (Hg.): Demokratie oder Androkratie? Theorie und Praxis demokratischer Herrschaft in der feministischen Diskussion. Frankfurt/M., New York, S. 227-246

Holzhauer, Johanna/ Steinbauer, Agnes (1994): Frauen an der Macht. Profile prominenter Politikerinnen. Frankfurt/M.

Honegger, Claudia (1991): Die Ordnung der Geschlechter. Die Wissenschaften vom Menschen und das Weib 1750-1850. Frankfurt/M., New York

Dies./ Heintz, Bettina (1981): Zum Strukturwandel weiblicher Widerstandsformen im 19. Jahrhundert. In: Diess. (Hg.): Listen der Ohnmacht. Zur Sozialgeschichte weiblicher Widerstandsformen. Frankfurt/M., S. 7-68

Honnen, Ulrike (1988): Vom Frauenwahlrecht zur Quotierung. 125 Jahre Kampf um Gleichberechtigung in der SPD. Münster, New York

Interview mit Karin Junker. (1992). In: Vorwärts, Nr.7. S. 29

Irigaray, Luce (1991): Die Zeit der Differenz. Für eine friedliche Revolution. Frankfurt/M. (Paris 1989)

Jansen, Mechthild (1994): Nicht mehr Totem, nicht neues Tabu: Gleichstellung weiterdenken. In: Biester, Elke u.a. (Hg.): Gleichstellungspolitik – Totem und Tabus. Eine feministische Revision. Frankfurt/M., New York, S. 141-157

Japs, Gode (1979): Einsicht gegen Quote. In: Vorwärts vom Mai

Dies. (1985): Unsere Geduld ist vorbei. In: Vorwärts vom Oktober

Jones, Kathleen (1989): Der Tanz um den Lindenbaum. Eine feministische Kritik der traditionellen politischen Wissenschaft. In: Schaeffer-Hegel, Barbara/ Watson-Franke, Barbara (Hg.): Männer Mythos Wissenschaft. Grundlagentexte zur feministischen Wissenschaftskritik. Pfaffenweiler, S. 99-116

Kahlweit, Cathrin (1994): Damenwahl. Politikerinnen in Deutschland. München

Kerchner, Brigitte (1992): Beruf und Geschlecht. Frauenberufsverbände in Deutschland 1848-1908. Göttingen

Kiltz, Elke/ Sellach, Brigitte (1986): Das Projekt „Autonome Frauen im Römer": Feministische Politik im Frankfurter Stadtparlament. In: beiträge zur feministischen theorie und praxis. Bd. 18. S. 41-52

Klein, Anne/ Michalik, Regina (1985): Frauenvorstand – feministischer Coup oder nur ein Vorstand ohne Männer? In: beiträge zur feministischen theorie und praxis. Bd. 13. S. 128-144

Klinger, Cornelia (1986): Das Bild der Frau in der Philosophie und die Reflexion von Frauen auf die Philosophie. In: Hausen, Karin/ Nowotny, Helga (Hg.): Wie männlich ist die Wissenschaft? Frankfurt/M., S. 62-84

Dies. (1988): Abschied von der Emanzipationslogik? Die Gründe, ihn zu fordern, zu feiern oder zu fürchten. In: Anders, Ann (Hg.): Autonome Frauen. Schlüsseltexte der Neuen Frauenbewegung seit 1968. Frankfurt/M., S. 293-329

Dies. (1990): Bis hierher und wie weiter? Überlegungen zur feministischen Wissenschafts- und Rationalitätskritik. In: Krüll, Marianne (Hg.): Wege aus der männlichen Wissenschaft. Pfaffenweiler, S. 21-56

Dies. (1990a): Unzeitgemäßes Plädoyer für die Aufklärung. In: Schaeffer-Hegel, Barbara (Hg.): Vater Staat und seine Frauen. Bd. 1. Pfaffenweiler, S. 98-119

Dies. (1990b): Welche Gleichheit und welche Differenz? In: Gerhard, Ute u.a. (Hg.): Differenz und Gleichheit. Menschenrechte haben (k)ein Geschlecht. Frankfurt/M., S. 112-119

Dies. (1994): Zwischen allen Stühlen. Die politische Theoriediskussion der Gegenwart in einer feministischen Perspektive. In: Appelt, Erna/ Neyer, Gerda (Hg.): Feministische Politikwissenschaft. Wien, S. 119-143

Knapp, Gudrun-Axeli (1988): Die vergessene Differenz. In: Feministische Studien. H.1. S. 12-31

Knäpper, Marie-Theres (1984): Feminismus – Autonomie – Subjektivität. Tendenzen und Widersprüche in der neuen Frauenbewegung. Bochum

Kontos, Silvia (1979): Die Partei kämpft wie ein Mann. Frauenpolitik der KPD in der Weimarer Republik. Basel, Frankfurt/M.

Dies. (1990): Zum Verhältnis von Autonomie und Partizipation in der Politik der neuen Frauenbewegung. In: Schaeffer-Hegel, Barbara (Hg.): Vater Staat und seine Frauen. Bd. 1. Pfaffenweiler, S. 50-63

Dies. (1994): Jenseits patriarchaler Alternativen: Grenzen der Gleichstellungspolitik. In: Biester, Elke u.a. (Hg.): Gleichstellungspolitik – Totem und Tabus. Eine feministische Revision. Frankfurt/M., New York, S. 36-53

Kopp-Degethoff, Heidi (1992): Mütterlichkeit – ein gefährliches Instrument für die Frauenpolitik? In: Kulke, Christine u.a. (Hg.): Wider das schlichte Vergessen. Der deutsch-deutsche Einigungsprozeß: Frauen im Dialog. Berlin, S. 138-148

Kreisky, Eva (1994): Aspekte der Dialektik von Politik und Geschlecht. Plädoyer gegen „geschlechtshalbierte Wahrheiten und Blickrichtungen" in der Politikwissenschaft. In: Appelt, Erna/ Neyer, Gerda (Hg.): Feministische Politikwissenschaft. Wien, S. 13-35

Kretzschmar, Gisela/ Fröse, Marlies (1988): Frauenpolitik und feministische Utopien. Der Kongreßbericht. In: Fröse, Marlies (Hg.): Utopos – Kein Ort. Mary Daly's Patriarchatskritik und feministische Politik. Bielefeld, S. 41-55

Krieger, Verena (1987): Radikale Utopien in Gesetzesform. Das Antidiskriminierungsgesetz der Grünen. In: Jansen, Mechthild (Hg.): FrauenWiderspruch. Alltag und Politik. Köln, S. 146-164

Dies. (1991): Was bleibt von den Grünen? Hamburg

Kurz-Scherf, Ingrid (1988): Bausteine einer emanzipatorischen Arbeitszeitpolitik. In: Beck-Oberdorf, Marieluise u.a./ Die Grünen im Bundestag/ AK Frauenpolitik (Hg.): Wo liegt der Frauen Glück? Neue Wege zwischen Beruf und Kindern. Köln, S. 113-118

Langer, Ingrid (1989): Zwölf vergessene Frauen. Die weiblichen Abgeordneten im Parlament des Volksstaates Hessen. Ihre politische Arbeit – ihr Alltag – ihr Leben. Frankfurt/M.

Limbach, Jutta (1993): Frauen in bester Verfassung? Wie sich der Grundsatz der Gleichberechtigung umsetzen läßt. In: Nuber, Ursula (Hg.): Wir wollten alles... was haben wir nun? Eine Zwischenbilanz der Frauenbewegung. Zürich, S. 81-88

List, Elisabeth/ Studer, Herlinde (Hg.) (1989): Denkverhältnisse. Feminismus und Kritik. Frankfurt/M.

Lölhöffel, Helmut (1975): Die SPD-Damen entzweit der „pseudomarxistische Kram". In: Süddeutsche Zeitung vom 8. Juni

Ders. (1985): „Die Macht der Männer ist die Geduld der Frauen." In: Frankfurter Rundschau vom 7. Oktober

Lösche, Peter/ Walter, Franz (1992): Die SPD: Klassenpartei – Volkspartei – Quotenpartei. Darmstadt

Mabry, Hannelore (1974): Unkraut ins Parlament. Die Bedeutung weiblicher parlamentarischer Arbeit für die Emanzipation der Frau. 2. aktualisierte Auflage. Gießen, Lollar (München 1971)

Maihofer, Andrea (1990): Gleichheit nur für Gleiche? In: Gerhard, Ute u.a. (Hg.): Differenz und Gleichheit. Menschenrechte haben (k)ein Geschlecht. Frankfurt/M., S. 351-367

Dies. (1992): Verfassungsfragen – Männersache? Einige Gründe, warum sich Frauen in die Verfassungsdebatte einmischen sollten. In: Kulke, Christine u.a. (Hg.): Wider das schlichte Vergesen. Der deutsch-deutsche Einigungsprozeß: Frauen im Dialog. Berlin, S. 192-204

Mehr Frauen in Schlüsselpositionen zu bringen, ist nicht Karrierethema, sondern Gleichberechtigungsgebot. (1992). In: zweiwochendienst Frauen und Politik. Nr. 66. S. 4/5

Meiners, Birgit (1988): „Frauen" gegen „Mütter"? Zum aktuellen Stand der frauenpolitischen Debatte bei den Grünen. In: Beck-Oberdorf, Marieluise u.a./ Die Grünen im Bundestag/ AK Frauenpolitik (Hg.): Wo liegt der Frauen Glück? Neue Wege zwischen Beruf und Kindern. Köln, S. 15-21

Menzel, Birgit (1994): Frauen und Menschenrechte. Geschichtliche Entwicklung einer Differenz und Ansätze zu deren Beseitigung. Frankfurt/M.

Meyer, Birgit (1987): Frauen an die Macht!? Politische Strategien zur Durchsetzung der Gleichberechtigung von Mann und Frau. In: Aus Politik und Zeitgeschichte. Beilage zur Wochenzeitung Das Parlament. B. 9-10. S. 15-28

Dies. (1989): Viel bewegt – auch viel erreicht? Frauengeschichte und Frauenbewegung in der Bundesrepublik. In: Blätter für deutsche und internationale Politik. Nr. 7. S. 832-842

Dies. (1990a): Von der Balance des Erträglichen. Frauenbewegung und politische Kultur in den achtziger Jahren. In: Koch-Klenske, Eva (Hg.): Die Töchter der Emanzen. Kommunikationsstrukturen in der Frauenbewegung. München, S. 34-52

Dies. (1990b): Frauenpolitiken und Frauenleitbilder der Parteien in der Bundesrepublik. In: Aus Politik und Zeitgeschichte. Beilage zur Wochenzeitung Das Parlament. B. 34-35. S. 16-28

Dies. (1991): Es geht um Partizipation an gesellschaftlicher Macht. Frauenbewegung zu Beginn der 90er Jahre. In: Frankfurter Rundschau vom 7. September

Dies. (1992a): Die „unpolitische" Frau. Politische Partizipation von Frauen oder: Haben Frauen ein anderes Verständnis von Politik? In: Aus Politik und Zeitgeschichte. Beilage zur Wochenzeitung Das Parlament. B. 25-26. S. 3-18

Dies. (1992b): Geschlechterverhältnis und politische Herrschaft. In: ifg: Frauenforschung. H. 3. S. 3-15

Meyer, Margret (1975): Ein Kongreß für den Papierkorb. SPD-Frauenkonferenz. In: Vorwärts, 29. Mai

Meyer-Renschhausen, Elisabeth (o.J.): Radikal, weil sie konservativ sind? Überlegungen zum „Konservatismus" und zur „Radikalität" der deutschen Frauenbewegung vor 1933 als Frage nach der Methode der Frauengeschichtsforschung. In: Wiener Historikerinnen (Hg.): Die ungeschriebene Geschichte. Historische Frauenforschung. Dokumentation des 5. Historikerinnentreffens in Wien, 16. bis 19. April 1984. Himberg bei Wien, S. 20-36

Michalik, Regina (1990): Männerbund mit Frauenquote. In: taz vom 15.1., S. 14

Möbius, Paul Justus (1922[12]): Über den physiologischen Schwachsinn des Weibes. Halle

Müttermanifest (1987) In: Leben mit Kindern – Mütter werden laut. Dokumentation des Kongresses vom 22./ 23.11.1986. Gedanken zur Mütterpolitik. Hg. v. Die Grünen. Köln, Bonn. S. 5-8

Nach der Quote: Frauenzukunft und die neuen Aufgaben der AsF. Beschluß Nr. A 1: Manifest. (1994). In: zweiwochendienst Frauen und Politik. Nr. 90. S. 5/6

Naßmacher, Hiltrud (1994): Frauen in die Politik?! In: Biester, Elke u.a. (Hg.): Demokratie oder Androkratie? Theorie und Praxis demokratischer Herrschaft in der feministischen Diskussion. Frankfurt/M., New York, S. 52-68

Niedermayer, Oskar/ Stöss, Richard (Hg.) (1993): Stand und Perspektiven der Parteienforschung in Deutschland. Opladen

Niggemann, Heinz (1981a): Emanzipation zwischen Sozialismus und Feminismus. Die sozialdemokratische Frauenbewegung im Kaiserreich. Wuppertal

Ders. (Hg.) (1981b): Frauenemanzipation und Sozialdemokratie. Frankfurt/M.

Noch kein Votum pro oder contra Partei. Künftige Organisationsform des UFV noch unklar. Interview mit Christina Schenk. (1991). In: zweiwochendienst Frauen und Politik. Nr. 55. S. 18

Organisationsstatut der SPD. Stand: 29. Mai 1991. Hg. vom Vorstand der SPD. Bonn

Pappi, Franz Urban/ Ostner, Ilona (1994): Policy-Forschung zur Frauen- und Geschlechterpolitik. In: Deutsche Forschungsgemeinschaft: Sozialwissenschaftliche Frauenforschung in der Bundesrepublik Deutschland. Hg. von der Senatskommission für Frauenforschung. Berlin, S. 136-144

Parteiarbeit Frauen. (1990). Handbuch für sozialdemokratische Ortsvereine. Hg. vom SPD-Parteivorstand. Bonn

Pateman, Carole (1992): Gleichheit, Differenz, Unterordnung. Die Mutterschaftspolitik und die Frauen in ihrer Rolle als Staatsbürgerinnen. In: Feministische Studien. H. 1. S. 54-69

Dies. (1994): Der Geschlechtervertrag. In: Appelt, Erna/ Neyer, Gerda (Hg.): Feministische Politikwissenschaft. Wien, S. 73-95

Pausch, Wolfgang (1985): Die Entwicklung der sozialdemokratischen Frauenorganisationen. Anspruch und Wirklichkeit innerparteilicher Gleichberechtigungsstrategien in der Sozialdemokratischen Partei Deutschlands, aufgezeigt am Beispiel der Arbeitsgemeinschaft sozialdemokratischer Frauen. Phil. Diss. Frankfurt/M.

Penrose, Virginia (1993): Orientierungsmuster des Karriereverhaltens deutscher Politikerinnen. Ein Ost-West-Vergleich. Bielefeld

Pinl, Claudia (1987): Was auch die grüne Welt im Innersten zusammenhält. Notizen über ein Prinzip: Seilschaften. In: Schlaeger, Hilke (Hg.): Die Herren der Dinge. Vom neuen alten Männlichkeitswahn. München, S. 67-77

Dies. (1988): Mühsame Bewegungen im patriarchalischen Sumpf. Der Arbeitskreis Frauenpolitik der GRÜNEN im Bundestag. In: Weg, Marianne/ Stein, Otti (Hg.): Macht macht Frauen stark. Frauenpolitik für die 90er Jahre. Hamburg, S. 84-92

Dies. (1990): Das ewige Jammern lähmt und schreckt ab. In: taz vom 15.1., S. 14

Dies. (1992a): Sind Frauen doch anders? Zu einer aktuellen Kontroverse in der Frauenbewegung. In: Frankfurter Rundschau vom 18.7.

Dies. (1992b): Beschreiblich weiblich. „Zeit der Differenz" in der Frauenpolitik. In: Blätter für deutsche und internationale Politik. H. 6. S. 720-729

Dies. (1993): Vom kleinen zum großen Unterschied. „Geschlechterdifferenz" und konservative Wende im Feminismus. Hamburg

Plogstedt, Sibylle (1984): Ist die Krise die der Frauenbewegung? In: Wollen wir immer noch alles? Frauenpolitik zwischen Traum und Trauma. Dokumentation der 7. Sommeruniversität für Frauen, Berlin, S. 185-194

Prengel, Annedore (1990): Gleichheit versus Differenz – eine falsche Alternative im feministischen Diskurs. In: Gerhard, Ute u.a. (Hg.): Differenz und Gleichheit. Menschenrechte haben (k)ein Geschlecht. Frankfurt/M., S. 120-127

Prokop, Ulrike (1976): Weiblicher Lebenszusammenhang. Von der Beschränktheit der Strategien und der Unangemessenheit der Wünsche. Frankfurt/M.

Protokoll vom Programm-Parteitag der SPD, Berlin 18.-20.12.1989

Randzio-Plath, Christa (1987): Frauenmacht – Ausweg aus der Krise. Köln

Raschke, Joachim (1993): Die Grünen. Wie sie wurden, was sie sind. Köln

Richebächer, Sabine (1982): Uns fehlt nur eine Kleinigkeit. Deutsche proletarische Frauenbewegung. Frankfurt/M.

Richtlinien der Arbeitsgemeinschaft sozialdemokratischer Frauen. Beschlossen vom Parteivorstand am 24.6.1972. Ergänzt und beschlossen am 18.1.1974. Hg. vom Vorstand der SPD. Bonn

Rosenbaum, Heidi (1982): Formen der Familie. Untersuchungen zum Zusammenhang von Familienverhältnissen, Sozialstruktur und sozialem Wandel in der deutschen Gesellschaft des 19. Jahrhunderts. Frankfurt/M.

Rossanda, Rossana (1980): Einmischung. Gespräche mit Frauen über ihr Verhältnis zu Politik, Freiheit, Gleichheit, Brüderlichkeit, Demokratie, Faschismus, Widerstand, Staat, Partei, Revolution, Feminismus. Frankfurt (Mailand 1979)

Dies. (1990): Differenz und Gleichheit. In: Gerhard, Ute u.a. (Hg.): Differenz und Gleichheit. Menschenrechte haben (k)ein Geschlecht. Frankfurt/M., S. 13-28

Ruddick, Sara (1993): Mütterliches Denken. Für eine Politik der Gewaltlosigkeit. Frankfurt/M.

Runge, Annelie (1978): Verkappte Feindschaft bringt nichts ein. Arbeitskreis Sozialdemokratischer Frauen diskutierte in Bonn mit autonomen Frauenverbänden. In: Tagesspiegel vom 7. Mai

Runte, Annette (1988): 'Muttersprachliches'. Diskursanalytische Anmerkungen zum neuen Müttermythos. In: beiträge zur feministischen theorie und praxis. Bd. 21/22. S. 85-96

Sauer, Birgit (1994a): Totem und Tabus. Zur Neubestimmung von Gleichstellungspolitik. In: Biester, Elke u.a. (Hg.): Gleichstellungspolitik – Totem und Tabus. Eine feministische Revision. Frankfurt/M., New York. S. 7-35

Dies. (1994b): Was heißt und zu welchem Zwecke partizipieren wir? Kritische Anmerkungen zur Partizipationsforschung. In: Biester, Elke u.a. (Hg.): Demokratie oder Androkratie? Theorie und Praxis demokratischer Herrschaft in der feministischen Diskussion. Frankfurt/M., New York. S. 99-130

Sellach, Birgit (1988): „Sie mit Ihrem Frauentick!" Als Feministin im Parlament. In: Willkop, Lydia (Hg.): Die Hüter der Ordnung. Aus den Einrichtungen des Patriarchats. München (1987), S. 120-136

Dies. (1993): Das „old boys' network" funktioniert. Von den Schwierigkeiten der Frauen in der Politik. In: Frankfurter Rundschau vom 20. März, S. ZB5

Dies. (1994): Als Frau in einem Regierungsamt. Eine Herausforderung auch für grüne Männer! In: Thaa, Winfried u.a. (Hg.): Grüne an der Macht. Widerstände und Chancen grün-alternativer Regierungsbeteiligungen. Köln, S. 107-127

Sonntag, Cornelie (1989): Quotierung und Politik-Inhalt: Was verändern die Frauen? In: Gerster, Florian/ Stobbe, Dietrich (Hg.): Die linke Mitte heute. Bonn, S. 35-46

SPD-Frauen wollen günstigere Wahlsysteme. (1989). In: Süddeutsche Zeitung vom 1. September

SPD-Gleichstellungsbericht. (1991). Hg. vom SPD-Parteivorstand. In: zweiwochendienst Frauen und Politik. Nr. 54. S. 7-14

Spoo, Eckart (1982): Behörde für Gleichberechtigung? In: Frankfurter Rundschau vom 22. Januar

Schaeffer-Hegel, Barbara (1990): Eigentum, Vernunft und Liebe: Paradigmen des Ausschlusses der Frauen aus der Politik. In: Dies. (Hg.): Vater Staat und seine Frauen. Bd. 1. Pfaffenweiler, S. 149-165

Dies. (1993): Ist Politik noch Männersache? Ergebnisse einer Untersuchung über den Berliner Frauensenat von 1989 bis 1990. In: Aus Politik und Zeitgeschichte. Beilage zur Wochenzeitung Das Parlament. B. 45. S. 3-13

Schenk, Christina (1990): Experiment Unabhängiger Frauenverband (UFV). In: Das Argument 184. S. 847-857

Dies. (1994): Feministische Politik im Bundestag – Erfahrungen und Perspektiven. In: Biester, Elke u.a. (Hg.): Demokratie oder Androkratie? Theorie und Praxis demokratischer Herrschaft in der feministischen Diskussion. Frankfurt/M., New York, S. 35-51

Dies./ Schindler, Christiane (1993): Frauenbewegung in Ostdeutschland – eine kleine Einführung. In: beiträge zur feministischen theorie und praxis. Bd. 35. S. 131-145

Schenk, Herrad (1990[5]): Die feministische Herausforderung. 150 Jahre Frauenbewegung in Deutschland. München (1980)
Scheuch, Erwin K. und Ute (1992): Cliquen, Klüngel und Karrieren. Über den Verfall der politischen Parteien – eine Studie. Reinbek
Schild-Kreuziger, Kornelia (1980): Die Organisierbarkeit der Frauen. Bonn
Schöler-Macher, Bärbel (1991): Fremd(körper) in der Politik. Die Normalität des politischen Alltags in Parteien und Parlamenten aus der Sicht von Frauen. In: ifg: Frauenforschung H. 1+2. S. 98-116
Dies. (1992): Auf den Spuren einer möglichen Fremdheit von Frauen in der Politik. In: Wetterer, Angelika (Hg.): Profession und Geschlecht. Über die Marginalität von Frauen in hochqualifizierten Berufen. Frankfurt/M., New York, S. 257-276
Dies. (1994): Die Fremdheit der Politik. Erfahrungen von Frauen in Parteien und Parlamenten. Weinheim
Schröder, Hannelore (1979a): Die Rechtlosigkeit der Frau im Rechtsstaat. Dargestellt am Allgemeinen Preußischen Landrecht, am Bürgerlichen Gesetzbuch und an J.G. Fichtes Grundlage des Naturrechts. Frankfurt/M.
Dies. (Hg.) (1979b): Die Frau ist frei geboren. Texte zur Frauenemanzipation. Bd. 1. München
Schwarzer, Alice (1983): So fing es an! Die neue Frauenbewegung. München
Steinmeister, Ingrid (1993): Regierungsentwurf gilt nur für drei Prozent der weiblichen Beschäftigten. Drei Gleichstellungsgesetzentwürfe auf Bundesebene – Eine Gegenüberstellung. In: zweiwochendienst Frauen und Politik. Nr. 83. S. 7-14
Stellungnahme grüner Frauen zum Müttermanifest. (1988) In: Beck-Oberdorf, Marieluise u.a. (Hg.): Wo liegt der Frauen Glück? Neue Wege zwischen Beruf und Kindern. Köln, S. 125-128
Stoehr, Irene (1983): „Organisierte Mütterlichkeit". Zur Politik der deutschen Frauenbewegung um 1900. In: Hausen, Karin (Hg.): Frauen suchen ihre Geschichte. München, S. 221-249
Stratenwertl, Irene (1990): Gesucht: ein neues politisches Hinterland. In: taz vom 30. März, S. 12
Stübig, Frauke (1990): Was geschah eigentlich vor 200 Jahren. Ein Rückblick auf die Französische Revolution auch aus weiblicher Sicht. In: Gerhard, Ute u.a. (Hg.): Differenz und Gleichheit. Menschenrechte haben (k)ein Geschlecht. Frankfurt/M., S. 30-45
Thönnessen, Werner (1976[2]): Frauenemanzipation. Politik und Literatur der deutschen Sozialdemokratie zur Frauenbewegung 1863-1933. Frankfurt/M. (1969)
Tornieporth, Gerda (1984): Proletarische Frauenleben und bürgerlicher Weiblichkeitsmythos. In: Schaeffer-Hegel, Barbara/ Wartmann, Brigitte (Hg.): Mythos Frau. Projektionen und Inszenierungen im Patriarchat. Berlin, S. 309-332
Unabhängiger Frauenverband künftig Verein. (1991). In: zweiwochendienst Frauen und Politik. Nr. 58. S. 2
Ussel, Jos van (1977): Sexualunterdrückung. Geschichte der Sexualfeindschaft. Gießen
Volk, Inge (1992): Gibt es eine weibliche Politik? Gespräche mit Politikerinnen. Weinheim, Basel

Voss, Reinhard (1980): Feministinnen kappen letzten Draht zur Sozialdemokratie. In: Frankfurter Rundschau vom 20.9.
Wahlordnung der SPD. Hg. vom Bundesvorstand der SPD. Bonn. Stand: 29. Mai 1991
Wahlprogramm von Bündnis 90/Die Grünen (1994): Ziel bleibt der gleiche Zugang von Frauen zur Erwerbsarbeit. In: zweiwochendienst Frauen und Politik. Nr. 88. S. 16/17
Weber-Kellermann, Ingeborg (1974): Die deutsche Familie. Versuch einer Sozialgeschichte. Frankfurt/M.
Wettig-Danielmeier, Inge (1984): 10 Jahre Arbeitsgemeinschaft sozialdemokratischer Frauen – Kontinuität sozialistischer Frauenarbeit. In: Die Neue Gesellschaft. H. 2. S. 168-174
Dies. (1988): Sozialismus ohne Feminismus ist heute weder theoretisch noch praktisch machbar. In: zweiwochendienst Frauen und Politik. Nr. 26. S. 19/20
Wir müssen die Quote flächendeckend umsetzen. Die SPD-Europaabgeordnete Karin Junker ist für das Amt der AsF-Bundesvorsitzenden nominiert. (1991). In: zweiwochendienst Frauen und Politik. Nr. 62. S. 5
Wir wollen die eigenständige Existenzsicherung für Frauen. Ulla Schmidt zum Regierungsprogramm der SPD. (1994). In: zweiwochendienst Frauen und Politik. Nr. 87. S. 9/10
Wobbe, Theresa (1989): Gleichheit und Differenz. Politische Strategien von Frauenrechtlerinnen um die Jahrhundertwende. Frankfurt/M.
Wurms, Renate (1990[4]): Kein einig Volk von Schwestern: Frauenbewegung 1889-1914. In: Hervé, Florence (Hg.): Geschichte der deutschen Frauenbewegung. Köln, S. 41-83
Ziebell, Lindy u.a. (1992): Lebensplanung ohne Kinder. Frankfurt/M.